UN MILLÓN
DE SEGUIDORES

CÓMO OBTUVE UN SEGUIMIENTO SOCIAL MASIVO
EN TREINTA DÍAS

BRENDAN KANE

UN MILLÓN
DE SEGUIDORES

CÓMO OBTUVE UN SEGUIMIENTO SOCIAL MASIVO
EN TREINTA DÍAS

Trucos de las mejores mentes del mundo
para el crecimiento y posicionamiento de tu negocio,
tu mensaje y tu marca

EDICIONES OBELISCO

Si este libro le ha interesado y desea que le mantengamos informado
de nuestras publicaciones, escríbanos indicándonos qué temas son de su interés
(Astrología, Autoayuda, Psicología, Artes Marciales, Naturismo,
Espiritualidad, Tradición…) y gustosamente le complaceremos.

Puede consultar nuestro catálogo en www.edicionesobelisco.com

Colección Éxito
Un millón de seguidores
Brendan Kane

1.ª edición: septiembre 2021

Título original: *One Million Followers*
Traducción: *David N. M. George*
Corrección: *TsEdi, Teleservicios editoriales, S. L.*
Diseño de cubierta: *TsEdi, Teleservicios editoriales, S. L.*

Edita: Ediciones Obelisco, S. L.
Collita, 23-25. Pol. Ind. Molí de la Bastida
08191 Rubí - Barcelona - España
Tel. 93 309 85 25
E-mail: info@edicionesobelisco.com

ISBN: 978-84-9111-689-9
Depósito Legal: B-13.432-2021

Impreso en los talleres gráficos de Romanyà/Valls S. A.
Verdaguer, 1 - 08786 Capellades - Barcelona

Printed in Spain

Para aquéllos con talento, intelecto y un corazón puro cuyas voces estén siendo reprimidas o ignoradas. Que este libro sea vuestra guía para amplificar vuestra voz, encontrar vuestra fuerza y generar un impacto positivo en el mundo.

SER ESCUCHADO

Fuiste creado para vivir el sueño que llevas en tu interior.
Cada persona de este mundo posee un don.
Los sueños son tu guía.

¿Tienes la valentía suficiente para atrapar tu sueño?
Sé que la tienes.
Te veo preparado para brillar.
Para tener un impacto positivo, duradero e importante en el mundo,
sólo necesitas un plan.

Usa las redes sociales a tu favor.
Mensajes potentes y productos que debes compartir; el momento ha
    llegado,
no hay más excusas.

Puedes transformar el mundo de verdad con tu mensaje y tus contenidos,
no está fuera de tu alcance;
el libro de mi amigo Brendan Kane te ayudará y enseñará.

No importa en qué lugar del mundo te encuentres:
EE. UU., México, Brasil, Australia, la India, Inglaterra y otros países;
los poderosos genios que aparecen en este libro te proporcionarán las
    herramientas:
la varita mágica.

¡Es verdad!
Te lo prometo.

Inspírate y sigue tus sueños.
Nada está fuera de tu alcance,
incluso eso que parece
estarlo,
créeme.

En este libro hay consejos de las mejores mentes del marketing
    del mundo.
Te ayudarán a conseguir las estrategias, colaboraciones y oportunidades
que quieres alcanzar.
Obtendrás lo que quieres y necesitas
para ser un emprendedor y tener éxito.
Estos expertos saben cómo transmitir tus mensajes al mundo,
y comparten sus conocimientos contigo.
Después de leer este libro, dispondrás de estrategias digitales impactantes
y de técnicas para incrementar tu público,
transmitir tu mensaje al mundo y estar un paso más cerca de su
    transformación.

Independientemente del sueño que tengas
… convertirte en un locutor, poeta, modelo, *influencer* en las redes socia-
    les, actor, empresa
tecnológica emergente, minorista, comediante, etc., puedes conseguirlo.
Este libro te ayudará a creértelo.

Eres creativo, independiente, innovador y tienes la capacidad de conectar.
Simplemente necesitas la información que te ayude a conseguir
    credibilidad y confianza,
algo que, en la sociedad actual,
es completamente imprescindible.

Toma tus dones y conviértelos en sueños:
la información está aquí,
así que aclara tu mente.

Tengo fe en ti,

lee este libro,

sigue sus perlas de sabiduría y mira cómo tus sueños se convierten
en realidad.

Es necesario, valioso y te ayudará totalmente.

Si prestas atención a tus sueños,

quién sabe lo que puedes conseguir.

¿Quieres mi consejo?

Empieza a leer este libro ahora y absorbe tantos conocimientos como sea
posible.

Zambúllete y hazte más sabio.

Toma tus dones y aprende cómo prosperar

haciendo uso de las redes sociales para transformar el mundo.

No hay nadie como tú,

eres irremplazable.

Así que sal de tu escondite y permite que te conozcan.

PRINCE EA

PREGUNTAS FRECUENTES / QUERIDOS HATERS: ESTO ES PARA VOSOTROS

¿Te resultará de utilidad este libro? Hay muchas probabilidades de que la respuesta sea que sí. Estoy seguro de que mucha gente tendrá dudas y miedos con respecto a la lectura de este libro. Soy consciente: todos estamos ocupados y nadie quiere perder su tiempo ni malgastar su dinero. Además, tenemos a algunas personas que simplemente odian lo que hago porque están buscando algo de lo que quejarse… Pero si estás verdaderamente preocupado por invertir tu tiempo (o si simplemente sientes curiosidad por la resistencia de otras personas a leer este libro), estas preguntas y respuestas son para ti.

Aquí tenemos las principales preguntas que la gente le hace a mi equipo y a mí antes de asumir el reto de hacer crecer su número de seguidores:

¿Quién demonios eres tú y por qué debería escucharte? No eres un *influencer* famoso.

Tienes razón. Quizás no debieras escucharme. No soy un *influencer* ni nadie que tenga el mayor estatus como marca o celebridad. Soy, simplemente, un experimentador social que analiza y aprende constantemente, de modo que puedo compartir lo que ha funcionado y lo que no en mi caso. Para cuando leas este libro, probablemente me encontraré llevando a cabo mi próximo experimento social; pero si te fijas en mi biografía como autor, verás que he ayudado a algunas marcas y empresas muy solventes a lo largo de los años. Y si lees este libro, te prometo que aprenderás algo valioso. Si no es así, escribe un correo electrónico a mi equipo (support@brendanjkane.com) y te devolveremos lo que has pagado por el libro: no te haremos preguntas.

¿Son tus seguidores reales?

Sí, son personas reales. Ninguna de las estrategias descritas en este libro tiene que ver con la generación de seguidores falsos (a no ser que te refieras a falso como alguien embustero o deshonesto, y lamentablemente hay mucha gente así en el mundo, por lo que muchos seguidores podrían ser, efectivamente, falsos).

¿Usas actualmente *bots* o *scripts*?

No. Los he probado en el pasado porque lo pruebo todo, pero me he encontrado con que no provocan un crecimiento espectacular ni una implicación real, así que no los uso.

¿Están implicados tus seguidores?

Si te fijas en mis páginas, verás que tengo un millón de seguidores, pero no un millón de personas que se impliquen en mis publicaciones. Hablemos de por qué eso es así. Para ello, primero debemos definir algunos términos:

> **Seguidores:** Gente que ha señalado que le gusta o que ha seguido una página.
>
> **Implicación:** El acto de señalar que te gusta, comentar o compartir una publicación.
>
> **Algoritmos:** Sistemas internos que controlan *quién* ve una pieza concreta de contenido, además de cuánta gente la ve. Deciden qué contenido asciende a las posiciones superiores de la clasificación de un canal social y qué contenido se queda atascado en la parte inferior.
>
> **Visualizaciones:** El número de personas que han visualizado o visto una publicación.

Cuando ves cuentas con un número enorme de seguidores pero con poca implicación, no suele ser porque su público no esté implicado o porque tengan seguidores falsos. Normalmente es porque los algoritmos han considerado que hay contenido que consigue más implicación en cualquier otro lugar en la plataforma y está priorizando que los seguidores de la cuenta vean ese contenido en lugar del contenido de la página anteriormente mencionada. Cuando sucede esto, una página no conseguirá una implicación elevada porque los seguidores de la cuenta ni siquiera ven su contenido. Cuando los algoritmos reconozcan que eres un creador de contenido eficaz, conseguirás un mayor alcance con tus publicaciones. (Hay más información sobre cómo funciona esto en la sección dedicada a los algoritmos en el capítulo uno).

También me gustaría señalar que mi cuenta es una de las muchas que mi equipo y yo hemos ayudado a crear. No es la única cuenta que hemos creado que haya alcanzado un millón de seguidores rápidamente, y ciertamente no será la última. Mis cuentas funcionan como experimento social, de modo que pueda aprender y compartir esas lecciones con clientes y otras personas de todo el mundo. Además, si sigues siendo receloso con respecto a esto, debes saber que en este libro se describen estrategias procedentes de algunas de las mejores mentes sociales del mundo, incluyendo a Prince Ea, Julius Dein, 9GAG, Fail Army y Adley Stump, entre otros.

¿Se centra este libro sólo en Facebook?

No. Si miras la tabla de contenidos, verás que el capítulo dos está completamente dedicado a Instagram, el capítulo nueve a YouTube, y el capítulo diez se ocupa de LinkedIn. Snapchat no tiene un lugar hoy en este libro, pero si me envías un email te enviaré un capítulo sobre esta plataforma (si dicha plataforma se ajusta a tus gustos).

¿Has conseguido un millón de seguidores en Instagram?

Sí, los conseguí, y a medida que vayas leyendo aprenderás tanto mis estrategias como las estrategias de crecimiento de otras personas para Instagram.

De acuerdo, lograste un millón de seguidores en estas plataformas, ¿pero eso no fue la suerte del principiante?

Una vez más, la respuesta es que no. He logrado un millón de seguidores para mis clientes más de diez veces desde la publicación de la primera edición de este libro.

De acuerdo, muy bien, pareces de fiar…, pero el simple hecho de que este sistema funcionase en tu caso no significa que vaya a funcionar para mí, ¿no crees?

Las estrategias que aparecen en este libro funcionarán para *cualquiera*. Los resultados dependerán del esfuerzo que le dediques y lo duro que estés dispuesto a trabajar, pero la información para ayudarte a triunfar se encuentra, toda ella, aquí. Los sistemas que aparecen en este libro son sencillos, pero no necesariamente fáciles. Al igual que para cualquier cosa, su implementación a la perfección lleva tiempo, dedicación y disciplina. Si tienes la impresión de que comprando y leyendo este libro alcanzarás fácil y automáticamente un millón de seguidores, entonces este libro no es para ti.

¿Puede funcionar esto si acabo de empezar?

Esto puede funcionar para cualquiera en cualquier etapa de su trayectoria en las redes sociales. Hay información para el novato además de para el experto.

¿Importa cuándo creé mi página?

No. Eso no importa en absoluto. Esta información puede ayudar a tu página a empezar o puede ayudarte a seguir creciendo.

Si no soy famoso, ¿me resultará de ayuda esta información?

¡Sí! *Yo* no soy famoso y las estrategias me funcionaron.

¿Puede este sistema funcionar tanto para las marcas personales como para las empresariales?

Este sistema funciona para cualquiera que quiera desarrollar un seguimiento social. He aplicado mi sistema a gente que tiene una marca personal y a grandes empresas.

¿Tiene que ver este libro sólo con comprar seguidores y usar medios o redes en los que los anunciantes pagan por la publicación de sus anuncios?

No. Este libro no tiene que ver, en absoluto, con comprar seguidores (especialmente seguidores falsos). Este libro tiene que ver con cómo aprovechar los medios o redes en los que los anunciantes pagan por la publicación de sus anuncios para crecer a un ritmo rápido y cómo crecer de forma *natural*. Ambas ideas se esquematizan aquí. Comparto mi estrategia, que se basa de forma importante en medios o redes en los que los anunciantes pagan por la publicación de sus anuncios, y también comparto las estrategias de crecimiento natural u orgánico de gente como Ray

Chan, de 9GAG; Julius Dien; Joivan Wade, de Wall Of Comedy; Adley Stump, y Prince Ea. Mi intención con este libro es la de proporcionar muchas estrategias distintas, de modo que puedas escoger la que se adapte mejor a ti.

¿Qué sucede si no dispongo de presupuesto? ¿Compartes en este libro estrategias de crecimiento natural o aquéllas en las que no se tenga que pagar por seguidores o implicación?

Sí. Tal y como he mencionado anteriormente, comparto estrategias naturales planeadas por gente como Ray Chan, Julius Dien, Joivan Wade, Adley Stump y Prince Ea, entre otros.

¿Usar medios o redes en los que los anunciantes pagan por la publicación de sus anuncios no es hacer trampas?

Usar medios o redes en los que los anunciantes pagan por la publicación de sus anuncios es como comprar un anuncio en un periódico o revista. Pagas por el espacio para que tu anuncio se vea, pero eso no significa que la gente vaya a hablar sobre lo que haces o que vaya a adquirir tu producto o servicio. Esto simplemente significa que tu anuncio estará ahí, y probablemente será visto por la gente que lea el periódico o la revista el día/mes que se publique tu anuncio.

En las redes sociales, la idea es la misma. Pagar para que tu contenido se vea simplemente significa que aparecerá en el servicio de noticias de una cierta cantidad de personas, y ellas decidirán si les gusta o no.

Mucha gente cree que usar medios o redes en los que los anunciantes pagan por la publicación de sus anuncios es hacer trampas, pero no entiendo por qué piensan eso. Pagar simplemente significa que te estás asegurando de tener la oportunidad de ser visto.

¿Quién más usa medios o redes en los que los anunciantes pagan por la publicación de sus anuncios para hacer crecer sus cuentas?

Prácticamente todo el mundo. Estoy bromeando (más o menos). Mira, las principales empresas, como Netflix, Nike, Disney y Paramount, usan medios o redes en los que los anunciantes pagan por la publicación de sus anuncios para promocionar sus publicaciones todos y cada uno de los días. Incluso la gente que ha crecido de forma natural u orgánica, como

Kim Kardashian y La Roca, no ha crecido *completamente* de forma natural. Disponen de presupuestos de marketing para sus películas y la televisión que les ayudan a promocionar sus marcas y que les ayudan a generar un crecimiento natural a partir de sus campañas pagadas (que es algo que te enseño a hacer en este libro).

Resumiendo, hay muy pocas marcas exitosas que alcancen altas cotas sin aprovechar la publicidad de pago. Ciertamente, algunas marcas puede que empiecen con un éxito viral natural (por ejemplo, el Dollar Shave Club) o que generen una base de clientes sólida de forma natural, pero para mantener de verdad un crecimiento sostenido, la mayoría de las marcas incluyen campañas de publicidad pagada como parte de sus estrategias de crecimiento en algún momento de su trayectoria hacia el éxito.

¿Cuánto dinero costará generar seguidores?

Todo depende de tus metas y de la calidad de tu contenido. Si dispones de un contenido genial, gastarás menos, y si tu contenido no es tan bueno, gastarás más. (Encontrarás más información sobre esto en la sección de «¿Cuánto dinero debo invertir?», en el capítulo tres).

Así pues, ¿si leo este libro conseguiré un millón de seguidores en treinta días?

Puede. Debo responder a tu pregunta con algunas preguntas de cosecha propia: *¿Necesitas* conseguir un millón de seguidores en treinta días? ¿Por qué *quieres* un millón de seguidores en treinta días? Si los necesitas y los quieres y estás dispuesto a seguir la estrategia que describo en estas páginas, entonces sí, es posible, pero hará falta que gastes dinero. Puede que sea más ventajoso que esperes más tiempo, que emplees estrategias naturales y que crezcas de esa forma; o puede que tenga más sentido para ti conseguir rápidamente 10 000, 20 000 o 30 000 seguidores con mi estrategia y luego crecer de forma orgánica. Todo depende de tus objetivos más importantes, que es lo que este libro se centra de verdad en ayudarte a definir y comprender.

Mi principal pregunta para ti es la siguiente: si este libro te pudiera ayudar a crecer, aunque sólo fuera un 10 %, ¿valdría eso la pena para ti? Una vez más, la información que aparece en este libro te devolverá el esfuerzo que le dediques.

¿Tener seguidores significa conseguir unos ingresos automáticos?

No. Tal y como explico más adelante, tener muchos seguidores no significa: (a) que todos esos seguidores vean tus publicaciones, (b) que todos tus seguidores estén implicados, o (c) que empiecen a comprar tus productos o servicios de inmediato. Mi consejo, que explicaré con detalle más adelante, consiste en que te asegures, una vez que consigas seguidores, que sigues puliendo tu destreza y te vuelves tan experto como sea posible en la creación de contenido (para el que te daré recomendaciones), de modo que los algoritmos no supriman tu contenido, y así la gente verá tus publicaciones.

Además, también debes concebir una estrategia para rentabilizar tu seguimiento, y la rentabilización tendrá un aspecto diferente para cada cual. Personalmente, rentabilicé mi seguimiento consiguiendo actuaciones en las que daba charlas, un trato para escribir un libro, apariciones en podcasts y la televisión, etc., de modo que pude conseguir más clientes y fundar una agencia que ayuda a la gente a desarrollar estrategias de innovación para sus negocios o empresas. Hablo sobre cómo hacer esto en mi «capítulo perdido», que te puedo enviar por email si te pones en contacto conmigo en la siguiente dirección: bkane@brendanjkane.com. O también puedes apuntarte a mi curso, que desglosa este proceso con mayor detalle, acudiendo a la siguiente página web: www.socialleveragecourse.com

Si, no obstante, sólo te centras en hacer crecer tus ventas y tus ingresos de inmediato, entonces te recomiendo encarecidamente que empieces con campañas de publicidad de respuesta directa para impulsar el tráfico, las referencias de clientes potenciales y, en último término, las ventas. ¿Pueden los seguidores convertirse en ingresos? Sí, pero es un proceso más lento. Si necesitas ingresos ahora, céntrate en aprovechar los anuncios para que se dirijan a las referencias de clientes potenciales o las ventas en lugar de intentar convencer a alguien para que te siga y posteriormente convencerle para que te compre algo. Una vez que los ingresos fluyan, podrás reinvertir los beneficios en hacer crecer tu número de seguidores. Y sí, este libro contiene información valiosa que te puede ayudar de forma importante a crear campañas publicitarias exitosas para la generación de ingresos directos.

¿No son tus estrategias realmente parecidas a las de otras personas?

Mira, no he reinventado la rueda. Simplemente me fijé en todo lo que había ahí fuera y averigüé que es lo que funciona mejor. Estoy seguro de que otras personas son inteligentes y también han averiguado qué funciona mejor. Este libro es, simplemente, mi forma de compartir todo lo que he aprendido de mis propias experiencias y de algunos de los mejores estrategas de crecimiento del mundo. Si buscas en cualquier otro lugar y encuentras estrategias que funcionen, eso será genial. ¡Felicidades!

La conclusión es la siguiente: mi principal misión consiste en ayudarte a alcanzar el éxito que estás buscando.

¿Puedo contratarte para que me ayudes?

Mi equipo ofrece varios servicios de consultoría, cursos y acceso a comunidades privadas para ayudar a la gente con su crecimiento. Puedes echar una ojeada a estas opciones aquí: www.brendanjkane.com/work-with-brendan

EL IMPACTO DE CONSEGUIR UN MILLÓN DE SEGUIDORES A NIVEL MUNDIAL

Si tienes algo que ofrecer (estén tus talentos relacionados con la música, el arte, la actuación, los deportes o incluso con la creación de una marca o una empresa emergente) y sabes cómo hacer uso de las plataformas digitales y sociales, puedes llegar a millones, por no decir cientos de millones, de personas de todo el mundo en nada de tiempo. Es así como los *influencers* en las redes sociales han despegado y en algunos casos se han hecho todavía más importantes que las celebridades convencionales en tan sólo unos años. Empezaron en casa encendiendo una cámara y hablando frente a ella, compartiendo aquello que les hace únicos. Con las estrategias adecuadas, prácticamente cualquiera puede conseguir un público enorme a nivel mundial.

Justin Bieber es un ejemplo perfecto de alguien que dominó, de forma intuitiva, el poder de los medios digitales. Empezó creando vídeos de sí mismo para YouTube, haciendo versiones de canciones que ya eran populares en esa época, y en la actualidad es una de las mayores estrellas del planeta. No tuvo que hacer nada especialmente innovador. Vio la oportunidad de sacarle rendimiento a lo que ya estaba funcionando y lo hizo. La magia de Bieber fue una combinación de su talento para cantar, que conmovía a la gente a nivel emocional, y de su capacidad para conectar con canciones que la gente ya estaba buscando en la plataforma, cosa que hizo que fuera relevante para su público.

Disponía de un mensaje oportuno y emocional que la gente acogió bien y quería compartir; y como la gente le ayudó a compartir este mensaje, consiguió la atención de los productores musicales, las discográficas y los representantes que le ayudaron a impulsarle al estrellato. En un cierto momento, incluso tuvo a Justin Timberlake y a Usher haciéndole ofertas y peleándose para contratarle. Todo esto se debió a su presencia en las redes sociales y a su capacidad para conseguir que millones de personas de todo el mundo le vieran, interactuaran con él y compartieran sus vídeos. Empezó siendo, simplemente, un desconocido talentoso: nada muy distinto a los muchos de vosotros que estáis leyendo este libro.

Todos tenemos talentos que nos hacen únicos y que son dignos de inspirar a los demás; e imagino que, si estás leyendo este libro, probablemente serás alguien que cree que tiene algo que ofrecer y quiere generar un impacto. En la actualidad, no obstante, el principal asunto es que casi *todos* quieren generar un impacto, por lo que resulta más difícil que nunca ser oído en una sociedad crecientemente globalizada. A diario se comparten más de 60 000 millones de mensajes únicamente en las plataformas móviles. ¿Cómo demonios se supone que vas a llamar la atención de la gente y hacer que quieran escucharte?

Mucha gente piensa que basta simplemente con publicar o promover un mensaje en Facebook, YouTube o Instagram, pero no es así. Necesitas saber qué es lo que hace que la gente quiera compartir tu mensaje. Cuando una persona comparte tu mensaje, tu exposición y tu alcance crecen exponencialmente: acaba llegando a cientos de sus amigos y puede, potencialmente, llegar también a los amigos de sus amigos. La velocidad a la que consigues que la gente comparta tus contenidos dicta el éxito de tu crecimiento orgánico o natural. Esto también significa que cuanta más gente comparta, más rápidamente crecerás.

Debes aprender cómo maximizar el potencial de las masas para que promocionen tu marca o tus productos por ti, y esto es exactamente de lo que me ocuparé en este libro, paso a paso, mediante consejos y ejemplos. Con más de diez años de experiencia como estratega digital y de negocio para celebridades, marcas y empresas del índice bursátil Fortune 500 sacando provecho de la red global, y con mi experiencia para ayudar a clientes a incrementar, expandir y acelerar su alcance, quiero ayudarte a convertirte en un experto a la hora de hacer que la gente se preocupe por lo que tienes que decir. Algunas personas me llaman *hacker* del crecimiento, por tomar prestado el término acuñado por Sean Ellis, el director ejecutivo de GrowthHacker, pero me considero un pensador original y estratega. Mi misión consiste en ayudarte a alcanzar tus metas empresariales y personales lo más rápido que sea humanamente posible. La mayoría de las veces, puedo conseguir esto ayudando a los clientes a maximizar el potencial de los contenidos de los que disponen haciendo que otros compartan sus contenidos y su marca por ellos; *hackeando*, en esencia, las comparticiones boca a boca.

Sin embargo, la gente tiene distintos objetivos, y ésta es la razón por la cual, al investigar y prepararme para escribir este libro, me he puesto en contacto con mis amigos de la industria y con las mejores mentes del mundo en lo relativo al crecimiento para desglosar también cada una de sus estrategias. Quiero proporcionarte la mejor información y técnicas disponibles para que alcances *tus* objetivos concretos. En este libro tendrás acceso a las mejores mentes y los mejores expertos para cada aspecto del crecimiento social y digital. Tanto si quieres alcanzar el millón de seguidores en Facebook o Instagram, como tener un gran seguimiento en YouTube, o vender millones de dólares en productos online, toda la información se encuentra aquí, esperando a que le saques todo el jugo posible. Si quieres profundizar más y recibir incluso más recursos o servicios de asesoría más allá de este libro, visita mi blog (www.brendanjkane.com/bkblog), donde actualizamos constantemente nuestras últimas estrategias; o visita www.brendanjkane.com/work-with-brendan para ver cómo puedes trabajar directamente conmigo o con mi equipo.

Lo que aprendí trabajando con Taylor Swift

A lo largo de los últimos años, me he centrado enormemente en el análisis y la optimización de contenidos, estadísticas y datos, y de los medios o redes en los que los anunciantes pagan por la publicación de sus anuncios, para ayudar a celebridades, deportistas y empresas de medios a mejorar su alcance y hacer crecer su público rápidamente. He pasado por años de experimentación y observación para obtener el tipo de resultados que consigo ahora, pero creo que todo se remonta a lo que aprendí mientras trabajaba con Taylor Swift. El tiempo que pasé con ella me permitió conocer el poder de las plataformas digitales y sociales y cómo acceder a él.

Lo fascinante de Swift es que creó su marca, su música y su estrellato por sí misma. Empezó con una sencilla página en Myspace, donde abrió una plataforma que fomentaba la conexión, cara a cara, con sus seguidores, porque comprendía de forma intuitiva que esto aceleraría el alcance de su marca. Respondía, personalmente, a todos y cada uno de los comentarios que recibía en esa plataforma, y siempre que le solicitaban un autógrafo o una fotografía, cumplía. En una ocasión, Taylor celebró una sesión para conocer y saludar a sus fans que duraba trece horas (y que acabó durando diecisiete horas), en la que firmó personalmente autógrafos y se hizo *selfies* con 3 000 seguidores. Sabía que cada fan que se quedó e hizo cola para recibir un autógrafo o una foto sería un seguidor (y un defensor de su marca) de por vida.

Estos defensores de su marca propagarían y compartirían su música y su mensaje con todos *sus* amigos. Aunque acabó conociendo en persona a sólo 3 000 seguidores, probablemente llegó a 100 000 personas ese día. Cada interacción no se limitó a un único momento: sus fans no sólo se lo contaron a sus amigos, sino que también publicaron en sus propios canales de las redes sociales, imágenes, autógrafos y vídeos que grabaron en el evento. El usuario medio de Facebook tiene 338 amigos, por lo que si cada uno de sus seguidores compartía esas imágenes, Taylor podía llegar a, potencialmente, 1 014 000 personas. Los fans irían y correrían la voz por ella. Contarían a todos sus amigos y contactos en las redes sociales: «Me gusta Taylor Swift» o «Acabo de conseguir esta fantástica foto o autógrafo».

Swift sigue sacando tiempo para eventos así. Asiste a fiestas de cumpleaños, bodas y despedidas de soltera de sus fans. En 2014 se presentó a la puerta de un puñado de sus seguidores con regalos navideños, y más de 18 millones de personas vieron los vídeos de las entregas de estos presentes. En 2017 invitó a un grupo selecto de sus fans a sus casas en Londres, Los Ángeles, Nashville y Rhode Island para celebrar fiestas en las que podían escuchar su sexto álbum de estudio, *Reputation*. Este tipo de eventos son la forma que tiene Swift de devolverles algo a sus seguidores, al tiempo que genera una atención y un interés masivos.

Esto funciona en su caso porque es auténtica. No hace estas cosas para manipular al sistema. No sólo es inteligente, talentosa y agradece el tiempo que le dedican sus fans, sino que tiene un buen corazón. Y es este corazón el que ha fomentado la lealtad a su marca, que crece como un fuego incontrolado.

Pese a ello, Taylor no puede estar en todos los sitios al mismo tiempo. Al principio de su carrera vivía en Nashville. Aunque podía celebrar una reunión para firmar autógrafos y encontrarse con 3 000 seguidores en esa ciudad, no siempre podía sacar tiempo para los fans de otros lugares del mundo. Sus seguidores de Nueva York, Londres, China, Hong Kong, la India y Japón no podían encontrarse con ella. Centrándose en su presencia online, podía, no obstante, estar en contacto con gente de todo el mundo, y además de forma muy rápida.

Antes de reunirse con mi equipo, Swift se había gastado entre 75 000 y 150 000 dólares estadounidenses (entre unos 67 500 y 135 000 euros)[1] en una página web completamente en formato Flash que necesitaba de dos días para la realización de cualquier cambio cada vez que quería actualizarla. Cuando me fijé en las estadísticas, vi que la gente pasaba menos de treinta segundos en la página web y que el 90 % de la gente se salía de ella en cuanto entraba. Quería que Taylor maximizara el potencial de su página web, que regresara a la idea fundamental subyacente a su marca: las interacciones en persona. Con la estrategia adecuada, podría aprovechar su página web para fomentar unas conexiones más fuertes entre sus fans.

Mi discurso consistía en que con la plataforma tecnológica que mi equipo había desarrollado, en seis horas podíamos crear una página completamente nueva para ella según sus especificaciones. En una reunión le mostré cómo podíamos modificar, de forma activa, cualquier elemento de la página web en tiempo real. Ella podía cambiar el fondo, modificar y transformar la navegación, y controlar cada elemento de esa página web, lo que le proporcionaba el poder y la creatividad de desarrollar constantemente cómo quería expresarse frente a sus fans. Por ejemplo, cada vez que lanzara un nuevo álbum, podría rediseñar con rapidez toda la página web en cuestión de minutos para que concordara con la estética de su nuevo álbum.

Esta capacidad de modificar la página web rápidamente le posibilitó fomentar una conexión más potente con sus seguidores permitiéndole

---

1. De acuerdo con la cotización dólar estadounidense-euro (1 dólar = 0,90 euros) en marzo de 2020. Siempre que nos refiramos a dólares, se entenderá que son estadounidenses, a no ser que se especifique lo contrario. *(N. del T.)*

que se expresara como deseara y cuando quisiera, de la misma forma en que había podido hacerlo en Myspace al principio de su carrera. A lo largo de dos años de uso, empleando la plataforma que mi equipo había creado junto con algunas brillantes plataformas tecnológicas de creación de comunidades con las que nos habíamos asociado, hicimos, de forma colectiva, que el tiempo que sus seguidores pasaban en su página web aumentara de menos de treinta segundos a más de veintidós minutos.

¿Cómo logramos un aumento tal en el tiempo que la gente pasaba en su página web? Pues proporcionando a sus seguidores una razón para quedarse. Facilitamos la comunicación entre los fans porque nos dimos cuenta de que la propia Swift sólo podía hablar con un cierto número de seguidores al mismo tiempo. Por lo tanto, creamos una comunidad en la que los fans podían conversar *entre ellos* sobre su amor por Swift y su música.

También creamos un sistema en el que los fans pudieran convertir sus perfiles de Facebook en una página web de seguidores de Taylor Swift en menos de sesenta segundos. Este sistema obtenía automáticamente los nombres y las fotos de los fans junto con las fotos de Swift y las portadas de sus álbumes de modo que pudieran tener sus propias páginas web de fans. Estas páginas web de sus seguidores se crearon con la misma plataforma tecnológica que empleamos para crear su página web, por lo que los fans podían customizar y personalizar todos los elementos de su página web de seguidores. Los fans se sentían conectados a Swift como si formaran parte de su equipo: podían emplear la misma plataforma que estaba empleando ella y tomar cualquier detalle de ella y recrearlo ellos mismos. En unos meses, se crearon más de 35 000 páginas web de seguidores empleando esta plataforma. No dispongo de las cifras exactas, pero estoy seguro de que se trató de un récord de páginas web de fans creadas nunca antes para un artista concreto en esa época.

Ser testigo de lo bien que funcionó el hecho de fomentar unas conexiones más fuertes con los fans en el caso de la marca de Swift plantó una semilla en mi cabeza. Aprendí que si los fans se sienten conectados, están dispuestos a compartir contenidos, mensajes y productos con todos aquellos a quienes conozcan. En cuanto fui consciente del poder que tenía esto, se convirtió en una parte fundamental de todo mi enfoque. Me di cuenta de que no necesitas gastar millones de dólares en marketing para llegar a las masas: simplemente tienes que conseguir que la gente comparta tus mensajes por ti.

No todos pueden ser Taylor Swift, y no pasa nada

Desde que tengo memoria, siempre he deseado contactar con celebridades mediáticas, ejecutivos, deportistas y emprendedores. Empecé en la escuela de cine. Me encantaban las películas y quería aprender cómo producirlas y profundizar en la vertiente empresarial de la industria del espectáculo.

Rápidamente me di cuenta de que no te enseñan nada sobre los negocios en la escuela de cine, así que comprendí que la mejor forma de aprender sobre los negocios era fundar el tuyo propio. La forma más rentable en esa época, y que sigue siéndolo en la actualidad, consistía en crear negocios online. Por lo tanto, fundé algunas empresas en Internet mientras iba a la universidad para aprender y experimentar de verdad. Cuando me mudé a Los Ángeles en 2005 para desarrollar mi carrera profesional en el mundo del cine, la industria del espectáculo había vuelto a despertar al formato digital después de la explosión de las empresas *puntocom*. Aproveché mis conocimientos en la creación de estas empresas para abrirme paso en el sector y forjar contactos y proyectos. Acabé administrando las divisiones digitales de dos estudios cinematográficos. En este puesto lo hice todo: desde crear campañas de marketing digital hasta encontrar formas de rentabilizar las bibliotecas de películas, y hasta trabajar directamente con actores y directores sobre cómo vender todavía más sus marcas online.

Al final quise diversificar y convertirme en empresario. Opté por probar suerte con la tecnología, creando plataformas digitales y otorgándoles los permisos al gusto de la MTV/Viacom, Yahoo, Lionsgate, la revista *Vice*, y la Metro-Goldwyn-Mayer. A partir de ahí, me zambullí en el mundo de los medios o redes en los que los anunciantes pagan por la publicación de sus anuncios, ayudando a crear una de las empresas de optimización de los pagos por publicidad más importantes del mundo, que gestionaba cerca de 70 millones de dólares al año en gastos en estos medios o redes por parte de empresas del índice bursátil Fortune 500.

Mis diversas experiencias me han proporcionado la oportunidad de trabajar en proyectos para algunas de las personas más destacadas del mundo: Taylor Swift (como ya he mencionado), además de Jason Statham, Rihanna, Katie Couric y las empresas que he nombrado anteriormente. Trabajar con estas empresas siempre ha alimentado una curiosidad y un impulso en mí sobre lo que es necesario para tener éxito, convertirse en una estrella o ser un personaje famoso.

Después de diez años ayudando a celebridades, marcas y empresas a conseguir un gran público, empecé a preguntarme si mis ideas y técnicas podrían aplicarse a alguien que comenzase de cero. Así pues, se me ocurrió un experimento para determinar si una persona que nunca hubiera salido en la televisión, en una película o en los medios escritos podría lograr un gran seguimiento en todo el mundo. La premisa consistía en que si podía conseguirlo en el caso de un desconocido, entonces podría ayudar a *cualquiera* que tuviera algo que ofrecer a conseguir montones de seguidores y de exposición. Podría ayudar a gente que valiese la pena a generar validación y credibilidad, y a acercarles un paso más a la consecución de sus sueños.

Mientras valoraba a quién elegir para este proyecto, me di cuenta de que, de hecho, *yo* era el candidato perfecto: no era famoso, nunca había salido en la televisión, en una película ni en los medios escritos, y (todavía) no había hecho nada que la sociedad considerase especialmente genial. Era tan sólo un tipo corriente que pensaba que sería divertido conectar con gente de todo el mundo. Así pues, en junio de 2017 (sí, estas estrategias siguen funcionando en la actualidad, y las empleamos continuamente para hacer que nuestros clientes privados consigan más público), me puse a trabajar en mi pequeño experimento. Puse en práctica todo lo que había aprendido durante más de diez años de experiencia en las redes digitales y sociales para ver lo rápidamente que podía conseguir que gente real de todo el mundo siguiera mi página de Facebook.

Para mi sorpresa, llegado julio (en menos de un mes) había conseguido más de un millón de seguidores de más de cien países. No conocía a esas personas y, ciertamente, ellas no me conocían antes de este experimento. Cuando vi el número de «me gusta» de mi página en la pantalla de mi ordenador, no podía creerme lo que estaba sucediendo. No es que no supiera que esas cifras eran posibles: ya había conseguido ese tipo de implicación para mis clientes, pero ellos eran grandes celebridades y empresas que se encontraban en la primera fila de la sociedad. Lo que me sorprendió fue que yo, Brendan Kane, un estratega digital que vive detrás de los escenarios (o tras las pantallas), sin, en esencia, una plataforma, podía convertirme en una figura pública a nivel mundial. De repente pude generar un gran impacto en poco tiempo.

El hecho de que no sea una estrella del rock, un actor o una persona notable en modo alguno y que, pese a ello, pudiera conseguir que un millón de personas de todo el mundo me siguiese es algo destacable, extraño y poderoso. Me hace sentir una gran responsabilidad y me ha proporcionado experiencias nuevas e interesantes en mi vida. He recibido de todo: desde mensajes que decían cómo me quería la gente o cómo he supuesto una inspiración en su vida hasta amenazas de muerte o mensajes de correo llenos de odio cuando he compartido contenidos políticos que no coinciden con la visión del mundo de parte de mi público.

Este experimento también me permitió avanzar hasta conseguir no sólo alcanzar un millón de seguidores en Instagram y obtener un crecimiento enorme en YouTube (para nuestros clientes privados), sino también lograr acuerdos para escribir libros, oportunidades para dar charlas, apariciones en la televisión y cantidades espectaculares de referencias de clientes potenciales para hacer que mi agencia de innovación se pusiera en marcha.

Pero pese a ello, *todavía* no me considero una celebridad o ni siquiera un *influencer*. Conseguí ese seguimiento inicial en, literalmente, treinta días, lo que supone algo muy distinto a que alguien tarde años en obtenerlos. No lo hice por hacerme famoso, sino más bien a modo de experimento social para ver si era posible lograrlo y para comprender el impacto último que tendría. También lo hice precisamente para compartir mi experiencia y mis conocimientos con todos vosotros. Si me hubiera tomado en serio lo de ser famoso, hubiera invertido una enorme cantidad de trabajo de seguimiento para potenciar y desarrollar mi marca y las conexiones con seguidores recientes y seguiría esforzándome para conseguir nuevos seguidores cada día.

Quiero subrayar que conseguir un público enorme y mantener unos seguidores reales e interesados conlleva una tremenda cantidad de tiempo, energía y trabajo.

Todo se reduce a que, si *yo* pude hacerlo, *tú* también puedes. Este libro te enseñará cómo. Con estas herramientas puedes disponerte a dar un paso más hacia la consecución de tus sueños.

Cómo alcanzar las aspiraciones de tu carrera profesional lo antes posible

Recientemente estaba trabajando con una aspirante a actriz en Los Ángeles. Es muy talentosa, pero en esencia una desconocida que posee pocos créditos. Le pregunté cómo le habían estado yendo las audiciones y me explicó que estuvo en una reunión con uno de los principales directores de casting de Hollywood que le había dicho que su vídeo demostrativo era genial y que era una actriz excelente, pero que se haría a sí misma (y al director de casting) un favor enorme si tuviese decenas de miles de seguidores en Twitter. Aunque el seguimiento en Twitter no tiene nada que ver con ser una buena actriz, esto le proporcionaría una ventaja cuando los productores tuvieran que tomar una decisión sobre a quién contratar.

El valor de un gran seguimiento no sólo se aplica a la gente desconocida. También es algo valioso en los niveles más elevados. Sophie Turner, la actriz de *Juego de tronos*, explica que la han escogido para interpretar papeles pasando por delante de actrices mejores porque tiene más seguidores. En una entrevista publicada en la revista *Porter*, explicaba: «Hice una prueba para un proyecto, y la cosa estaba entre yo y otra chica que es mucho mejor actriz que yo, mucho mejor, pero yo tenía los seguidores, así que me dieron el papel. No es algo correcto, pero forma parte de la industria cinematográfica en la actualidad».[2]

Y las cifras en las redes sociales no sólo resultan deseables para la gente: también se aplican a las marcas. De acuerdo con un estudio realizado por la escuela de negocios Wharton, la popularidad en las redes sociales puede mostrar la capacidad de una empresa emergente para crear su marca, integrar el *feedback* de los consumidores y atraer a grupos concretos de

---

2. GORDON, N.: «Sophie Turner says she landed a role over a "far better actress" because she had more social media followers», *Esquire* (8 de abril de 2017). www.esquire.com/uk/culture/news/a16489/sophie-turner-role-better-actress-social-media

usuarios. Por lo tanto, algunos inversores tienen esto en cuenta al decidir en qué invertirán su dinero.[3]

Incluso he visto cómo tener muchos seguidores ha supuesto una diferencia en mi propia vida desde el punto de vista de la validación. Como mis cifras han aumentado, he podido aprovechar la influencia a favor de mi propia empresa. He podido conseguir más clientes y colaboraciones. Me llevaron en avión a Suecia para dar conferencias y organizar talleres a nivel mundial en las oficinas centrales de IKEA. He conseguido oportunidades para dar conferencias en eventos como el Web Summit en Portugal, la mayor conferencia sobre tecnologías del mundo, con 70 000 asistentes y con conferenciantes como Al Gore, Elon Musk, Bono, Werner Vogels (director ejecutivo de tecnologías y vicepresidente de Amazon) y Dustin Moskovitz (cofundador de Facebook).

Las cifras en las redes sociales se están volviendo cada vez más importantes y pueden tener un enorme efecto sobre tu capacidad de abrirte paso y desarrollar colaboraciones importantes. La buena noticia es que no es necesario que seas una megaestrella para conseguir crecer. Tan sólo fíjate en mí: yo no salgo en *Juego de tronos* ni soy un cantante talentoso. Básicamente empecé con poco o nada de seguimiento en las redes sociales, que es exactamente la razón que me motivó a escribir este libro. Quiero proporcionarte acceso a las mejores estrategias de crecimiento con independencia de tu nivel actual de influencia (o tu falta de la misma). Lee este libro hasta el final y ten la seguridad de que tendrás una idea más clara sobre cómo alcanzar rápidamente tus aspiraciones en tu carrera profesional.

La manera normal

Antes de concebir mi sistema, algunas personas (incluso más allá de los casos atípicos, como Justin Bieber) averiguaron cómo obtener influencia. Esto es genial, pero el problema es que la mayoría de la gente no dispone

---

3. JIN, F.; WU, A. y HITT, L.: «Social is the new financial: How startup social media activity influences funding outcomes», documento de trabajo, Escuela Wharton, Universidad de Pensilvania (7 de febrero de 2017), http://mackinstitute.wharton. upenn.edu/wp-content/uploads/2017/03/FP0331_WP_Feb2017.pdf

de una estrategia tras sus métodos (y los que disponen de una estrategia tienden a mantenerla en secreto). Aquéllos sin una estrategia intentan, simplemente, publicar contenidos esperando que se pongan de moda y se vuelvan virales, y en algunos casos infrecuentes hay personas que tienen suerte. La mayoría, no obstante, fracasa. Sin una estrategia, te quedarás jugando con la probabilidad de que la suerte te haga avanzar; e incluso si tienes la fortuna de verte agraciado por los hados, el empleo de publicaciones normales sin más suele requerir de por lo menos algunos años para la acumulación de un número importante de seguidores. Sinceramente, la mayoría de nosotros no disponemos de esa cantidad de tiempo. El mundo avanza rápidamente y necesitamos no perder comba para así poder maximizar el potencial de nuestros talentos lo antes posible.

Debido a la velocidad vertiginosa del mundo actual, todos quieren unos resultados rápidos, lo que hace que mucha gente haga uso de los medios o redes en los que los anunciantes pagan por la publicación de sus anuncios. Imaginan que pueden comprar fácilmente la atención de sus seguidores y clientes. Intentan dar un empujón a sus publicaciones o aprovechar el administrador de anuncios de Facebook e Instagram para los posicionamientos patrocinados. No te equivoques: estas tácticas desempeñan un papel en mi estrategia, pero aquellos que las empleen sin un plan sólido nunca conseguirán generar el impacto que están esperando. Inevitablemente, acaba siendo algo caro y frustrante. Se topan con un obstáculo centrándose en lo que creen que es atractivo en lugar de centrarse en lo que, de hecho, generará respuestas emocionales.

Una de las marcas con las que he trabajado (Skechers), se gastó cientos de miles de dólares tomando imágenes y contenidos en vídeo que funcionaban en los medios escritos y en la televisión, e intentó, sencillamente, reutilizarlos para las plataformas sociales y digitales. Por desgracia, no es algo tan fácil. Al cabo de tan sólo dos semanas trabajando con Skechers, les ayudé a superar los resultados combinados de trece años de implicación conjunta en los vídeos sociales de todas las páginas de Skechers en Facebook. Piensa que si es tan difícil para las marcas grandes, que disponen de equipos de investigación que les ayudan a averiguar esto, ¿cómo podría alguien dilucidar todo eso por su cuenta?

Probablemente como resultado de esta frustración, otra táctica a la que ha recurrido la gente es la de comprar seguidores falsos. Ésta es una práctica que no recomiendo, ya que es algo turbio e incorrecto. Podría asentar una validación efímera si sólo echamos un vistazo, pero no es sostenible. Si la gente lo averigua, te hará parecer poco digno de confianza. En la actualidad hay muchas formas de averiguarlo. No vale la pena el riesgo de manchar tu reputación. Además, en realidad no aprenderás nada sobre tus contenidos o tu mensaje ni obtendrás la importante información que te ayudará a generar una popularidad duradera y perdurabilidad.

Por último, pero no por ello menos importante, la gente a la que me gusta ayudar de verdad es aquella que ha invertido cientos, por no decir miles, de dólares en hacer cursos online impartidos por «expertos» en redes sociales. Lamentablemente, muchos de estos cursos están llenos de consejos banales como «sé auténtico» o «sé interesante». Aunque puede que esos clichés sean ciertos, no te explican *cómo* hacerlo. Te dejan con la necesidad de un sistema que te proporcione las herramientas para descubrir cómo ser y hacer eso por tu cuenta. Eso es precisamente lo que compartiré contigo en este libro.

El sistema que desarrollé

Más allá de generar una conexión personal para incrementar rápidamente la cantidad de seguidores y crear mensajes que conmuevan emocionalmente a tu público, otra piedra angular de mi método es el análisis. En este libro aprenderás cómo analizar para encontrar las mejores estrategias que hagan que la gente comparta tu mensaje. Así es como conseguirás seguidores en meses en lugar de en años.

Empleando mis metodologías específicas de análisis y aprovechando de forma inteligente los medios o redes en los que los anunciantes pagan por la publicación de sus anuncios, crecerás de forma significativa y generarás buenas cifras y validaciones rápidamente. Dispondrás de un sistema que te ayudará a conocer qué funciona y qué no. Te llevarás contigo información importante que será útil para el desarrollo de tu marca y tu negocio.

Pero antes de seguir leyendo, quiero que **tengas presente que éste es un sistema que requiere de tu trabajo.** Y no sólo consiste en el trabajo de incrementar el número de seguidores, sino, y más importante, en cómo sigues manteniéndoles implicados como fans de por vida y defensores de tu marca. **Debes estar preparado para pasar por prueba y error, realizar cambios y, lo más importante de todo, fracasar.** Nunca analizo una única variación del contenido, sino que analizo cientos e incluso miles de variaciones. Me tomo el tiempo necesario para analizar tantas variaciones como sea necesario para averiguar qué funciona. Es necesario que estés dispuesto a hacer lo mismo si quieres tener éxito. Frecuentemente le digo a la gente que, desde luego, no soy la persona más inteligente que hay en la sala, pero nunca abandono hasta encontrar la respuesta (o la variación ganadora) que estoy buscando.

Además, ésta es la forma en la que se crea cualquier cosa grande. La razón de que Facebook sea tan exitoso es porque su modelo (y el modelo de Silicon Valley en general) está basado en el principio de «fracasar fuertemente y fracasar rápido». Algunos incluso hablan de «fracasar más rápido», porque ésa es la única forma en la que se aprende. Mediante el análisis, el aprendizaje, el fracaso y la decepción, al final acabarás triunfando.

Demasiada gente desperdicia demasiado tiempo y dinero en un único elemento de contenido. Invierten todos sus recursos en una imagen o un vídeo, lo comparten online una vez y esperan que funcione como por arte de magia. Lamentablemente, no suele ser así, y los mensajes en las redes sociales se mueven con gran rapidez, así que no dispones de esa cantidad de tiempo que perder.

He trabajado con empresas que han gastado millones de dólares para promocionar un único elemento de contenido que acaba fracasando y no implicando a su público principal. Ésta es una de las principales razones por las cuales desarrollé este sistema. Debes probar con tu público principal tantas variaciones de un elemento de contenido como puedas y estar dispuesto a llevar a cabo modificaciones sobre esas variaciones cuando los mensajes no sean bien recibidos. Ésta es la verdad pura y dura. La única posibilidad de que puede que esto no resulte necesario es si eres un genio creativo como mi amigo y colaborador Prince Ea. Es músico, poeta, activista, locutor, director y creador de contenidos, y ha generado más de 2 000 millones de visualizaciones en los dos últimos años. Puede cambiar sus contenidos rápida y fácilmente, pero en el caso del resto de nosotros, que representaríamos el 99,9 % de la gente del mundo, debemos dedicar tiempo y pruebas. Dicho eso, Prince Ea es una de las personas más trabajadoras que conozco, y se exige al máximo para aprender más e innovar.

Te acompañaré a lo largo del proceso de las hipótesis de creación de contenidos, las pruebas A/B, las variaciones de contenidos, los titulares que atraen la atención, los grupos objetivo, las variaciones de los grupos objetivo, las respuestas a las pruebas y las estrategias de compartibilidad. Un recorrido en profundidad te llevará a través de todos estos procesos y de más temas en los siguientes capítulos. También adquirirás conocimientos con casos prácticos de clientes míos del pasado y de los inteligentes maestros del crecimiento.

Lo que funciona será diferente para cada persona que lea este libro. No creo en un modelo de «talla única» para la estrategia digital y el crecimiento. Ésa es la razón por la cual salí y entrevisté a las mejores mentes del mundo: quería no sólo proporcionarte mi estrategia para el crecimiento, sino también otras opciones, de modo que puedas escoger lo que funcione mejor para ti. Luego, una vez que comprendas las estrategias expuestas y comentadas en los siguientes capítulos, tendrás la capacidad de crear tu propio modelo con resultados duraderos. Cuando hayas acabado este libro, comprenderás las mejores formas de sacar el jugo a qué y quién eres para generar un impacto y alcanzar tus objetivos lo más rápidamente posible. En este libro encontrarás algunas de las mejores estrategias y conocimientos que remodelarán la forma en la que las personas, las marcas y las empresas establecen relaciones con sus seguidores. Al final dispondrás de un sistema que te proporcionará el poder de alcanzar tus metas y aspiraciones en tu carrera profesional.

Para recibir una formación continua más allá de este libro, visita mi blog: www.brendanjkane.com/bkblog

Este proceso empieza comprendiendo los pormenores del análisis de contenidos. Una vez que domines este conocimiento, te encontrarás diez pasos más cerca de tener más seguidores y exposición de tus contenidos que la mayoría de la gente. Así pues, empecemos por ahí, con el paso fundamental de aprender cómo maximizar el potencial de tus contenidos y acumular fans rápidamente.

CAPÍTULO 0

LA ACTITUD
DE UN MILLÓN DE SEGUIDORES

No, no se trata de un error tipográfico: se supone, realmente, que tiene que leerse «Capítulo 0».

¿Por qué? Porque necesitas comenzar de cero. Independientemente de si tienes, ahora, más de cero seguidores, debes hacer borrón y cuenta nueva antes de que pueda ayudarte a conseguir siquiera *un* nuevo seguidor. Empezar de cero implica trabajar contigo mismo antes de hacer crecer tu número de seguidores, y ésta es la razón por la cual este capítulo consiste en hacer que adoptes la mentalidad adecuada: se trata del factor más importante para alcanzar el éxito en las redes sociales.

La gente ve los millones de seguidores, los «me gusta» y las comparticiones que tienen las principales marcas e *influencers*, además de las oportunidades a las que pueden conducir estos seguimientos masivos, y se emocionan; pero lo que no ven es el constante trabajo tras las bambalinas que conlleva alcanzar estos objetivos. A pesar de que generar un público lleva mucho tiempo y esfuerzo, se trata, de hecho, de una de las tareas más sencillas. La parte más difícil consiste en conservar ese seguimiento, recibir una implicación constante con respecto a las publicaciones y experimentar un crecimiento continuo. Para hacerlo, debes crear contenidos eficaces que capten la atención del público y que obtengan una buena valoración por parte de los algoritmos: eso es lo que, de hecho, lleva la mayor cantidad de esfuerzo y conduce al éxito más duradero. Para generar un impacto, debes mantener a la gente interesada e implicarte, y eso no es fácil. La dificultad de estas tareas es lo que hace que mucha gente no logre alcanzar sus objetivos relacionados con las redes sociales.

Yo, por ejemplo, conseguí un millón de seguidores en treinta días, pero me he dedicado a ello cada día desde entonces, y sigo haciéndolo.

Pruebo, aprendo y pivoto para generar contenido que capte la atención de mi público mientras, al mismo tiempo, ayudo a mis clientes a hacer lo mismo; e incluso con toda esa experiencia, hay tantos altibajos en mis experimentos como cuando comencé.

Mi equipo (que, una vez más, ha estado implicado en esto desde hace años) y yo seguimos experimentando muchos fracasos, independientemente de nuestras enormes victorias. Dedicamos una cantidad espectacular de tiempo a investigar, analizar rendimientos y experimentar con nuevas ideas. Incluso los mejores creadores de contenidos del mundo no aciertan todas las veces… y lamentablemente tampoco lo harás tú.

Otra clave relacionada con la actitud es la importancia de probar y aprender. Es uno de los principales componentes para incrementar rápidamente tu crecimiento (en cualquier plataforma): deberás adoptar un enfoque ágil en cuanto a la producción, análisis y medición de cómo responde la gente a tus contenidos. Si no dispones de tres o cuatro años para invertir en desarrollar la plataforma, es una estrategia genial, porque te proporciona una validación y credibilidad inmediatas para destacar en este preciso momento. Hacer aumentar tu público es, de hecho, bastante fácil. Lo que requiere de trabajo duro haciendo horas extraordinarias consiste en conservar y mantener implicado a ese público.

Debes aceptar este hecho antes de implicarte. Puedes conseguir muchos seguidores rápidamente, pero para tener una presencia en las redes sociales próspera y duradera deberás comprender las estrategias de prueba, mensajería y contenidos que se proporcionan en los siguientes capítulos. Están repletos de consejos de las principales mentes del mundo para conseguir un gran público y mantenerlo involucrado.

Las tres fases del proceso

La base de mi metodología para obtener un millón de seguidores consiste en tres pasos:

1. **PLANTEAR HIPÓTESIS.** Identifica rápidamente una hipótesis de un formato, historia o asunto que implique al público en torno a un mensaje concreto.

2. PROBAR. Genera una prueba de bajo costo del concepto o mensaje, que pueda evaluarse y validarse, y aprende, a partir de los resultados, todo lo que puedas sobre lo que funciona y lo que no.

3. PIVOTAR. Si se demuestra que la hipótesis es correcta, dedícale más esfuerzos. Si resulta ser incorrecta, repite rápidamente el proceso con un nuevo formato, historia o asunto.

«Plantear hipótesis, probar y pivotar» es tu nuevo mantra. El modelo es sencillo: la parte difícil consiste en averiguar qué probar y cuándo pivotar. Debes probar muchas variaciones distintas que tengan mucho gancho para captar y retener la atención de la gente. Luego, basándote en esas pruebas, averiguarás qué variaciones proporcionan los mejores resultados y seguirás invirtiendo en ellas. En el caso de que ninguna de ellas funcione, deberás pivotar: retroceder, plantear una nueva hipótesis e iniciar el proceso de nuevo.

La realidad de la importancia de esto es la razón por la cual tener la mentalidad o actitud adecuada antes de embarcarte en este viaje es tan crucial. No sólo comparto esto contigo para prepararte para el camino que tienes por delante, sino también para asegurarme de que cuando las cosas se pongan feas *no abandones*. Para ser completamente sincero, yo tengo ganas de abandonar cada semana, pero como he hecho el trabajo adecuado para hacer que mi mentalidad se encuentre en el lugar adecuado, no renuncio. Sigo adelante superando obstáculos, retos y fracasos; pero créeme: incluso después de hacer esto durante años, sigo desanimándome todo el tiempo.

Basándome en mi experiencia, habrá, sin duda alguna, momentos en los que querrás rendirte. Puede que una pieza de contenido que te haya costado mucho crear no obtenga tan buenos resultados como habías esperado. Te esforzarás, lo harás bien y entonces los algoritmos cambiarán para recompensar tipos distintos de contenidos. Disponer de la actitud adecuada te ayudará a seguir avanzando para superar estos retos, de modo que no pierdas la motivación y continúes en el buen camino.

Tener una actitud dinámica y de seguir avanzando es una parte clave de mi fórmula para el éxito. Si quieres alcanzar tus objetivos de crecimiento en las redes sociales, debes adoptar esta mentalidad *ahora*. A partir del *feedback* que he recibido de la gente que ha leído mis libros y ha asistido a mis cursos, veo que los que triunfan adoptan esta actitud. Los que no logran adoptar esta fuerte mentalidad fundamental fracasan casi siempre, y luego se quejan de que estas estrategias probadas no funcionan para ellos.

Haz que la gestión de tu actitud sea una prioridad

La gente más triunfadora del mundo hace que la gestión de su actitud sea una prioridad. Los empresarios como Gary Vaynerchuk y Jeff Bezos, los deportistas profesionales como Michael Jordan, los músicos como Taylor Swift y muchas otras personas muy exitosas han hablado sobre la importancia de la actitud en los medios. Bezos, por ejemplo, ha dicho: «No puedes saltarte pasos. Debes poner un pie delante del otro. Las cosas llevan tiempo. No existen atajos, pero querrás dar esos pasos con pasión y ferocidad».[1]

Es bien sabido que Michael Jordan dijo: «Si intentas triunfar, habrá obstáculos. Yo me he encontrado con ellos. Todos nos hemos tropezado con ellos, pero los inconvenientes no deben detenerte. Si te encuentras con un muro, no debes darte la vuelta y abandonar. Averigua cómo escalarlo, atraviésalo o rodéalo»; además también dijo: «He fallado más de 9 000 lanzamientos en mi carrera profesional. He perdido casi 300 partidos. Me han confiado, en 26 ocasiones, que hiciera el lanzamiento final que nos daría la victoria y fallé. He fracasado una y otra vez en mi vida, y ésa es la razón por la cual tengo éxito».[2]

Estas personas comprenden que alcanzar objetivos importantes significa que fracasarás, que tendrás que trabajar duro y que te desanimarás, pero también que deberás seguir avanzando si quieres progresar. Antes de empezar a incrementar mi número de seguidores, me centré enormemen-

1. UMOH, R.: «The crucial mindset Jeff Bezos says you should have if you want to be successful», *CNBC make it* (9 de noviembre de 2017). www.cnbc.com/2017/11/09/jeff-bezos-says-you-should-have-this-mindset-to-be-successful.html
2. ALLAN, T. J.: «How Michael Jordan's mindset made him a great competitor», *USA Basketball* (24 de noviembre de 2015). www.usab.com/youth/news/2012/08/how-michael-jordans-mindset-made-him-great.aspx

te en desarrollar la mentalidad adecuada, y sigo trabajando en ello antes de cada nuevo objetivo y proyecto.

El Ejercicio de la Actitud

Puedes adoptar muchos enfoques para desarrollar tu actitud. Quizás quieras estudiar distintos métodos, pero te guiaré a lo largo del Ejercicio de la Actitud o mentalidad que empleé para desarrollar la mía.

Paso 1: Empieza preguntándote *por qué*. *¿Por qué* haces lo que haces? Define claramente tus objetivos. ¿Consiste tu meta en alcanzar un cierto número de seguidores? ¿Generar una cierta cifra de referencias de clientes potenciales? ¿Tienes un objetivo concreto para tu carrera profesional como conseguir un acuerdo para escribir un libro o desarrollar una marca? Identifica y define el resultado que deseas generar.

El crecimiento en cuanto al número de seguidores supondrá un objetivo común para muchos de los que estéis leyendo este libro, pero no os olvidéis de determinar vuestros objetivos a largo plazo. ¿Qué quieres conseguir de verdad?

Para mí, mis objetivos principales para generar un gran seguimiento consistían en asegurarme un agente literario y luego un acuerdo para publicar un libro. Una vez que se publicó mi libro, quise dar conferencias por todo el mundo, ya que mi mayor pasión es enseñar e inspirar a los demás. Vi que si podía alcanzar estos objetivos, entonces podría incrementar las formas en las que ayudar a la gente. Podría escribir más libros, dar más charlas y entrevistas a los medios, y organizar los programas y grupos de enseñanza que ofrezco en la actualidad.

Tal y como puedes ver, mi *por qué* incluía objetivos tanto a corto como a largo plazo. Así pues, intenta dar con las metas a corto y largo plazo para tu propia marca o negocio. Incluso aunque no estés seguro de por dónde empezar, sigue buscando para encontrar la claridad. Puede que no identifiques tus deseos a largo plazo al principio, quizás ni siquiera sepas cuáles son tus opciones, pero cuanto más lo intentes, más de tus objetivos se pondrán de manifiesto para ti, y cuando definas el *por qué* que hay tras estos objetivos, deberás reconsiderarlo para asegurarte de ser fiel a ti mismo. Deberás afinar y hacer ajustes a medida que avances. Tener una visión clara te ayudará a mantener el éxito a largo plazo.

¿Qué sucede si alcanzas tu objetivo?

Paso 2: El siguiente paso consiste en que te preguntes: *¿Qué sucederá cuando alcance mi objetivo?* Digamos que tu meta consiste en conseguir 100 000 seguidores. ¿Qué pasará cuando hayas logrado eso? ¿Qué sacarás de ello? ¿Podrás obtener un empleo con un mejor sueldo, iniciar una colaboración con una marca o asegurarte financiación por parte de un inversor? Puede que consigas un trato para grabar un álbum o quizás puedas impulsar un producto que hayas creado. Anota los posibles resultados positivos.

Entonces determina lo satisfactorio que te resultará alcanzar estos objetivos. Piensa de verdad en ello. Imagina tener 100 000 seguidores y dar tu primer concierto, asegurar tu primer acuerdo para publicar un libro o conseguir un cliente importante o un trato con una marca. ¿Qué se siente? ¿Qué harás? ¿Qué significa para ti y para tus seres queridos? Toma nota de los sentimientos y las sensaciones relacionadas con vivir tu visión. Sé tan concreto al respecto como puedas: éste es tu sueño, tu visión.

Sabía que cuando alcanzase mi objetivo de hacer aumentar mi número de seguidores, quería conseguir a un agente literario de modo que pudiese publicar mi libro. Estaba seguro de que me proporcionaría la credibilidad para asegurarme entrevistas en los medios, contratos para dar conferencias y satisfacer mi deseo de enseñar y ayudar a los demás. Imaginé lo emocionante que sería esto y lo que haría mientras subía al escenario en eventos celebrados en todo el mundo mientras ayudaba a los demás. En la actualidad tengo más de un millón de seguidores en mis páginas de Facebook e Instagram. Cientos de miles de personas de todo el mundo han leído mis libros, y he hablado con gente en docenas de países en eventos como la Web Summit que tienen más de 70 000 asistentes.

Me encantaría decirte que fue fácil alcanzar todos estos objetivos, pero la verdad es que no lo fue. Hubo obstáculos, dificultades y momentos en los que tuve que pivotar. Frecuentemente me sentí desanimado, quise rendirme y, tal y como he mencionado, sigo teniendo mis momentos incluso en la actualidad, pero, manteniendo la claridad sobre por qué hago lo que hago y la imagen general que tengo tras mis objetivos, persevero.

¿Hasta qué punto es importante tu objetivo para ti?

Paso 3: Una vez que te hayas marcado tu objetivo, lo hayas visualizado y sepas cómo te hace sentir, sabrás qué significa para ti. Esto supone una parte muy importante del desarrollo de tu mentalidad, porque muchas veces pensarás que un objetivo lo significa todo para ti cuando en realidad no es así. En una escala del uno al diez, ¿cuán importante es para ti alcanzar tu meta? ¿Tiene un valor de seis o siete, en un punto en el que encuentras que estás interesado en hacerlo, pero no es algo a lo que quieras dedicar tu vida? ¿U obtiene un valor de diez, lo que indica que no hay nada más importante para ti que alcanzarla? Escríbelo. No hay una respuesta correcta o incorrecta: se trata de una elección personal que no tienes que compartir con nadie más que contigo mismo. El aspecto más crucial es que des con ese número y lo definas, de modo que tengas clara la importancia de ese objetivo en tu vida.

Conocer este nivel de importancia desempeña un papel crucial en cómo avanzas, porque te ayuda a determinar cuánto tiempo y cuántos recursos estás dispuesto a invertir para tu éxito. Mucha gente quiere tener muchos seguidores, un podcast de fama mundial o una marca importante, pero en realidad no quiere dedicar el tiempo, el esfuerzo y los recursos necesarios para alcanzar estos objetivos. Eso no tiene nada de malo, siempre que sean conscientes y se sientan cómodos con su realidad.

Independientemente de quién seas o de lo que tengas, deberás dedicar una cantidad importante de tiempo y recursos a tu objetivo. Tal y como he mencionado anteriormente, Taylor Swift es un gran ejemplo. Ella es uno de los talentos musicales más grandes y consumados del mundo, e incluso en la actualidad sigue trabajando para involucrar a sus seguidores y mantener su éxito.

Mucha gente me pregunta: «¿Cuánto dinero debería gastarme en esto? ¿Cuántos seguidores más debería conseguir? ¿Cuánto tiempo y cuántos recursos debería dedicarle?». Estas preguntas tienen distintas respuestas para cada persona. En realidad, depende de lo que quieras conseguir y cuánto signifique para ti. No creo que puedas determinar, de verdad, qué recursos dedicar a una meta hasta que sepas cuánto valoras ese objetivo.

Al completar este ejercicio, quizás te encuentres con que un objetivo más modesto sea algo más adecuado: que no tienes que desarrollar (ni querer desarrollar) los recursos necesarios para hacer que suceda en este preciso instante; o, por el contrario, puede que cristalice lo que habías pensado originalmente: que estás más que preparado para alcanzar la máxima cantidad posible de éxito, y que estás dispuesto y eres capaz de hacer lo que haga falta para llegar ahí lo antes posible.

Llevar a cabo este Ejercicio de la Actitud te ayudará a aclarar dónde te encuentras. Cualquier respuesta que te acuda a la mente será correcta. Ésta es *tu* vida y éstas son *tus* decisiones, y no deberías permitir que nadie determine tus sueños o qué es necesario invertir para alcanzarlos.

Si estás buscando *coaching* privado sobre la actitud, envíame un email a bkane@brendanjkane.com

Persigue la visión a largo plazo

Una vez que hayas llevado a cabo el Ejercicio de la Actitud y hayas asentado firmemente tu visión, entonces podrás empezar a fijarte en las estrategias y las tácticas que te ayudarán a alcanzar tus objetivos. Mucha gente se centra en el corto plazo: en su éxito inmediato; pero cuando lo alcanzan, no suelen estar preparados y pierden el impulso para conseguir oportunidades más importantes. Piensa en las celebridades o los *influencers* que tenían una enorme base de seguidores y mucha fama que se desvaneció rápidamente (los famosos quince minutos de fama). Cuando tienes tu mentalidad preparada para el corto y el largo plazo, te colocas en la posición más firme para conservar el éxito, tanto hoy como en el futuro.

Esto también es aplicable al tiempo y los recursos que deberás dedicar a tu visión. No me marqué únicamente como objetivo un trato para escribir un libro, sino que miré más allá para ver qué quería una vez que lo consiguiese: todo lo que hago es para poder, en último término, alcanzar mi visión a largo plazo. Mis metas a corto plazo son, simplemente, las piezas que me ayudan a llegar donde quiero ir. Sí, hice crecer mi público en treinta días, pero conseguir un agente literario y un acuerdo para escribir un libro, que publicaran mis obras y lograr trabajo dando conferencias y obtener grandes oportunidades con la prensa es algo que sucedió a lo largo de dos años. Esto es lo que quiero decir con permitir que los objetivos a corto y a largo plazo trabajen simultáneamente: debes, en consecuencia, dedicar recursos a ambos.

No tienes, necesariamente, que invertir todo lo que tienes para triunfar en las plataformas digitales. La gente suele querer dedicar mucho tiempo y dinero para hacer aumentar su público, para acabar descubriendo más adelante que han empleado todos sus recursos y que no pueden alcanzar otros objetivos importantes. Tu estrategia debe ser sostenible a largo plazo: si sólo piensas en tus beneficios a corto plazo, puede que eso te salga muy caro al final.

Regresa siempre a esa escala que va del uno al diez y echa un vistazo al número que escogiste con respecto a cuánto significaba cada objetivo para ti. Tanto si fue un cinco como si se trató de un diez, sabes cuál es tu umbral y qué estás dispuesto y qué eres capaz de dedicar para conseguirlo. Ahora combina esto con tu visión a corto y largo plazo y te encontrarás en la mejor posición posible para tomar las decisiones adecuadas.

Ésta es la mentalidad que quiero que tengas. Sí, te enseñaré cómo generar seguidores rápidamente, cómo dar con tu mensaje singular y cómo atraer a tu público, pero necesito que comprendas que esto es un maratón y no un sprint.

La mentalidad subyacente a conseguir un millón de seguidores en treinta días

Para desarrollar esta mentalidad o actitud, primero definí claramente mi objetivo de alcanzar un seguimiento social masivo. Cuando me pregunté qué sucedería cuando alcanzase esa meta, supe que era asegurarme un agente literario. Así pues, mantuve una conversación con un agente muy importante que había sido representante de más de 5 000 millones de dólares en ventas de libros y le dije: «Oye, estoy pensando en hacer un experimento en el que conseguiré un millón de seguidores en treinta días. Si lo hago, ¿me representarás y me ayudarás a conseguir un trato para escribir un libro y que me lo publiquen?». A esto me respondió: «Sí». Esa conversación me proporcionó el punto de referencia que necesitaba para determinar mi objetivo: conseguir un millón de seguidores en treinta días.

Ahora bien, aunque ese resultado ha atraído a muchos de vosotros a este libro, no es necesariamente el objetivo que podría ser el mejor para *tu* marca o negocio. En algunos sectores quizás sólo necesites 25 000 seguidores, y en otros puede que esa cifra sea de 100 000. En el caso de algunos, aconsejo que se ocupen de los ingresos y de las referencias de clientes potenciales para lograr primero beneficios para la empresa, y luego ya reconsideraremos la tarea de conseguir seguidores más adelante.

Mira a tu alrededor y fíjate en otras personas y marcas de tu sector para ver qué cifras de seguidores tienen. La fórmula que aprenderás en este libro puede aplicarse independientemente de la cantidad de público que quieras obtener, pero primero deberás tener clara la cifra que tiene sentido para tus objetivos personales.

Una vez que supe lo que haría falta para conseguir un agente literario, me pregunté *por qué*. ¿Cuál era la verdadera razón subyacente para generar un trato con una editorial y publicar un libro? Tal y como he mencionado antes, fue porque mi verdadera pasión es enseñar e inspirar a los demás: compartir información con gente como tú. Eso es lo que quiero pasar mi vida haciendo. Cuando visualicé cómo me encantaría hacer eso todos los días (lo gratificante que sería y cuánta satisfacción obtendría y podría transmitir), fue fácil determinar que el valor de mi meta era de más de diez puntos.

Una vez más, tu objetivo no tiene que conseguir diez puntos en cuanto a lo que significa para ti. Su puntuación puede ser menor y, pese a ello, puede seguir valiendo la pena dedicarle tus esfuerzos; pero disponer de claridad te orientará con respecto a la cantidad de tiempo, dinero y recursos que vale la pena dedicar a tus metas. En mi caso, una cantidad importante de mis ingresos la reinvierto actualmente para alimentar mi negocio, crear nuevos contenidos, aprender nuevas estrategias y poner libros nuevos en el mercado. Hago esto por mis objetivos y visión más a largo plazo, porque sé que esto me conducirá hacia donde quiero ir. Si la cifra de lo importante que es para mí esta visión fuese inferior a diez, probablemente no seguiría dedicándole este nivel de inversión.

Ésta es la razón por la cual te animo a empezar con el Ejercicio de la Actitud y a definir tu visión. Cada persona que lea este libro tendrá un objetivo diferente, una visión única, y les importará en distintos grados. No te compares con nadie más. Esto es algo muy personal. Tus metas y tu visión pueden cambiar y evolucionar a medida que haces crecer tu negocio o marca. El proceso de definir tu visión y el trabajar en tu actitud nunca acaban.

Tal y como he mencionado anteriormente, trabajo con mi actitud *constantemente*. A pesar de que llevo en este negocio desde hace más de quince años, sigo frustrándome. Hay días en los que pienso en abandonar porque esto es *duro*. Es *frustrante*; pero cuando me siento desanimado, me veo rejuvenecido y me recupero al seguir regresando al Ejercicio de la Actitud y conectando con mi *por qué*. Regreso a mi visión y siento los frutos del resultado por el que estoy trabajando. Eso es lo que siempre me hace superar las épocas más difíciles.

Estoy compartiendo esto contigo antes de fijarnos en cómo alcanzar un seguimiento masivo en las redes sociales porque de verdad quiero que consigas un éxito duradero. Ojalá que el Ejercicio de la Actitud y este libro te ayuden a alcanzar tus metas y visiones más importantes.

Consejos rápidos y resumen

- Tener la actitud adecuada es tan importante como cualquier otra táctica para hacer crecer tu número de seguidores, recibir implicación y conseguir éxito a largo plazo en las redes sociales.
- La clave para conseguir un público enorme en el tiempo más breve posible consiste en un enfoque ágil de producir, probar y medir cómo la gente está respondiendo a tus contenidos en tiempo real.
- Plantea hipótesis, prueba, aprende y pivota.
- Las personas más dotadas del mundo (deportistas, empresarios, artistas, músicos, etc.) atribuyen, todas ellas, una parte enorme de su éxito al hecho de tener una actitud adecuada.
- Puedes encontrar tu propio enfoque para desarrollar tu actitud o emplear el Ejercicio de la Actitud que he compartido contigo en este capítulo:
  — Pregúntate *por qué* quieres alcanzar tus objetivos concretos relacionados con las redes sociales.

— ¿Qué sucederá cuando se hayan alcanzado esas metas? Determina los principales objetivos a largo plazo que quieres lograr una vez que alcances tus metas relacionadas con las redes sociales.

— Decide hasta qué punto es importante para ti la consecución de estas metas. En una escala del uno al diez, ¿cuánto quieres hacer que tu visión se haga realidad?

- No te centres únicamente en los objetivos a corto plazo. Identifica y céntrate también en tu visión a largo plazo.
- Usa tu actitud como guía sobre cuánto tiempo, esfuerzo y recursos deberías invertir en tus metas y tu visión.
- Céntrate constantemente en tu actitud, en especial durante las épocas difíciles en las que te sientas desanimado.
- Permite que tus metas cambien a medida que tu marca o negocio evolucionen.

¿Necesitas ayuda para desarrollar tu actitud? Envíame un email al correo bkane@brendan jkane.com.

CAPÍTULO 1

CREA CONTENIDOS COMPARTIBLES

La compartibilidad es la estadística más importante cuando buscas crecer rápidamente en cualquier plataforma social: te asegura que tu contenido sea bien aceptado por tu público. Hacer que la gente lo comparta es, además, la mejor forma de difundir tu mensaje de forma natural y de destacar entre la algarabía. Compartir regularmente un surtido de contenidos de calidad te hará prosperar e incrementará las probabilidades de que te viralices.

Para generar un seguimiento masivo y una sensación firme de crecimiento, concéntrate en la creación de contenido compartible. No puedes lanzarle contenido aleatorio a la gente y esperar mantener su atención durante mucho tiempo. La mejor forma de hacer que quieran regresar para conseguir más de lo que les das consiste en disponer de una estrategia que enganche e implique a tus seguidores. Ésa es la forma en la que puedes crecer rápidamente, especialmente en Facebook, YouTube e Instagram.

Compartir es la clave del triunfo

Hacer que alguien vea una pieza de contenido o que clique «me gusta» es fácil, pero a fin de cuentas tampoco significa nada. Supone una gran medida para la vanidad, pero no te ayuda a obtener resultados. Alguien que comparta tu contenido sí que está emprendiendo una acción: se trata de *feedback* que te indica que tu contenido está siendo aceptado. Tal y como lo expone Latham Arneson, antiguo presidente de Paramount Pictures: «Emprender acciones es esencial. Llegado un momento, necesitas que tu público y tus consumidores hagan algo, tanto si se trata de implicarse como de comprar un producto». Hacer que los seguidores se queden sentados y cliquen «me gusta» a tu página de forma pasiva no te hará ningún bien.

Los principales *influencers* en las redes sociales comprenden la importancia de hacer que la gente comparta su contenido, y aquí es donde centran su atención. El mago y emprendedor en las redes sociales Julius Dein, que generó más de 15 millones de seguidores en 15 meses, explica que su principal objetivo es conseguir que tanta gente como sea posible comparta su contenido. «Cuando me fijo en los vídeos que comparto», dice, «no me fijo en la cantidad de visitas que consigo. No me importa si el vídeo ha obtenido 2 millones de visitas en Facebook. Me importa la cantidad de comparticiones que tenga, porque si tiene muchas comparticiones, eso significa que será exponencial».

Cuando la gente comparte tu contenido, te está ayudando a hacer crecer tu marca. Está difundiendo activamente tu mensaje y dándote una voz más potente. Tim Greenberg, de la Liga Mundial de Surf, señala que una compartición en Facebook es el mejor indicador de una publicación exitosa. Una compartición promociona un contenido como propio y muestra que la gente defiende el mensaje y cree en él.

Greenberg también destaca que hacer que la gente comparta tus publicaciones lleva ese contenido a más gente en la plataforma de Facebook. Los algoritmos de Facebook están diseñados para mostrar contenidos muy compartidos en la sección de noticias de más gente. El rendimiento general de una publicación está muy correlacionado con la frecuencia con la que es compartida. Facebook recompensa las comparticiones, y darle importancia a esto redunda en tu beneficio. Tal y como explica Jon Jasni, fundador de Raintree Ventuures y antiguo presidente y director creativo de Legendary Entertainment:

> «Si lo que tu público experimenta se considera excepcional, valioso y replicable, hará uso de sus redes sociales y se convertirá en tu embajador, tu proselitista; y procede de una generación en la que la garantía no es algo que se dé por sentado fácilmente. La gente no se muestra tímida a la hora de condenar, rechazar y atacar».

Si todos han sido educados para creer que su propia marca personal es tan relevante como las marcas de aquellos que son muy célebres o más famosos, también habrá un ego inherente en eso. Por lo tanto, «si te digo que vayas a este restaurante, o que veas esa película o esa serie, o que comas ese plato (y te estoy diciendo que son buenos), yo soy el experto. Pongo en juego mi reputación con mi recomendación».

Cuando tu público considera que tu contenido vale la pena, se convierte en una fuerza poderosa para difundir tu mensaje. Además, la gente está, inherentemente, más dispuesta a aceptar la recomendación de un amigo o de alguien en quien confíe que la de cualquier otra persona. La gente recibe contenidos más voluntariamente cuando siente que no se le está vendiendo algo.

¿Qué significa la compartibilidad y por qué importa?

Naveen Gowda, estratega de contenidos digitales de mi equipo y antiguo vicepresidente de Content at First Media, con más de 40 000 millones de visualizaciones a sus espaldas, dice que lo más importante acerca de una compartición consiste en comprender el comportamiento del usuario que le lleva a compartir ese contenido. Se trata de un comportamiento que deriva de un espectador que asume el control sobre el contenido. Dicho esto, una pieza de contenido no tiene por qué ser genial y, pese a ello, puede ser compartible.

Gowda, por ejemplo, envía a su prometida vídeos de recetas que le gustaría cocinar con ella, le envía a su madre vídeos que desmontan bulos sobre enfoques tradicionales con respecto a las finanzas personales y comparte vídeos divertidos con sus amigos.

Los contenidos en estos tres casos son completamente distintos: todos ellos tienen distintos niveles de valor de producción y creación tras ellos. Lo que tienen en común es que compartir sirve a un fin distinto. En los tres casos, *Gowda proporciona valor a la persona con la que comparte el contenido*. Tanto si el valor viene en forma de puro entretenimiento o de aumento del conocimiento de alguien sobre un asunto, lo que comparte le posiciona como el «propietario» de ese valor en lo concerniente a esa interacción en forma de comunicación.

Gowda explica que aquí es donde muchos creadores se equivocan al diseñar contenidos. Si no consiguen comparticiones, hay probabilidades de que no tengan regularidad en cuanto a su éxito. Debido a la naturaleza de diseñar para conseguir comparticiones, los creadores de contenidos también obtienen interacciones no consistentes en comparticiones porque eso significa que sus contenidos están proporcionando un valor medible de algún modo.

¿Cómo puedes hacerlo?

Gowda explica que para conseguir elevados niveles de compartibilidad, primero debes analizar y comprender en su totalidad qué contenidos en tu vertical abordan el comportamiento concreto de compartir que estás buscando y *luego* decidir qué contenidos quieres crear. No basta con seguir las tendencias y la estacionalidad. En cada tendencia encontrarás cientos o miles de enfoques que fracasan. Tu trabajo consiste en mirar más allá para dar con un ángulo que aborde a tu público no sólo de una forma única, sino de una manera que comunique tu idea mejor que *todo* el resto de vídeos de ese grupo. Puede que no siempre consigas este objetivo, pero debería ser la meta si esperas evitar caer en la «trampa de las tendencias»: perderte en el revoltijo de todo el resto de contenido.

Gowda aconseja que adoptes un enfoque más potente: encuentra ideas increíbles que no sean tendencia. Descubre las perlas de la información, las ideas, los rendimientos, etc. que todavía no han adquirido popularidad: las que se graban en un móvil de segunda generación en un idioma aleatorio, o las que se encuentran en un artículo de un pequeño blog personal de un alumno de secundaria de Kansas. Emplea pistas para desarrollar y empaquetar tu contenido de una forma nueva y emocionante y te encontrarás por delante de las tendencias. Esos espacios son de donde procede el contenido verdaderamente potente. Si puedes desarrollar un proceso de trabajo que se centre alrededor de esta idea, estarás destinado a lograr un éxito explosivo.

Implementar la estrategia descrita ha llevado a Gowda y a su equipo a tener una media de más de 45 millones de visualizaciones por vídeo, con algunos de ellos alcanzando más de 400 millones de visualizaciones. Sin embargo, no se trata de un juego de cantidades…, consiste en la calidad de las ideas y en recordar que el contenido más fácil de compartir es el que aquéllos con quienes lo estás compartiendo *no han visto nunca antes*. Una vez más, ésa es la razón por la cual las tendencias no funcionan tan bien (a no ser que seas un fuera de serie en cuanto a la ejecución).

Dedica tu tiempo a buscar o proponer ideas de oro y di que no al 95 % de ellas. Céntrate en las poquísimas ideas que harán que la gente sienta algo de una forma nueva y única.

Las comparticiones dan lugar a ventas y a acciones directas

La ironía es que cuanto menos intentes vender, más venderás. Cuando te centras en generar *valor* para la gente en lugar de en ganar clientes, esto da lugar a ventas y acciones directas. Erick Brownstein, de Shareability, una empresa que ha creado algunos de los contenidos más compatibles de todos los tiempos, coincide en que generar contenido que valga la pena compartir es esencial. El equipo de Shareability es un maestro en la generación de contenido compartible. Sus mejores veinte vídeos de 2017 generaron 10,5 millones de comparticiones, bastante más que las mejores doscientas campañas en los marcadores de vídeos virales de *Ad Age*, que sólo generaron 6,4 millones de comparticiones en Facebook y YouTube sumados. Además, *Ad Age* incluye los mejores vídeos de Apple, Google, Facebook, Samsung, Budweiser y de otras más de cien marcas. En total, Shareability ha generado más de 3500 millones de visualizaciones y más de 40 millones de comparticiones para las mayores marcas del mundo.

El equipo de Brownstein emplea el índice de valor de Ayzenberg de los medios que no cobran por la publicidad[1] para hacer cálculos sobre dichos medios, lo que implica asignar un valor monetario a los «me gusta», los comentarios, las comparticiones y las visitas naturales. Brownstein reveló que, de acuerdo con el índice Ayzenberg Q3 de los medios que no cobran por la publicidad de 2017, la campaña de Cricket Wireless «A John Cena le encanta Internet» generó 122 millones de dólares en valor en los medios que no cobran por la publicidad; y que el vídeo musical de 2017 «New Rules» que crearon como campaña, y que obtuvo

---

1. «The Ayzenberg EMV Index Report», Ayzenberg, www.ayzenberg.com/about/ayzenberg-emv-index-report/

galardones, para la empresa hotelera Hyatt con la artista Dua Lipa tuvo, en el momento de la redacción de este libro, un sorprendente valor agregado en forma de vídeo de más de 200 millones de dólares (dándose todavía decenas de millones de visitas naturales). La campaña de la empresa hotelera Hyatt ha generado un retorno o rentabilidad sobre la inversión (RI) enorme en términos de medios que no cobran por la publicidad que supera, de forma importante, la proporción de cien a uno. En esencia, estos increíbles resultados fueron consecuencia de la creación y la distribución de contenido altamente compartible.

La clave consiste en aportar valor a tu público sin pedirle nada a cambio. Entonces, una vez que el vídeo ha llevado a cabo su función bien, puedes, más adelante, volver a atraer a la gente que se ha implicado con tus vídeos y pedirle que emprenda una acción directa; pero antes, prepárala con un buen contenido que proporcione valor antes de seguir con un anuncio tradicional.

El equipo de Brownstein en Shareability emplea una estrategia de «activación de embudo del marketing». En primer lugar, empiezan con un contenido grande, viral y compartible, y luego pasan a contenido que provoca una implicación adicional, pero que todavía no desencadena una intensa llamada a la acción (LA) y, por último, envían contenido a las personas que se han implicado con las dos primeras piezas de contenido, pidiéndoles que lleven a cabo alguna acción relacionada con los objetivos de sus clientes.

En la campaña para Cricket Wireless (una empresa de telefonía móvil), empezaron con el vídeo de la «Broma inesperada de John Cena» en 2015, en el que Cena sorprende a unos fans que piensan que están haciendo un casting para aparecer en un anuncio de Cricket Wireless. Cuando proceden a presentar a Cena, aparece en escena atravesando un póster de él mismo. Las reacciones de sus seguidores son impagables, y puedes verlas aquí: http://bit.ly/UnexpectedCena-Shareability. Shareability lanzó este vídeo dos veces en Facebook y generó más de 80 millones de visitas en total. En 2017 produjeron un segundo vídeo de continuación: «John Cena reacciona», que formó parte de una campaña mayor que lanzó Shareability llamada «A John Cena le encanta Internet». «John Cena reacciona» era lo contrario al vídeo original «Broma inesperada de John Cena». En el segundo vídeo, los fans sorprendían a John Cena, en lugar de ser John Cena el que sorprendía a los fans. Cena estaba abriendo correos de sus seguidores que le agradecían su lema «Nunca te rindas», que les había ayudado a recuperarse de lesiones y aflicciones. Luego, a medida que el vídeo avanza, Cena se emociona viendo un clip de un chico joven que le da las gracias por ayudar a su madre a luchar contra el cáncer. Tras acabar el clip, el hijo sorprende a Cena atravesando el mismo póster del primer vídeo con su madre para dar las gracias a Cena en persona. Cena se emociona enormemente, y vemos un hermoso intercambio de gratitud entre todos los implicados.

Una de las razones por las cuales estas campañas tuvieron mucho éxito fue porque no pedían nada, su único objetivo era proporcionar valor al público: desde hacerles reír en el primer vídeo en el que aparece Cena hasta tocarles la fibra sensible en el segundo. El segundo vídeo se convirtió en el anuncio más compartido en el mundo en 2017 y fue el tercero entre los vídeos de moda en YouTube. En Facebook se consiguieron más de 2 millones y medio de comparticiones y 110 millones de visitas del vídeo original subido a la plataforma, y más de 160 millones de visualizaciones totales, incluyendo las subidas posteriores del archivo por parte del público. Toda la campaña «A John Cena le encanta Internet» obtuvo más de 2 millones de comparticiones totales entre todas las plataformas.

Después del éxito de los dos primeros vídeos, el equipo de Shareability siguió aportando valor a la campaña creando anuncios para volver a captar a la gente que se había implicado con el contenido. Continuaron con mensajes como: «Hola a todos, soy John Cena. ¿Por qué no vais a la tienda y os compráis ese teléfono móvil?». Esos espectadores ya sentían una fuerte conexión con Cena (y por extensión con Cricket) porque el contenido original había sido conmovedor y cautivador. Es más probable que los fans emprendan acciones cuando sienten una conexión auténtica.

Ten espíritu de servicio

Desde la experiencia de generar y mantener un millón de seguidores, y a través de las conversaciones con las mejores mentes del marketing y los *influencers* en las redes sociales, he aprendido, sin duda alguna, que la mejor forma de conseguir que un contenido se viralice es proporcionando un servicio y valor a los demás. No puedes pensar en lo que quieres o necesitas de la gente, sino que debes pensar en lo que puedes ofrecerle. Empieza siempre preguntándote cómo puedes conmover a tu público desde un punto de vista emocional que les inspire, les haga sentirse conectados o les conmueva de algún modo. Tal y como he mencionado anteriormente, uno de los mayores genios actuales de los contenidos en las redes sociales es Prince Ea. Aborda la creación de contenido con el servicio como principal prioridad de su estrategia. Admite que, aunque su ego puede implicarse (y muchas veces lo hace) con el deseo de millones de visitas, siempre intenta pivotar para regresar al objetivo principal, que es el de llegar al corazón de su público. Se centra en intentar generar un verdadero impacto en la gente que vea sus publicaciones, y cree sinceramente que las cosas despegarán si no se centra en crear contenidos para su propio beneficio personal. Las cifras se disparan cuando averigua cómo servir a los demás: empieza a ver un crecimiento exponencial en sus vídeos. Cambiar su mentalidad desde un enfoque centrado en él a uno centrado en los demás transformó el número de visualizaciones de sus vídeos desde alrededor de diez millones de visitas en un período de ocho años hasta cerca de dos mil millones en sólo dos años. Cambiar hacia la provisión de valor y tener un enfoque orientado hacia el espíritu de servicio le convirtió en un imán para conseguir visitas.

Prince Ea cree que aunque el titular de un vídeo, las miniaturas, la duración y los primeros segundos son áreas clave sobre las que tener un enfoque lógico y práctico, el vídeo no llegará lejos si el contenido no es bueno y no sirve a los demás ni los conmueve a nivel emocional. Al crear contenido, Prince Ea empieza con estas preguntas para ponerse en un estado mental orientado al servicio:

- ¿Por qué estoy aquí?
- ¿Cómo puedo proporcionar un servicio y valor a los demás?
- Si éste fuera el último vídeo que hiciera, ¿qué diría?
- Si éste va a ser el mejor vídeo sobre este asunto, ¿cómo puedo hacer que sea el mejor vídeo hecho nunca antes? ¿Qué presentará el contenido de la mejor forma en que se haya presentado nunca antes?
- ¿Por qué comparto el contenido que comparto?

- ¿Qué me gusta del contenido que veo?
- ¿Cómo puedo generar un impacto significativo en el mundo?

Reflexiona sobre estas preguntas por ti y por tu marca. Si inicias la creación de tus contenidos con estas preguntas, podrás redirigir tu enfoque desde tu beneficio personal hacia el servicio a los demás, lo que a su vez inspirará a tus visitantes a compartir el amor.

Katie Couric asume un enfoque similar al generar contenido. Se centra en construir un sentido de comunidad encontrando temas que afecten al público en lo visceral y que puedan mejorar su vida, razón por la cual ha hecho cosas atrevidas y valientes como someterse a una colonoscopia en la televisión nacional (en el programa *Today*). Después de la retransmisión de ese programa, la cantidad de gente que se sometió a pruebas para la detección del cáncer de colon aumentó en un 20 %. Conllevó valentía y humildad ponerse en una posición vulnerable que inspirara a los demás a hacer lo mismo y cuidar de sí mismos. Este tipo de contenido tiene un impacto sobre la vida de la gente y hace que quieran compartir la información con otras personas.

Erick Brownstein también asume un enfoque orientado hacia el servicio al diseñar contenidos. Explica que a la gente no le gusta que la molesten con los anuncios típicos, y que los especialistas en marketing deben pensar en la generación de valor para los clientes potenciales y comprometerse con ella. Shareability sabe que la publicidad sólo se volverá compatible mediante la generación de conexiones emocionales, desencadenando unos vínculos relacionales fuertes con su público y creando nuevas relaciones. «Cuando la gente comparte es porque le importa», decía Brownstein, «y cuando algo le importa, compra».

Conecta con tu público

Al buscar creadores de contenidos que sepan cómo conmover al público, no he podido evitar pensar en Pedro D. Flores, cineasta y director ejecutivo/director creativo de Comp-A Productions, un estudio de producción que se especializa en el marketing en las redes sociales. Creó un vídeo llamado «Tacos» que ha tenido más de cien millones de visitas. Flores atribuye el éxito de ese vídeo a su capacidad de identificación. Es un vídeo cómico sobre cómo se le discrimina porque parece blanco, pero en realidad es mexicano. Aborda un asunto serio y educa al espectador, pero lo hace de forma desenfadada. Hace que el espectador sienta, piense y ría.

Flores creó «Tacos» como comentario de experiencias reales que estaba teniendo en su vida. Tiene un nombre muy mexicano, pero la gente siempre le acusa de mentir acerca del hecho de que es mexicano. Para combatir la frustración, presentó este vídeo de forma directa, sin trucos, de modo que la gente pudiera hacerse una idea de lo que es, en realidad, ser un mexicano blanco.

Al generar contenido, siempre es inteligente encontrar cosas que te estén sucediendo en tu propia vida y que imagines que los demás puedan experimentar. La vulnerabilidad y la honestidad permiten que los espectadores se sientan más cercanos al asunto y que conecten contigo y con tus emociones. Hace que el mundo material sea más cercano y que, por lo tanto, resulte más relevante para la vida de los demás.

Couric añade que ahora, más que nunca, es importante que la gente se sienta conectada al material:

«Pienso que la ironía definitiva en esta época de conexión es que estamos más desconectados en muchas formas. La soledad es una de las epidemias más importantes en Estados Unidos. Otra epidemia importante es la ansiedad, que creo que es favorecida por la sobrecarga de información. Es realmente importante encontrar el punto óptimo para proporcionar una conexión emocional genuina con el material».

Si piensas un poco en el contenido que compartes, tendrás la oportunidad de mejorar la vida de la gente y hacerla más feliz, alegre e informada. Esto nos hace regresar a lo que comentaba Prince Ea sobre el servicio. Piensa en cómo tu contenido puede ayudar a otras personas (y sí, esto también te ayudará a que tu contenido se comparta).

Brownstein sugiere que te preguntes: «¿Por qué a alguien debería importarle un bledo mi mensaje?». Debemos recordar que hay mucho contenido ahí afuera: es infinito. Por lo tanto, cuando generas contenido, debes averiguar qué es lo que hará que la gente se interese. Debes hacer que quiera saber más y puede que luego quiera compartirlo con sus amigos.

Brownstein añade que después de averiguar por qué la gente daría importancia a tu mensaje, debes asegúrate de transmitir el mensaje de forma auténtica. Las redes sociales consisten en el desarrollo de relaciones. Por lo tanto, al generar contenido, es importante que te preguntes qué aspecto debe tener una buena relación con alguien. No se trata, simplemente, de pedirle cosas. Debes estar interesado en ellos. Brownstein ofrece la idea de fijarte en la relación a través del cristal de un intercambio de valor. Proporciona valor a tus seguidores y también la oportunidad de ofrecer valor a sus amigos. Si les proporcionas contenido divertido que compartir, se sentirán como comediantes, y si les proporcionas un contenido conmovedor, tendrán la oportunidad de emocionar a alguien. Otras personas se sienten como si estuvieran ofreciendo valor al educar a los demás sobre asuntos importantes, o se sienten parte de una comunidad al tener convicciones firmes sobre un tema o una persona.

Brownstein subraya que las relaciones consisten en dar, y no sólo en recibir. Asegúrate de intentar proporcionar algo valioso a tu público. Deberías seguir una norma del 80/20: da el 80 % del tiempo y pídele a tu público que emprenda acciones sólo el 20 % del tiempo.

Por ejemplo, al trabajar con Cricket Wireless, la sesión informativa recibida por el equipo de Brownstein consistía en «crear vídeos que dieran a la gente algo por lo que sonreír». Cricket gasta literalmente cientos de miles de dólares en estas campañas simplemente para hacer sonreír a la gente. Fue sólo después de que lanzaran varios vídeos con esta intención en mente cuando Cricket le pidió a la gente que emprendiera acciones con respecto a estas campañas relacionadas con los objetivos de su negocio. Éste fue un enfoque muy generoso (e inteligente) que prueba la norma del 80/20 y se centra en la creación de contenido que sirva primero a los demás.

Brownstein también cree que casi cualquier tema, incluso los aparentemente mundanos o complicados, pueden viralizarse. Shareability incluso generó contenido viral relativo al cáncer infantil y al de colon. Cree que, especialmente en el caso de los asuntos delicados, es importante entrar en las emociones de la gente y conectar con ella al nivel de su corazón. ¿Estás empezando a ver el patrón?

Tim Greenberg, de la Liga Mundial de Surf, coincide y dice que su equipo se centra en mejorar el humor del espectador: «Si puedo publicar una pieza de contenido en las redes sociales que haga a alguien feliz, aunque sólo sea durante tres o cuatro segundos, entonces he hecho mi trabajo. Habré mejorado el día de esa persona mediante un gran contenido».

Generar una conexión emocional con los espectadores es un elemento esencial para hacer que tu contenido sea relevante para tu público. Piensa en cómo hará sentir tu contenido a los espectadores y será mucho más probable que lo compartan con otros. Sé siempre consciente de tu objetivo final y de *por qué* compartes tu contenido.

Dominando la relevancia

La forma de encontrar el contenido más relevante para tu público debes descubrirla mediante los ensayos y la prueba y error. No existe una forma exacta de saber lo que resultará más relevante para la vida de cada persona, pero Brownstein cuenta que una manera en la que su equipo da con ideas de lo que será bien aceptado es fijándose en los temas que son tendencia (*trending topics*) en Internet y observando los *memes* populares en la red. Entonces, su equipo adapta esos mensajes que son tendencia a las marcas para las que están creando contenido.

Un caso exitoso de creación de contenido basado en un *trending topic* es la campaña en forma de vídeo de Shareability para Pizza Hut y Pepsi llamada «Los peligros de los palos *selfie*». El vídeo consiste en el anuncio de un servicio público estúpido relacionado con el peligro del uso de los palos *selfie*. Al equipo de Brownstein se le ocurrió la idea porque los palos *selfie* eran *trending topic*: por ejemplo, los palos *selfie* acababan de haber sido prohibidos en Disneylandia. Pizza Hut estaba en proceso de lanzar una pizza de sesenta centímetros de largo, por lo que se les ocurrió la idea de que sería necesario un palo *selfie* realmente largo para hacerse una foto con esta pizza nueva e inusualmente larga. Mediante el establecimiento de esta relación y creando una parodia de los *selfies* en general, el vídeo resultó ser muy divertido y se viralizó en YouTube. Se convirtió en el anuncio más compartido del mundo en el mes en el que se lanzó, debido esto en parte a la relevancia del término «palo *selfie*» en las búsquedas de vídeos en esa época.

Para alcanzar este nivel de compartibilidad, el equipo de Brownstein pasa por un riguroso proceso de pruebas. Analiza distintos formatos e inicios y recopila datos de grandes grupos de sondeos que suelen ser llevados a cabo reproduciendo el contenido en Facebook y viendo qué versiones generan la mejor respuesta (básicamente mi sistema resumido).

El equipo analiza cada aspecto del contenido para asegurarse de que será bien aceptado por el espectador. Por ejemplo, cuando lanzan vídeos, eligen cuidadosamente personas con las que la gente que se sienta identificada. Al crear el vídeo musical de Dua Lipa que hicieron para la cadena hotelera Hyatt, se aseguraron de que no todas las chicas fueran supermodelos. «Si ves el vídeo musical de la canción "New rules", verás que las chicas son atractivas, pero no superglamurosas», explicaba Brownstein. «Son más bien como las amigas íntimas de Dua». Shareability introduce este nivel de cuidado y consideración en todas y cada una de las decisiones relacionadas con el contenido. Incluso los detalles aparentemente insignificantes tienen un gran impacto.

No des palos de ciego sin más cuando intentes crear contenido compartible. Estudia la situación con sumo cuidado e investiga las tendencias, presta atención a lo que esté funcionando, haz ingeniería a la inversa con lo que otros creadores de éxito estén haciendo y luego une varias pruebas de viabilidad de la idea de bajo coste para probar. Las pruebas te ayudan a tener certeza sobre lo que funciona antes de invertir grandes cantidades en una única dirección para una pieza de contenido. Y si no dispones del tiempo necesario, mi equipo puede, ciertamente, ayudarte en este proceso.

En caso de duda, fíate de tu instinto

Pese a que soy un gran defensor de las pruebas y el aprendizaje (como ya habrás comprobado a estas alturas), hay ocasiones en las que debes dejarte ir, permitir que la experiencia te oriente y escuchar a tu voz interior. Confía en ti (que no es lo mismo que dar palos de ciego), porque la intuición, que se basa en la experiencia vital, puede orientarte y ayudarte a determinar qué contenido será más o menos eficaz.

Mike Jurkovac, director/productor en TheBridge.co y ganador de un premio Emmy, compartió una información importante que aprendió trabajando junto con Mike Koelker. Koelker forma parte del salón de la fama del mundo de la publicidad por gran parte de su trabajo, especialmente por campañas entre las que se incluye la «501 Blues» que hizo para Levi Strauss & Co. para sus vaqueros 501 en 1984, y la titulada «Colores» para Dockers en 1992.

Jurkovac fue testigo de cómo Koelker usaba su intuición para crear una campaña muy especial. Jurkovac y Koelker se reunieron con la Junta de Asesores de las Pasas de California, que estaba intentando averiguar cómo promocionar las pasas (que no son las frutas más atractivas). Se fijó en los resultados de algunos grupos de sondeo, y vio que había dos ideas de material publicitario que estaban consiguiendo unos resultados bastante buenos, mientras que el resto del material publicitario no los estaba consiguiendo. Los agricultores no podían decidir qué camino tomar. Como Koelker había creado una empresa milmillonaria, decidieron pedirle su opinión.

Dijo: «Sé que las pruebas no lo respaldan, pero hay algo en esos personajes de animación de plastilina que creo que hará que la gente responda de verdad. De acuerdo con mi instinto, yo iría por este camino». La dirección que escogió Koelker, la que no estaba generando buenos resultados en las pruebas, se convirtió en el anuncio «Pasas de California» de 1986, en el que las pasas cantan y bailan la canción «I heard it through the grapevine»: fue uno de los anuncios más icónicos y exitosos de la década de 1980.

Una anécdota divertida sobre Koelker a la hora de tomar esa decisión procede de cuando Jurkovac estaba trabajando hasta tarde en la cuenta de Levi's. Entró un hombre que dijo:

—¿Alguien aquí se encarga de las pasas?

—Sí. Ese equipo del piso de abajo –dijo Jurkovac–. Un tipo llamado Mike Koelker lo hizo.

La persona contestó:

—He tenido un sueño esta noche, por lo que he venido en avión a San Francisco porque me vi a mí mismo como una de las pasas de California. No es una cuestión de dinero. Sólo quiero ser una pasa. El dinero puede ir a mi fundación benéfica. El hombre que había pronunciado esas palabras era Michael Jackson. Michael había visto la campaña y había decidido por su cuenta: «Quiero ser eso». Jurkovac dice que éste es el secreto del contenido: haz algo tan genial que *mueva* a la gente a emprender una acción.

Sé auténtico

Al desarrollar contenidos, sé auténtico con tu marca y tu mensaje. El actor y productor Rob Moran (conocido por actuar en *Algo pasa con Mary*, *Dos tontos muy tontos* y *Yo, yo mismo e Irene*) explica que esas películas fueron bien acogidas porque sus creadores no crecieron en Hollywood, lo que frecuentemente puede generar una barrera para el proceso de descubrimiento. A veces, cuando sabes demasiado, puedes saturarte y verte influido por lo que has visto. Los hermanos Farrelly, los creadores que se encuentran detrás de *Algo pasa con Mary* y *Dos tontos muy tontos*, estaban siendo ellos mismos sin más y generaron contenido que pensaban que era gracioso. No estaban preocupados por llegar a todo el mundo, porque sabían que su contenido no haría reír *a toda la gente*, pero sí que haría reír a la gente *adecuada*. No necesitaban que todos pillaran sus chistes, lo que les proporcionó libertad.

Hoy, más que nunca, tienes la capacidad de ser auténtico porque las plataformas digitales generan una distribución de contenido que es realmente democrática. El contenido que se comparte es el contenido que conecta con la gente. Puedes crear cosas que toquen una fibra sensible o que no: es así de simple y sencillo, y todas estas plataformas te proporcionan la libertad de compartir cosas sin estar a merced del equipo de distribución de un estudio. Consigues hacerlo tú mismo, lo que te aporta un mayor control.

Lánzate hacia lo desconocido

Todos queremos generar contenidos que sean divertidos e interesantes, y lamentable no existe ninguna fórmula ni ningún secreto predeterminados para hacerlo. Tu contenido debe disponer de momentos concretos que de verdad capten la atención de la gente, y deberás probar con distintas cosas hasta que des con una combinación ganadora. Sin embargo, el productor de cine Jon Jashni apunta hacia secretos de la narración de historias que quizás te ayuden a conseguir mejores resultados. Subraya la idea de lanzarte hacia lo desconocido. La experiencia le ha mostrado que las grandes películas (que suelen consistir en la narración de historias en su máxima expresión) no consisten en finales sorprendentes, sino en resultados a lo largo del camino que no pueden predecirse. Comenta que «los resultados inesperados, situados en momentos inesperados en el tiempo, hacen que el relato aporte sensación de frescura».

Su implicación en la película de 2009 *Resacón en Las Vegas* le enseñó que la gente se sorprendió porque la película era un relato negro detectivesco lleno tanto de emoción como de bromas hilarantes. Consistía en una historia de amor entre hombres que era original e inesperada. Se ofrecía un punto de vista fresco sobre el asunto, y se trataba de algo que la gente no había visto en mucho tiempo.

Erick Brownstein también apunta que el factor sorpresa ha sido tremendamente valioso en el trabajo de su equipo. El vídeo más visto de una celebridad en 2015, con más de 180 millones de visitas entre las páginas de la marca y de seguidores, y otros 520 millones de visitas detectadas mediante software de identificación de vídeos de terceros, fue «Cristiano Ronaldo disfrazado: ROC», de Shareability. Ronaldo es uno de los mayores *influencers* sociales en el mundo y ha creado cientos de vídeos; pero Brownstein explica que todo el contenido anterior había mostrado a Ronaldo bajo la misma perspectiva: una superestrella del estilo de las que aparecen en la revista *GQ* con un aspecto fabuloso y con aviones a reacción y Bentleys. Así pues, Shareability decidió dar a los fans de Ronaldo algo que no hubieran visto antes. Le vistieron como un mendigo andrajoso y le colocaron en una de las plazas más populares de Madrid. Estaba jugando con un balón de fútbol, tendido en el suelo, e intentando pasar el balón e implicarse con la gente que en su mayoría le ignoraba. Entonces, un niño pequeño acepta su oferta para jugar, y él le autografía la pelota y se quita el disfraz: las reacciones rápidamente cambiantes de la gente son impagables. A los seguidores les encantó el vídeo porque mostraba a Ronaldo de una forma diferente y les sorprendió por completo.

Shareability creó entonces algunos vídeos más de Ronaldo mostrándole en otros entornos inesperados. Un vídeo le mostraba tocando la canción «Jingle bells» con objetos propios de un hogar (como un cepillo de dientes) en su casa, y otro le mostraba tomando té en un centro comercial para ver cuántos sorbos de té podía tomar frente a cuánta gente se acercaba para pedirle hacerse una foto con él. Todos los vídeos que creó Shareability mostraban algo auténtico y diferente sobre Ronaldo, algo que la gente no se esperaba. De hecho, Shareability creó los cuatro vídeos más exitosos de Ronaldo.

Es algo muy humano desear nuevas experiencias y ver las cosas de formas nuevas. Los vídeos de Ronaldo tuvieron éxito porque mostraban de una forma accesible a una persona idolatrada. Piensa en cómo puedes sorprender a tu público y dales lo inesperado. Haz algo que ayude a tus seguidores a sentirse cercanos a tu marca.

Julius Dein añade que es bueno disponer de giros, especialmente al final de un vídeo. Engancha a su público y luego intenta tener un final inesperado que genere una viralidad extrema. Si la gente ve el vídeo y piensa: «¡Vaya, esto es genial! Me gusta» y luego ¡pum!, algo enormemente compartible sucede al final, será una receta para el éxito.

Expande los horizontes de tus contenidos

Tim Greenberg comparte hallazgos que descubrió su equipo analizando el contenido que había rendido de forma más exitosa durante los años anteriores. Sólo en 2016, la Liga Mundial de Surf tuvo 1400 millones de interacciones en Facebook y visualizaciones de sus vídeos y 124 millones de visitas totales a un vídeo en una única publicación, que fue el vídeo número uno de cualquier organización del ámbito deportivo el año anterior. El equipo de Greenberg vierte luz sobre por qué ciertas piezas de contenido superan a otras. Aunque no se puede predecir la viralidad, dice que puedes acercarte bastante. Sabe, por experiencia, que un vídeo de un dron filmando a un perro y a su propietario montando en un monopatín obtendrá bastantes buenos resultados: está casi garantizado que conseguirá una buena implicación. Y la pieza de contenido más vista que su equipo había creado en 2016, que de hecho fue la pieza de contenido número uno relacionada con el deporte a nivel mundial online, fue un vídeo de delfines surfeando las olas. Este éxito hizo que surgieran muchas preguntas para él sobre lo que eso significa para su empresa y su sector. Su empresa organiza las mayores competiciones de surf del mundo (y naturalmente habla mucho de los torneos de surf), pero también intenta representar el surf como un estilo de vida al que aspirar y a diseminar el contenido hacia las personas que quieran aprender a surfear. Por lo tanto, tuvo que preguntarse si un vídeo de delfines haciendo surf era relevante: ¿está relacionado con el negocio?

Con el tiempo, la respuesta a esa pregunta se ha convertido en «Sí». El éxito del vídeo le proporcionó a su equipo el privilegio de tener un mayor nivel de conversación con los seguidores. El surf implica más que el mero espectro muy estrecho del deporte de competición. Significa muchas cosas diferentes para mucha gente distinta, y como se practica en el mar, una pieza de contenido relacionada con esa experiencia visceral es válida para la gente que quiere saber cosas sobre el surf y aspira a surfear. En último término, el contenido era coherente con el mensaje de la marca.

Los principales diez vídeos relacionados con contenidos de deportes en el último año eran todos de la misma naturaleza. Los otros nueve vídeos no eran imágenes del deporte en sí, sino que estaban relacionadas con él. Consistían en espectáculos durante el descanso o en un momento tras el escenario en el que un deportista le da un disco de hockey sobre hielo a un niño o un marine canta el himno nacional de los EE. UU. «Se trataba de todos los momentos que se dan en torno al evento deportivo, y no era realmente el deporte lo que captaba la atención de la gente», compartía Greenberg.

Examina asuntos y momentos relacionados con la atmósfera del mundo en el que existe tu marca. ¿Qué tipo de contenido puedes promocionar que genere una conexión alentadora o anime a los espectadores con respeto a lo que haces? ¿Existe alguna forma de ofrecerles una experiencia de estilo de vida deseada o concreta? Puede que no seas consciente de lo interesantes que son los pequeños momentos en tu mundo para otras personas.

El equipo de Greenberg llevó a cabo un evento en vivo en Facebook para la creación de la primera tabla de surf mediante colaboración colectiva del mundo. Emplearon la plataforma en vivo para preguntar a sus seguidores las dimensiones que solicitaban para la tabla, y tuvieron a Hayden Cox, un diseñador de tablas de surf, construyéndola en tiempo real. Ésta es simplemente una de las muchas ideas divertidas con las que ha experimentado la Liga Mundial de Surf. Su equipo siempre está intentando probar cosas nuevas, como mostrar productos, retransmitir puestas de sol, etc.: en esencia, no se limitan a hablar de competiciones (su producto), y más bien buscan crear toda una experiencia de estilo de vida relacionada con la Liga Mundial de Surf. Intentan proporcionar a sus seguidores contenido que sea divertido e interesante.

No fuerces a la gente a compartir

Puede que te hayas dado cuenta de que muchas marcas hacen que la gente comparta publicaciones animando a sus seguidores a etiquetar a sus amigos o a comentar una pieza de contenido. Ésta es una estrategia eficaz, pero debes disponer de una buena razón para conseguir que la gente lo haga. Debes generar la necesidad de que la gente tome este mensaje y lo difunda hacia su red de contactos. Latham Arneson, de la Paramount, revela que una de las peores cosas que puedes hacer es pedir descaradamente a tus seguidores que etiqueten a sus amigos. Tu trabajo como especialista en marketing consiste en dar a la gente razones para implicar a otras personas, y no decirle simplemente qué hacer. Pregúntate por qué querrían hacer entrar a gente a la que conocen en la conversación.

Plantear una pregunta a tu público siempre es una buena estrategia. Paramount Pictures pide frecuentemente a sus seguidores que etiqueten a amigos que les recuerden a ciertos personajes en un tráiler de una película que estén promocionando. Es algo general, cercano y permite que el público implique fácilmente a sus amigos. Sé concreto con el contexto en tus llamadas a la acción. Asegúrate de que tengan relación con el contendido en cuestión y que estén interconectadas de una forma creativa.

En el caso de las películas de terror, por ejemplo, el equipo de Arneson creó una especie de juego en el que pedía a sus seguidores que etiquetaran al amigo que más se aterrorizaría con el tráiler del filme. A la gente le gusta ver cómo sus amigos se asustan, ya que eso les hace reír. En el caso de los tráileres de películas románticas, podrían lanzar la pregunta: «¿Con quién desearías experimentar esta historia?», lo que proporciona a la gente una razón emotiva y dulce de hacer entrar en la ecuación a la persona a la que quieren.

Siempre que el equipo de Arneson lanzaba un anuncio en el que se pedía directamente a la gente que emprendiera una acción, como comprar entradas, esos anuncios eran los que menos se compartían. Y no es que queramos enseñarte a ser manipulador ni nada por el estilo, pero si quieres que alguien haga algo por ti, haz que parezca que les estás ayudando a hacer lo que *ese alguien* ya quiere hacer. No les pidas descaradamente que hagan lo que *tú* quieres que hagan. Déjales hacer las cosas a su propia manera. No les pidas que compartan: haz que *quieran* compartir.

Dalo pronto

Al contrario que en el mundo de las citas, en las redes sociales debes darlo pronto. Muestra los productos a tu público. Erick Brownstein explica que su equipo crea vídeos que revelan mucho al principio. Quiere que la gente se incline hacia delante y piense: «¡Vaya! ¿En qué va a consistir esto?», de modo que permanezca interesada y quiera seguir mirando hasta el final para ver cómo se desarrolla el resto del vídeo. Permitir que el espectador comparta la broma, por ejemplo, le ayuda a sentir que forma parte del desarrollo de la misma.

Julius Dein también explica que intenta enganchar a su público en los primeros tres o cuatro segundos del vídeo, asegurándose de que pase algo emocionante e interesante de inmediato. Recomienda mantener las introducciones bajo mínimos y hacer que el vídeo tenga un ritmo vivo e interesante. Los estudios cinematográficos también han empezado a adoptar este enfoque recientemente en Facebook. Crean tráileres de películas de cinco segundos de duración para las redes sociales que reproducen antes del tráiler completo del filme para captar rápidamente la atención de su público.

El contenido con una gran producción no es necesariamente compartible

La gente comete el error de gastar mucho dinero en vídeos con un gran valor de producción, pensando que como están muy bien hechos, serán bien aceptados y se compartirán. Brownstein ha visto que algunas personas equiparan un gran contenido con un contenido compartible, pero en realidad no existe una correlación necesariamente. El contenido debe ir un paso más allá de ser bueno o genial y conectar con el público a nivel emocional para que den el gran paso de compartirlo.

Ilustra este concepto con un ejemplo de la galardonada campaña que Shareability hizo para Hyatt. El metraje entre bastidores del vídeo musical de Dua Lipa «New rules» es el segundo vídeo más exitoso en la página de YouTube de Hyatt, y la implicación con él está por las nubes, pero cuando te fijas en los otros vídeos de Hyatt, ves que la implicación es realmente baja. Los vídeos están bien hechos y son interesantes, pero no fueron diseñados para ser cautivadores. Se diseñaron para hacer un buen trabajo con la narración de una historia, pero eso no hace que, inherentemente, sean compartibles.

El productor Jon Jashni respalda esta idea explicando que debes pensar para quién estás creando desde la fase de la concepción y el diseño:

«No puedes hacer que el material publicitario sea lo único en lo que te centres, no sea que hagas algo bueno para ti que no sea atractivo para la cantidad suficiente de gente como para garantizar el coste de la creación; pero, por contra, no puedes hacer algo que es ruido y furia y que no significa nada, donde todo es llamativo y estiloso pero sin sustancia: sabroso pero no nutritivo. Debes servir a dos amos simultáneamente. Debe ser algo que resulte atractivo».

Tienes que tener el objetivo final en mente desde el principio. Empieza preguntándote lo que estás intentando conseguir, de modo que se vea reflejado en la forma en la que diseñes el contenido. Si quieres que tus publicaciones se compartan, piensa en su factor de compartibilidad desde el principio.

Ten un mensaje claro

El contenido compartible debe tener un mensaje realmente claro y narrativo. Latham Arneson explica que la gente debe comprender qué le estás ofreciendo, o no prestará atención.

Apremia a los creadores de contenidos a que sean claros con respecto a lo que están presentando. Aclara que puedes confundir al espectador en términos de «No sé lo que es esto, pero estoy intrigado» siempre que lo hagas intencionadamente. Comprende lo que estás intentando dar al público para que el mensaje sea bien recibido. Esto hará que tu contenido sea más cercano y compartible. Da con una forma de hacer que al público le importe.

Para reflexionar sobre cuál es tu mensaje general, regresa al consejo de Prince Ea y pregúntate: «Si éste fuera el último vídeo que fuese a producir, ¿qué me gustaría decir?». De ese modo podrás enmarcar el contenido de una forma que sea profunda y real. Tal y como dice Prince Ea: «Lo que sale del corazón llega al corazón».

Consejos rápidos y resumen

- El contenido compartible es la principal forma de crecer rápidamente y mantener a los seguidores implicados.
- Sirve a los demás. Tener una mentalidad de servicio te hará llegar más lejos que pensar en ti. Intenta siempre dar a los demás y piensa en ellos primero.
- Emplear un buen titular incrementará tu factor de compartibilidad porque ayuda a que la comunicación se vuelva más clara y hará que sea más probable que tu público se fije en el contenido.
- Conecta con tu público mediante las emociones. Asegúrate de que tu contenido haga que tu público sienta algo. Tanto si le hace reír, llorar o sentir lo que sea, intenta llegar a tu público al nivel de su corazón.
- No asumas que la gente está viendo tus vídeos con sonido. Siempre es buena idea subtitular tu contenido y asegurarte de que tu mensaje sea claro como el agua al distribuirlo en Facebook e Instagram.
- Mantén las introducciones de un vídeo bajo mínimos. Recuerda que sólo tienes un segundo (o tres como máximo) para enganchar a la gente y captar su interés.
- Lánzate hacia lo desconocido. Introduce giros, especialmente al final de los vídeos.
- No fuerces una llamada a la acción obvia. Haz que tu público comparta dándole una razón para implicar a sus amigos, y no diciendo algo obvio como: «¡Sígueme!» o «¡Echa un vistazo a esto!». Piensa en algo creativo y divertido para implicar a la gente a que lleve a cabo una acción concreta.

- Cada pieza de contenido debería destacar por sí sola. No te fíes del hecho de que todos hayan visto tu contenido. Incluso aunque lo hayan hecho, no puedes esperar que recuerden lo que vieron antes.

- No temas crear contenidos o aprovechar contenidos que estén *relacionados* con tu tema y no traten necesariamente *sobre* tu tema. El contenido que comparta momentos del estilo de vida de tu marca puede ser igual de potente (y en caso de duda, las puestas de sol y los vídeos de delfines surfeando las olas funcionan como un hechizo).

- Obedece a tu instinto y sé auténtico. Las redes sociales son una conversación bidireccional. Si eres auténtico y estás conectado contigo mismo, será más fácil que los demás conecten contigo.

CAPÍTULO 2

ESTRATEGIAS PARA CONSEGUIR UN CRECIMIENTO ENORME EN INSTAGRAM

Con más de 1 000 millones de usuarios activos por mes y más de 95 millones de publicaciones compartidas en Instagram cada día, Instagram es una plataforma que no se puede ignorar.[1] Es una herramienta esencial de marketing y para explicar historias que proporciona a los usuarios una experiencia rápida, accesible, emocional y muy visual de tu marca y tus mensajes.

Sin embargo, ésta no es la plataforma más fácil en la que conseguir un crecimiento rápido. Me llevó años de pruebas, pero al final descubrí un sistema que puede generar más de 200 000 seguidores en un mes, cosa que acabé empleando para generar un millón de seguidores en Instagram rápidamente (encontrarás más información sobre este sistema más adelante en este libro, además de cómo generé un millón de seguidores en treinta días en Facebook). Una de las mayores diferencias entre Instagram y Facebook es que Instagram no está inherentemente creada como plataforma para compartir, lo que te deja con la necesidad de encontrar otras formas de hacer que el contenido se viralice. Mientras que Facebook está diseñado para hacer que compartas, Instagram está principalmente diseñado para que cliques «me gusta», comentes, mires y etiquetes.

El éxito en esta plataforma se basa enormemente en tu capacidad para aprovechar las asociaciones estratégicas para crecer. Buena parte de la in-

---

1. «Number of daily active Instagram users from October 2016 to September 2017 (in millions)», *Statista*, www.statista.com/statistics/657823/number-of-daily-active-ins-tagram-users

formación que recopilarás en el capítulo sobre las «Alianzas estratégicas» será de gran utilidad para que alcances el éxito en esta plataforma.

Crecimiento rápido en Instagram

Aparecer en la página de «Explorar», que es la página general de búsqueda de Instagram, es la mejor forma para que el contenido se viralice y para que tú consigas implicación y alcance. Ser mostrado ahí también puede provocar el crecimiento en el número de seguidores, pero no sucede tan rápidamente como con el sistema que desglosamos en la información que figura a continuación. Aparecer en esta página en un gran número de las cuentas de la gente requiere de muchos «me gusta "potentes"», que consisten en «me gusta» y comentarios de cuentas con un perfil alto con cientos de miles o incluso millones de seguidores. Cada página de «Explorar» está hecha a medida de los intereses particulares del usuario, pero si a un *superinfluencer* le gusta tu contenido, éste será más visible para un gran número de personas.

En el pasado, mi equipo y yo aprovechábamos los grupos de implicación para impulsar la visibilidad y el alcance de nuestro contenido. En la actualidad hemos visto que la forma más eficaz de llegar al mayor número de personas y acertar con la página de «Explorar» de Instagram consiste en crear contenido eficaz que les guste a los algoritmos. Esto le proporciona a tu contenido más alcance e incrementa tu probabilidad de acertar con el servicio de noticias de la página de «Explorar». Los algoritmos son lo que controla quién y cuánta gente ve cada pieza concreta de contenido. Ciertamente, emplear los *pods*/grupos de implicación puede proporcionar a tu contenido un impulso inicial, pero si el contenido no es bueno y los algoritmos no ven su valor, no llegará muy lejos.

Ahora sumerjámonos en la estrategia que hemos visto que consigue seguidores rápidamente. Hemos alcanzado un éxito enorme identificando grandes páginas o redes de grandes páginas que están dispuestas a permitirte publicar tu contenido en sus cuentas. Se suele hacer referencia a ellas como «cuentas *meme*». No se trata de *influencers* concretos ni de páginas de marcas, sino más bien de cuentas centradas en un nicho de mercado o campo de especialización concreto como la inspiración, el *fitness*, la comida, la comedia, etc. Las cuentas *meme* están abiertas a la publicación de tu contenido por una de entre dos razones: (1) tu contenido es sorprendente y proporciona valor a su audiencia; o (2) puedes pagarles para que publiciten tu contenido en sus cuentas. A no ser que tu contenido sea muy viral, asegurarse la publicidad puede ser un camino más rápido, pero más caro, hacia el éxito.

La mejor forma de abordar el asegurarse publicidad consiste en identificar páginas en tu campo de especialización y enviarles un mensaje directo en Instagram preguntándoles por sus tarifas por publicidad. La mayoría te contestará con el coste de un «*shout out*» (mención) o de un mensaje de apoyo a *tu* página en *su* página o red durante un cierto período de tiempo (generalmente veinticuatro horas). Si eres nuevo en la publicidad mediante menciones, te recomiendo empezar pidiendo a las cuentas *meme* un paquete garantizado de seguidores (por ejemplo, yo contrato publicidad por una cierta cantidad de dinero y, a cambio, tú me aseguras una cierta cifra de seguidores), lo que recibe el nombre de «promoción». La mayoría de las cuentas te responderán que no ofrecen promociones, por lo que deberás encontrar aquellas cuentas que muestren la suficiente confianza en sí mismas y estén dispuestas a ofrecer este tipo de apoyo. La razón por la cual querrás adoptar este enfoque es la de que puedas aprovechar la experiencia de los propietarios de cuentas grandes y que veas qué tipo de contenidos recomiendan y publican en *su* cuenta para conducir a los seguidores hacia *tu* cuenta. Esto les permite probar (en tu nombre) la mejor forma de hacer que alguien siga tu cuenta. Una vez que hayas identificado las publicaciones que funcionan, entonces podrás comprar menciones de otras cuentas (que no ofrezcan promociones) teniendo un conocimiento sólido sobre la forma creativa que es mejor aprovechar.

Es importante señalar que la cantidad de tus contenidos dictará lo exitoso que serás al convencer a seguidores de otra cuenta para que sigan la tuya. Por ejemplo, tenemos la cuenta de un socio que tiene 16 millones de seguidores. Una pieza de contenido ineficaz sólo generará 200 seguidores mediante una mención, mientras que una pieza de contenido eficaz/optimizada puede generar más de 10000 seguidores mediante una única mención.

Además, debes analizar muchas de estas redes para eliminar aquellas que tienen seguidores no implicados o falsos que no pasarán a seguir tu cuenta. La mejor forma de analizar estas redes consiste en segmentar las pruebas en distintos días (es decir, testa una red un día y otra red otro día). Te recomiendo que sólo te gastes algunos cientos de dólares con cada red primero y que veas quién aporta seguidores de buena calidad (reales) e implicados antes de incrementar tu inversión. Una vez que encuentres la red que cumpla, podrás aumentar tu inversión.

Tu red lo es todo

Julius Dein empleaba la táctica de volver a publicar para hacer crecer su página. Hacía que páginas del campo especializado en los *memes* publicaran su contenido en sus cuentas mientras le daban el crédito por su autoría. Cada vez que estas cuentas publicaban uno de sus vídeos, obtenía otros veinte, treinta o cuarenta mil nuevos seguidores por semana. Dice que la clave para el éxito en la plataforma es un buen contenido y una buena distribución. Tu red lo es todo.

Sin embargo, ten presente que el rápido crecimiento de Dein se sale un poco de la norma (debido a que sus contenidos son muy eficaces). El crecimiento masivo en Instagram no suele darse tan rápidamente como en Facebook. Normalmente, la gente consigue entre 25 000 y 50 000 seguidores por mes como máximo. Tal y como he mencionado, después de años de pruebas, mi equipo y yo finalmente desarrollamos un sistema que puede generar más de 200 000 seguidores en un mes. El sistema incluso ha generado 80 000 seguidores en un día. Esto dista mucho del millón de seguidores en treinta días en Facebook, pero el crecimiento rápido sigue siendo posible. Para que se dé crecimiento, debes tener paciencia y ser constante a lo largo del tiempo.

Quiero reiterar y hacer hincapié en que esto puede hacerse de forma natural si tu contenido proporciona valor al público de otra cuenta. Un ejemplo de una cuenta que creció mediante esfuerzos únicamente orgánicos y que aprovechó las asociaciones estratégicas es la cuenta de Instagram @tuckerbudzyn (centrada alrededor de un Golden Retriever). Cuando ves la cuenta (que tenía 2,5 millones de seguidores cuando estaba escribiendo esto) por primera vez, puede que pienses: «Bueno, sólo es un perro guapo, y ésa es la razón de su éxito». Error: hay millones de cuentas de perros en Instagram y menos de un 1 % alcanza este nivel de seguimiento. La creadora y gestora de la cuenta, Courtney Budzyn, es un verdadero genio en la creación de contenidos. Reimaginó cómo el contenido relacionado con una mascota podía entretener. Le puso voz a su perro, mostrando lo que el animal piensa mediante subtítulos divertidos en la pantalla. Su brillante conocimiento sobre el tipo de contenido que hace que la gente se implique ha dado lugar a decenas de millones, por no decir centenares de millones, de visualizaciones en la plataforma. Da constantemente en el blanco con el servicio de noticias «Explorar», lo que da lugar a que genere un crecimiento natural enorme. Al mismo tiempo, Budzyn comprende la importancia y el valor de las asociaciones estratégicas y hace que, regularmente, su contenido aparezca en la cuenta de Instagram @Barked (una cuenta *meme* sobre perros que tiene 4,8 millones de seguidores). Como el contenido de @tuckerbudzyn es tan bueno, no tiene que pagar por su colocación: es gratis porque proporciona un tremendo valor al canal @Barked. Cuando el contenido de Tucker aparece en Barked, suele generar millones de visualizaciones junto con cientos de miles de implicaciones en forma de publicaciones. Se trata de una situación en la que tanto Tucker como Barked salen ganando: Tucker genera más exposición y seguidores, y Barked genera un alcance y una implicación por parte de sus seguidores importantes, y el contenido suele viralizarse al acertar con el servicio de noticias «Explorar», que también da lugar a nuevos seguidores para ambos. Al fin y al cabo, la distribución de contenido gana en Instagram. Tanto si estás generando distribución a partir del servicio de noticias «Explorar», de cuentas *meme* o de alguna otra cuenta, eso lleva a más exposición más rápidamente.

Otra forma de considerar esto es cómo grandes celebridades, como Cristiano Ronaldo y Ariana Grande, generan centenares de millones de seguidores en las redes sociales. Cada una de estas celebridades tiene su marca por doquier: aparecen en la televisión, la prensa, la radio, las vallas publicitarias, las revistas, otras cuentas en las redes sociales, etc. Todos estos espacios actúan como canales de distribución que conducen el tráfico de vuelta a sus marcas y cuentas en las redes sociales. Si Ronaldo y Grande no dispusiesen de este nivel de distribución para su marca, nunca hubieran superado la cifra conjunta de 405 millones de seguidores. Ciertamente, su talento probablemente les habría ayudado a generar algunos millones, pero para alcanzar este nivel de superestrella tienen que darles las gracias a todos estos canales de distribución.

Algunos puede que se fijen en este nivel de éxito (y en el éxito de otras celebridades) y que digan que su seguimiento se generó de forma natural. Sí, es muy improbable que pagaran por menciones en cuentas *meme*, pero su crecimiento no es, en realidad, puramente orgánico. Decenas de millones, por no decir centenas de millones, de dólares se dedican a la promoción de sus marcas cada año. Los patrocinadores de las marcas de Ronaldo y Grande gastan, ellos solos, millones de dólares para dirigir una exposición de las masas a sus patrocinios, lo que a su vez impulsa el crecimiento para sus marcas. Las redes de televisión también gastan millones para promocionar un partido o un concierto que defienda su marca.

En resumen, la forma más rápida de crecer en Instagram consiste en: (1) crear contenido muy interesante que resulte valioso para otras cuentas de Instagram (soy consciente de que esto es muy vago, así que si estás buscando consejos concretos sobre cómo crear contenido que capte la atención, échale un vistazo a mi blog, ya que tenemos algunos artículos geniales sobre este tema en www.brendanjkane.com/bkblog); y (2) distribuye ese contenido a tantos canales como sea posible.

Si quieres profundizar más en cómo aprovechar las cuentas *meme* para hacer aumentar tu número de seguidores, échale un vistazo al Curso para el Incremento Rápido de Público aquí: www.rapidaudiencegrowth.com

Escogiendo a los *influencers* para el comercio electrónico

El aprovechamiento de Instagram para el comercio electrónico y el crecimiento de las ventas aplica muchos de los mismos principios de distribución que acabamos de comentar. La gran diferencia es que con el comercio y las ventas electrónicas, normalmente quieres aprovechar a los *influencers* en lugar de a las cuentas *meme*. La razón es que los *influencers* transmiten más equidad de marca e influencia a sus seguidores que las cuentas *meme*. Es la diferencia entre una cara y una personalidad en la que confías para que compruebe un producto o un servicio frente a una cuenta sin rostro (de la que sigues disfrutando porque te entretiene) para fijarse en un producto o servicio. ¿A quién es más probable que escuches?

Los *influencers* y las grandes cuentas desempeñan un papel importante para fomentar el crecimiento en Instagram. Ayudan a impulsar las ventas y los ingresos a partir de la plataforma, por lo que deberás ser estratégico con respecto a escoger con quién colaboras. No todos los *influencers* (ni las cuentas *meme*) resultarán beneficiosos para tu marca o mensaje. El mero hecho de que sean populares y tengan muchos seguidores no significa que vayan a ayudar a *tu* visibilidad.

Así pues, pon a prueba a los *influencers* al igual que harías con el contenido. David Oh, de FabFitFun (una caja de suscripción trimestral para mujeres relacionada con el estilo de vida que genera cientos de miles de dólares anuales en ingresos), dice que su equipo puso a prueba a más de 10 000 *influencers* antes de encontrar a los que mejor funcionaban para su marca. Te anima a ser diligente: no puedes, simplemente, probar con uno y esperar resultados. Con frecuencia, los *influencers* que el equipo de David conjeturaba inicialmente que serían los mejores no siempre eran los que daban lugar a los resultados más exitosos. Ésta es la misma mentalidad que quiero que adoptes si planeas aprovechar las cuentas *meme* para hacer crecer tu número de seguidores.

Después de muchas pruebas y errores, Oh vio que uno de los mejores *influencers* para FabFitFun era la actriz Tori Spelling. Es genial creando contenido persuasivo. Después de ver lo bien que funcionaban sus vídeos, FabFitFun los tomaba, analizaba lo que funcionaba y hacía un tutorial sobre cómo crear vídeos similares. Difundieron los tutoriales a sus otros *influencers* y ahora todos ellos crean contenido de un estilo similar. Oh ha visto que respaldar a sus *influencers* con sus propias marcas ha ayudado a incrementar el alcance de su empresa.

Recuerda que, al principio, generar relaciones con los *influencers* era un proceso divertido: su equipo probó con todo tipo de estrategias estrafalarias. En una ocasión, alguien de su equipo le pasó una solicitud al dentista del hermano del *influencer* al que estaban intentando dirigirse. Lo creas o no, lo consiguieron, y FabFitFun sigue trabajando con ese *influencer* en la actualidad. Así pues, haz lo que haga falta para contactar con esta gente (pero intenta no ser demasiado agobiante).

El equipo de Oh no disponía de mucho dinero cuando empezó, por lo que abordaron a *influencers* no tan importantes y, al principio, intercambiaron productos de FabFitFun por publicaciones. Una vez que empezaron a trabajar con gente que era conocida entre la red de *influencers*, se encontraron en una burbuja de *influencers*: otros *influencers* importantes empezaron a prestarles atención. Si puedes conseguir que se hable de tu producto o marca, frecuentemente otros *influencers* empezarán a acudir a ti. Si, por ejemplo, algunas personas que aparecen en programas de telerrealidad con una gran audiencia como *Dancing with the stars* (en España equivaldría a *Mira quién baila*), *The bachelorette* (en España equivaldría a *Me quedo contigo* o *¿Quién quiere casarse con mi hijo?* o *Un príncipe para Corina*), o *The real housewives of Beverly Hills* (un programa de telerrealidad en el que se sigue la vida de mujeres que viven en un barrio de clase muy alta) se interesan por tu marca, producto o ideas, otras estrellas de la telerrealidad empezarán a ser conscientes de tu existencia; y si tienes algo valioso que ofrecer, las celebridades querrán obtenerlo.

Si no dispones de un producto, piensa en lo que puedes ofrecerle a un *influencer*. A veces, los *influencers* trabajarán contigo debido a tu contenido cautivador. En otras ocasiones, se deberá a que puedes ofrecerles algo, como hacerles unas fotografías o hacerles aparecer en un contenido colaborativo genial. Piensa en lo que los *influencers* puedan necesitar y en cómo tu conjunto de habilidades puede potenciar las suyas.

También quiero señalar algo que Oh me dijo en una ocasión sobre FabFitFun: fue que no le preocupa la obtención de seguidores. Sí, aprecia y valora a los que ya tiene, pero la mayor parte de su concentración se dirige a la distribución de su marca, productos y servicios a través de los *influencers* y la publicidad en las redes sociales. Su principal foco está puesto en cómo hacer que alguien se inscriba para recibir una de sus cajas y se convierta en un cliente de por vida. El foco es, en primer lugar, los clientes y los ingresos, y ganar seguidores ocupa el segundo lugar a una gran distancia.

Frecuentemente, cuando asesoro a empresas de comercio electrónico o a cualquier empresa que busca vender un producto o servicio, les digo que hagan lo mismo. Nos centramos en generar ingresos y en incrementar su base de clientes de modo que generen crecimiento para su negocio, lo que en último término conducirá a tener más seguidores (y muy probablemente a tener unos seguidores más implicados). Puede que esto no lleve a un incremento espectacular y rápido de seguidores, o quizás no lo haga nunca, pero conduce a un crecimiento sostenible del negocio. La última vez que lo comprobé, FabFitFun tenía más de un millón de suscriptores de pago (probablemente sean muchos más en este momento), pero sólo 890 000 seguidores en Instagram. Teniendo eso presente, permíteme preguntarte esto: ¿preferirías tener un millón de suscriptores de pago o un millón de seguidores? Basándote en la respuesta, sabrás en qué deberías concentrar tu tiempo, energía y esfuerzos.

Influyendo al *influencer*

Ken Cheng, fundador y director de Jengo, una empresa de marketing y estrategia digital, dispone de consejos para hacer que las celebridades sean conscientes de tu marca, lo que es de especial utilidad para cualquiera que quiera vender un producto o servicio. No se centra en generar un gran seguimiento en Instagram. En lugar de ello, su equipo se centra en llegar a la gente que ya tiene ese seguimiento y le permite hacer el trabajo de difundir el mensaje para sus clientes. Explica que no consiste en acudir directamente a los mayores *influencers* o celebridades. Tendrás muchas más probabilidades de éxito si te centras en influir en los *influencers* que influyen en el *influencer* que tienes como objetivo (puede que ahora esto te parezca confuso, pero espera…). Hay un efecto de red por el cual los *influencers* menos importantes influyen en los más grandes: su contenido se desplaza en sentido ascendente y es visto por gente más influyente. Para hacer que esto suceda, primero debes seguir las cuentas de los *superinfluencers* que tienes como objetivo. Luego explora y descubre a qué pequeños *influencers* o a cuáles de aquéllos más fáciles de alcanzar siguen. Observa los tipos de publicaciones a los que los grandes *influencers* clican «me gusta» en las cuentas de los *microinfluencers*. Una vez sepas si las publicaciones de los *microinfluencers* están relacionadas con los temas de tu marca y que los *influencers* mayores estén prestando atención a ese tipo de publicaciones, podrás contactar con el *influencer* menor para enviarle mensajes sobre tu marca o tu mensaje.

Adley Stump, que es un estratega de marketing digital, dice que puedes revisar las publicaciones de *influencers* y ver quién las comenta para averiguar quién se encuentra en sus círculos de implicación y encontrar a *influencers* más potentes en tu área específica. Acercarte primero a los *in-*

fluencers más pequeños supone una estrategia mucho más eficaz que dirigirte directamente a los *influencers* más importantes. Puede que al final contactes con ellos, pero es buena idea ir subiendo por la escalera desde los *influencers* más pequeños hacia los más importantes.

Marcarse como objetivo cuentas más pequeñas a las que menos gente (pese a ser gente valiosa) presta atención ha funcionado para Cheng muchas veces. En una ocasión trabajó con un restaurante vietnamita de Nueva York que quería captar la atención de grandes celebridades. Al principio, el restaurante intentó ponerse en contacto con agentes y publicistas, pero no consiguió nada: sólo acabó tirando el dinero durante un par de meses. Después de esta experiencia, empezó a dirigirse y a tener éxito con *influencers* con unos 10 000 seguidores, luego con aquéllos con 20 000 seguidores y así sucesivamente, hasta que empezó a conseguir a *influencers* con 100 000 seguidores o más. Fue entonces cuando las celebridades empezaron a ir al restaurante por sí mismas. Incluso Sarah Jessica Parker acabó yendo y tuiteando sobre el restaurante sin que se lo pidieran ni le pagaran por ello.

Este proceso sucedió de forma natural a lo largo del tiempo influyendo en la gente que se encontraba en la órbita de la gran celebridad. Sarah Jessica Parker fue al restaurante porque vio que otros *influencers* y amigos a los que seguía en Instagram habían publicado cosas sobre un restaurante nuevo genial en Nueva York, lo que la animó a tomar la decisión de ir y probar la comida ella misma.

Etiquetar y usar ajustes de seguridad para ganar seguidores

Anthony Arron, comediante y fundador de la cuenta de Instagram imjustbait, una cuenta *meme* que tiene más de 4 millones de seguidores y que obtiene alrededor de 100 millones de impresiones y 50 millones de visualizaciones mensuales, coincide en que para hacer que el contenido se viralice debes emplear un círculo de *influencers*.

Si te encuentras en una red de grandes páginas que publican tu contenido, recibirás más atención. Esto es lo que la mayoría de la gente a la que conoce que tiene grandes cuentas hace para conseguir visualizaciones y viralizarse.

Además, Arron ha visto que jugar con los ajustes de seguridad o privacidad de su cuenta es la mejor forma de captar más seguidores. Yo también ajusto mi cuenta como privada siempre que tengo a otras cuentas publicando mis contenidos en sus páginas. Esto lleva a una tasa de conversión de gente que clica en el botón de «Seguir» de alrededor de más de diez mil personas.

Arron publica entre diez y quince vídeos diarios en su página, repartiendo las publicaciones a lo largo del día para llegar a la gente que vive en distintos husos horarios. Cuando publica un vídeo, deja su página como cuenta pública para que muchas nuevas personas puedan verlo. Sin embargo, se ha dado cuenta de que pese a que la gente ve los vídeos e incluso clica «me gusta» en ellos, no le siguen necesariamente. Para combatir este problema, ajusta, al azar, su cuenta para hacer que sea privada después de publicar los vídeos para así animar a la gente a seguirle para acceder al contenido bloqueado.

A veces tiene más de 80 000 personas viendo un vídeo y etiquetando a sus amigos para que también lo vean. Cuando los amigos de la gente acuden para ver el vídeo y ven que la cuenta está en modo privado, suelen seguir la página porque quieren ver el vídeo en el que sus amigos les han etiquetado. La clave consiste en que si el contenido es lo suficientemente bueno, la gente le seguirá para tener la oportunidad de verlo. Esto le obliga a seguir creando contenidos buenos para que esta gente no deje de seguirle más adelante. Esta estrategia ha hecho que Arron consiga entre 2 000 y 5 000 seguidores diarios.

También le pone una marca de agua a todos sus vídeos que dice «Sigue a @imjustbait». De esa forma, tanto si la gente vuelve a publicar, descarga o simplemente ve sus vídeos, es más probable que sepan de su cuenta y le sigan.

Erick Brownstein, de Shareability, coincide en que hacer que la gente etiquete a sus amigos en las publicaciones supone una gran estrategia. Como Instagram no es un tipo de plataforma en la que sea tan fácil compartir como en Facebook, su equipo se encuentra con que etiquetar es la mejor forma de ayudar a la gente a difundir su contenido. Etiquetar es como una invitación personal para hacer que alguien vea algo. Es la forma en que la gente le muestra a sus amigos contenidos que cree que serán relevantes para sus gustos.

Aquí tenemos otro ejemplo de la efectividad de ajustar tu cuenta para que esté en modo privado: hace poco trabajé con una celebridad que tiene unos 10 millones de seguidores. Estaba consiguiendo unos 3 000 seguidores diarios de forma natural. Entonces hizo que ESPN publicara un vídeo que había creado, por lo que hice que ajustara su cuenta para que estuviese en modo privado, y su crecimiento en cuanto al número de seguidores paso de 3 000 a 25 000 diarios. Sólo dejamos la cuenta en modo privado algunos días mientras el vídeo seguía ganando terreno en ESPN, pero eso demuestra el poder de estar en modo privado cuando una gran cuenta publica contenidos sobre ti.

Un buen contenido para un crecimiento duradero

Ray Chan, director ejecutivo y cofundador de 9GAG, una plataforma online para el humor con más de 41 millón de seguidores en Instagram, ha aprendido mucho acerca de conseguir un crecimiento masivo en la plataforma. Sugiere emplear otras plataformas, si dispones de ellas, para atraer a la gente hacia Instagram. Luego recomienda comparar tu cuenta con las mejores cuentas de su sector de especialización y obtener ideas de ellas. Chan también explica que su equipo está probando continuamente distintos *hashtags* y formatos de publicaciones.

Por ejemplo, una tendencia actual en el formato de los vídeos que la gente usa para destacar consiste en tener unas grandes leyendas (conocidas con el nombre de «tarjetas *meme*») en la parte superior de los mismos para atraer la reducida capacidad de atención de la gente. Esto tuvo su origen en las publicaciones motivacionales con marcos negros en la parte superior y la imagen en la parte inferior. No obstante, estas tendencias cambian y no deberías confiar demasiado en ellas. Debes escuchar siempre a tus usuarios mediante la monitorización de tus estadísticas.

Chan recomienda que, en lugar de buscar estrategias de posicionamiento, deberías concentrarte en generar un contenido genial y una gran comunidad. Él emplea el mercado de valores (la bolsa) a modo de metáfora. Mucha gente intenta hacerse rica rápidamente, o en este caso conseguir un gran número de seguidores con demasiada rapidez, lo que no supone una buena estrategia a largo plazo. Desarrollar una plataforma sólida a lo largo del tiempo es como comprar acciones buenas y conservarlas durante un tiempo.

Lo que suele suceder es que la gente busca consejos rápidos para hacer crecer sus cuentas, lo que es como intentar comprar unas acciones que aumenten de valor rápidamente. Sin embargo, los grandes inversores no se fijan en el corto plazo, sino que intentan encontrar acciones que aumenten de valor de forma constante a lo largo del tiempo. Y eso es lo que intenta hacer el equipo de Chan. Siguen teniendo que aprender los trucos y comprender las últimas tendencias y formatos, pero uno nunca sabe si una tendencia proporcionará beneficios a largo plazo hasta que se pruebe a lo largo del tiempo.

Para conseguir crecimiento en Instagram, debes estar constantemente actualizado. El principio fundamental consiste en pensar en lo que tus usuarios quieren ver. Generar un buen contenido que le guste a tu usuario es la salsa secreta no tan secreta.

El equipo de Chan tiene dos personalidades cuando crea contenido. Por un lado emplea la empatía para dilucidar por qué ciertos contenidos funcionan a ojos de sus seguidores, y por otro lado se muestra muy indiferente con el contenido para generar distancia y espacio, lo que le permite hacer cambios en el contenido que no funciona. Chan se da cuenta de que mucha gente se queda muy enganchada a su contenido, lo cual le impide analizar y aprender para ver qué es lo que quieren sus seguidores y cómo responde la gente. Es la diferencia entre ser un verdadero artista y ser un artista comercial.

Piensa que Andy Warhol era un ejemplo de alguien que era ambas cosas al mismo tiempo. Si quieres ser comercialmente exitoso, probablemente debas estar dispuesto a cambiar algo de lo que estás creando y a tener presentes a tus usuarios.

Joivan Wade añade que no tienes por qué adivinar qué es lo que les gusta a tus usuarios. Si tienes un perfil comercial, puedes emplear la página de Instagram Insights para ver tus publicaciones más vistas en el último año. Esto te ayudará a comprender con qué contenido se están implicando activamente tus usuarios y te permitirá crear más contenido de esta naturaleza.

No tengas intenciones ocultas

Chan cree que una razón por la cual dominar Instagram y las redes sociales en general puede resultarle difícil a alguien es porque lo esté enfocando con unas intenciones ocultas. El hilo común de las principales cuentas de Instagram es que su contenido es muy interesante. No te piden que hagas nada fuera del hábito normal de un usuario que echa un vistazo en Instagram.

Una de las principales cuentas es, por ejemplo, la de National Geographic. Tiene éxito porque, obviamente, es muy visual, y también porque su contenido es su objetivo final. No le pide a nadie que salga a comprar o que mire alguna otra cosa. La gente acude a la página para ver fotografías preciosas y vídeos geniales. Los espectadores quizás quieran comprarse la revista y ver los programas como resultado de ello, pero esto nunca se vende en la plataforma. El gran contenido es lo que hace que la gente quiera seguir una página, y no tu deseo como creador de hacer que alguien te siga. Debes hacer lo que sea mejor para tus seguidores, y no lo que sea mejor para tu agenda. Crea un contenido de la mejor calidad posible y la mejor experiencia para la gente a la que estás intentado llegar. Mediante ello, fomentarás unas conexiones más fuertes y desarrollarás una comunidad más sólida.

En el fondo de su corazón, Chan cree que la gente quiere verse sorprendida y sentirse más feliz después de ver contenidos. Comprende los aspectos fundamentales de la narración: sé un gran relator y averigua cuáles son los verdaderos principios psicológicos subyacentes a una excelente narración. Luego asegúrate de aprovechar esas estrategias en el contenido que generes. Asegúrate de que la gente comprenda lo que le estás explicando y comprueba los formatos que sean más eficaces para tu contenido.

Consumo instantáneo

Erick Brownstein explica que una forma de pensar en Instagram es como en la versión de 59 segundos del contenido que crees. Joivan Wade coincide y aconseja usar Instagram para dirigir a la gente a otras plataformas para ver el contenido en su formato más largo.

Chan cree que el tiempo dedicado en Instagram a cada pieza de contenido es muy corto. La mayoría de la gente que navega en Instagram busca un consumo instantáneo. No quieren dedicar tanto tiempo al contenido como en otras plataformas. Instagram ha estado intentando modificar este comportamiento con Instagram TV (IGTV): una aplicación que permite vídeos más largos. Sin embargo, en el momento en el que estoy escribiendo esto, Instagram sigue batallando con el consumo de contenidos con una duración larga. La mayoría de la gente simplemente le echa un vistazo a una pieza de contenido, se da cuenta de que es bonito o divertido, clican «me gusta» y pasan a la siguiente imagen o vídeo. Esto requiere que tu contenido en Instagram sea más colorido. Debe ser diferente y captar la atención de la gente.

Observa otras cuentas

Chan también explica que una forma genial de empezar con la creación de contenido en Instagram consiste en encontrar cuentas o marcas que tengan los mismos objetivos y que estén obteniendo mucho éxito. Luego encuentra formatos y estructuras parecidas, pero no las copies necesariamente. Intenta ser innovador, incluso aunque sólo hagas ligeros cambios, ya que, enfatiza Chan, «copiar el contenido de otras personas es como crear un cuerpo sin alma». Recomienda desplazar tus leyendas en las imágenes a distintas zonas, crear títulos con errores tipográficos para que la gente intente corregirlos y haga comentarios, y hacer remezclas de antiguos tipos de formatos que veas en la plataforma. Descubre si puedes crear una nueva remezcla o adaptar una antigua.

Emplea momentos tras las bambalinas

Tim Greenberg, de la Liga Mundial de Surf, dice que Instagram ha sido genial para el negocio. La Liga Mundial de Surf tiende a resaltar el metraje de surfistas jóvenes porque su público en esta plataforma es joven, y comparte más momentos divertidos en tiempo real mediante historias en Instagram (Instagram Stories) que en Facebook. A veces, el contenido en ambas plataformas está duplicado, pero generalmente en Instagram aparecen más momentos tras las bambalinas de los deportistas pillados con la guardia baja. La página subió, por ejemplo, un vídeo del surfista profesional brasileño Gabriel Medina jugando con un balón de fútbol que generó una enorme implicación, con más de trescientas mil visualizaciones. La Liga Mundial de Surf decidió, específicamente, no subir ese vídeo a Facebook ni a ninguna otra plataforma porque les parecía que era un material más idóneo para Instagram: más *inmediato* y visceral.

Medina es uno de los surfistas más seguidos en Instagram y hace un gran trabajo explicando historias. Greenberg también cita a la surfista profesional hawaiana Coco Ho como alguien que realiza un gran trabajo haciendo crecer su marca online, y como tal ha conseguido mucho dinero en forma de patrocinios. Ambos destacan como productores constantes de grandes contenidos en Instagram.

Greenberg les dice a todos sus deportistas que un vídeo en el que aparezcan dando cera a sus tablas de surf puede que les parezca algo muy monótono, pero para alguien en Kansas resulta interesante porque retrata un estilo de vida y un sueño que otros puede que nunca experimenten. O si un o una surfista se encuentra en Tavarua, en Fiji, disfrutando de una partida de ping-pong con sus amigos, esto podría resultarles algo muy normal a él o ella, pero es muy probable que sea realmente interesante para sus seguidores. A los deportistas les llevó mucho tiempo comprender eso, pero ahora se están volviendo muy buenos a la hora de valorar qué contenido compartir.

Gran parte del contenido que produce la Liga Mundial de Surf es generado por los usuarios. Aunque produce su propio contenido y celebra eventos, se basa en una red de filmadores y fotógrafos de todo el mundo que les proporciona material. La Liga genera buena parte de la implicación gracias a su red de colaboradores. Es realmente importante recordar que no tienes por qué crear todo por tu cuenta. Puedes apoyarte en la gente de tu comunidad para que te ayude.

Cómo enfocar Instagram para un mercado local

Ken Cheng, de Jengo, explica que Instagram es una gran herramienta para los negocios locales. Una de las razones es que, al contrario que algunas de las otras plataformas que se basan en contenidos de amplio alcance (que no tienen nada que ver con la vida de una persona fuera del mundo digital), el uso de Instagram surge de experiencias con un origen fuera de Internet.

Los usuarios de Instagram quieren ir a lugares para tener la oportunidad de hacer y compartir fotos en la plataforma. Así pues, el lanzamiento de un producto puede convertirse en una experiencia que documentar: puede hacer que la gente vaya a un restaurante o a una tienda de ropa de modo que disponga de la oportunidad de compartir la historia de la interacción con un negocio local.

Una vez que el equipo de Cheng se dio cuenta de la forma en la que funcionaba la plataforma, el reto consistió en dirigir el tráfico hacia las cuentas de sus clientes. Cuando empezaron, disponían de un presupuesto limitado, lo que hizo que resultara difícil acumular tráfico en un breve período de tiempo. Como resultado de ello, decidieron aprovechar el tráfico de otros *influencers*. El siguiente reto consistió en averiguar qué *influencers* tener como objetivo. Estaban promocionando restaurantes, y aunque puedes usar la típica búsqueda de *hashtags* para encontrar a gente en los ámbitos de los restaurantes y los alimentos, es difícil buscar *influencers* en una categoría determinada. Sin embargo, ahora hay páginas web como FameBit, Social Native y Grapevine que puedes usar para que te ayuden en este proceso.

El equipo de Cheng, por ejemplo, quería encontrar a *influencers* que presentaran fideos asiáticos en Nueva York, pero es difícil decir si un *influencer* es local. Puedes echar una ojeada a sus fotos y dar con sus geoetiquetas, pero si, ya para empezar, no dispones de una lista de *influencers*, Instagram no ofrece mucho apoyo para alcanzar ese objetivo.

Para identificar si los seguidores de tu *influencer* son locales, puedes revisar a sus seguidores manualmente o buscar un programa que te ayude. Al escoger a los *influencers* adecuados para tu marca local, asegúrate de que esas personas vivan en tu región y que publiquen cosas sobre tu temática específica. Entre el 40 % y el 60 % de las publicaciones regulares de un *influencer* y entre el 15 % y el 35 % de las publicaciones virales deberían estar dirigidas hacia y ser recibidas por tu público geoetiquetado concreto. Si los *influencers* viven en tu región pero la mayoría de sus seguidores no, esto no será de utilidad para tu objetivo.

El siguiente paso depende de cuánto dinero dispongas para gastar, pero Chang comparte que normalmente no paga a los *influencers*. Para conseguir a *influencers* de la forma más rentable, su empresa emplea comida gratis a cambio de la visita de *influencers*. Además, nunca le piden de forma directa a los *influencers* que publiquen fotos sobre ellos. Siempre dicen, simplemente: «¡Hemos visto tus fotos y son maravillosas!». Habla sobre sus fotos e invítales a cenar a tu restaurante o a un evento que se celebre en tu negocio local. Proporciónales valor en lugar de tan sólo intentar venderles algo.

Su equipo descubrió, además, que la gente con más de 100 000 seguidores solía ignorarles si no recibía una compensación económica. Sin ningún pago, normalmente era más probable que alguien con entre 10 000 y 20 000 seguidores mostrara interés. Por otra parte, cuanto mayor era su influencia, más global era el tráfico. Un *microinfluencer* con 10 000 seguidores podría, en realidad, encajar mejor con tu negocio local. Además, la gente con menos seguidores necesita, de hecho, el contenido y lo agradece más. Después de haber desarrollado relaciones con *influencers* de menor importancia, empezaron a contactar con los que tenían entre unos 40 000 y 50 000 seguidores, y luego con los que tenían entre 60 000 y 70 000 seguidores, y así sucesivamente.

No olvides pensar desde el punto de vista de los·*influencers* y ofréceles algo de valor. Dales algo que necesiten, quieran o estén usando. Para ser eficaz en este aspecto, vuelve a fijarte en algunas de las estrategias para generar las alianzas que exponemos en el capítulo siete.

Consejos rápidos y resumen

- La distribución de tu contenido en otras cuentas es la forma más rápida de crecer en Instagram. Para profundizar más en esto, visita www.rapidaudiencegrowth.com
- Haz que cuentas de perfil alto (aquéllas con un mayor número de seguidores y aquellas que llevan en la plataforma mucho tiempo) cliquen «me gusta», comenten y te mencionen, y vuelve a publicar tu contenido para que suponga el mejor intento para dar en el blanco del servicio de noticias «Explorar».

- El título lo es todo cuando se trata de potenciar el seguimiento de forma natural.
- Ten como objetivo a *influencers* menores y ve ascendiendo.
- En la actualidad, el tiempo que se pasa con una pieza de contenido concreta en Instagram es muy corto, aunque con el lanzamiento de IGTV, Instagram está intentando modificar ese comportamiento.
- Permite que tu contenido sea el objetivo final.
- Emplea la plataforma para que te ayude a atraer a *influencers* que influyan al *influencer* que tienes como objetivo.
- Instagram puede ser de gran utilidad para los negocios locales debido a las experiencias fuera de Internet que fomentan.

CAPÍTULO 3

CÓMO CONSEGUÍ UN MILLÓN DE SEGUIDORES EN TREINTA DÍAS

Aunque puede que suene como una tarea ridícula, generar un seguimiento masivo en las redes sociales en treinta días o menos es posible; pero en primer lugar debería apuntar que el verdadero valor de este capítulo (y de este libro) no es, simplemente, cómo conseguí un millón de seguidores en treinta días en Facebook. Para ser completamente transparente, la forma en la que generé un millón de seguidores implica la utilización de trucos para el crecimiento y posicionamiento, pero no quiero fomentar la idea de que hay que basarse demasiado en estos trucos para el crecimiento y el posicionamiento. Por supuesto que pueden ayudarte, pero sin las otras estrategias, mentalidades y procesos compartidos en este libro, no te convertirás en una estrella en la creación de contenidos. Puede que tengas éxito en el juego de las cifras, pero no generarás una presencia duradera. Pregúntale a cualquiera que haya tenido éxito en la esfera digital y te dirá, sin dudarlo, que los *contenidos* son el factor crucial para el crecimiento y la implicación de un gran público. Por lo tanto, recuerda eso mientras te explico cómo conseguí un millón de seguidores en treinta días.

La clave para incrementar rápidamente tu seguimiento consiste en un enfoque ágil de la producción, el análisis y la medición de cómo la gente responde a tus contenidos en tiempo real. Es una gran estrategia para aquellos que no disponen de tres o cuatro años para invertir en crear su plataforma, ya que proporciona una validación y credibilidad inmediatas para destacar en este preciso momento. Generar el público es, en realidad, bastante fácil. Es el conservar y mantener implicado a ese público lo que requiere de trabajo duro a lo largo del tiempo.

Debes aceptar este hecho antes de implicarte. Puedes conseguir muchos seguidores rápidamente, pero para tener una presencia boyante y duradera en las redes sociales debes comprender las estrategias de análisis, envío de mensajes y contenidos proporcionadas en los siguientes capítulos. Están repletos de consejos de las mejores mentes del mundo para conseguir un gran público y mantenerlo implicado.

Cuando estaba generando un millón de seguidores, mi foco central era el de convertirme en alguien reconocido por un liderazgo reflexivo, ya que mi verdadera pasión es hablar y enseñar a otras personas. Como estratega en innovación, siempre estoy probando tantos contenidos como sea posible para comprender qué es lo que funciona y lo que no para los clientes, pero cuando estaba generando mi seguimiento, centré mi marca alrededor de los temas del liderazgo reflexivo, la enseñanza y las publicaciones inspiradoras.

Uno de mis experimentos más interesantes y exitosos implicaba el uso de *podcasts*. *Planteé la hipótesis* de que el *podcasting* sería un canal genial para mí como persona, ya que había aprendido mucho sobre los *podcasts* en mi trabajo con Katie Couric, y hablaré acerca de esto en los siguientes capítulos. Baste decir que había visto que se podía, en esencia, «diseñar inversamente» *podcasts* para Facebook e incrementar la cantidad de público y la implicación rápidamente. Hice esto recortando pequeños fragmentos de audio de entrevistas en *podcast* que había creado con algunos socios y celebridades, y luego los convertí en vídeos reproduciendo el audio sobre una imagen fija o un pase de diapositivas, o incluyéndolo en vídeos de archivo que representaban lo que se estaba debatiendo. Reproduciendo estos vídeos en varias pruebas, vi que podía llegar a millones de personas en *días*: la mayoría de los mejores *podcasts* del mundo ni siquiera consiguen eso en un mes. El truco consiste en que no tienes que reinventar la rueda. Mira a tu alrededor y toma prestadas ideas de los éxitos de otras personas.

El contenido de *podcasts* que *puse a prueba* consistía en entrevistas con Justin Baldoni, actor principal de la serie de televisión *la Virgen de Jane*; con Jeff King, un experto en el Modelo del Proceso de la Comunicación (que aparece en el capítulo cinco); y con el doctor Drew (Pinsky). Corté el audio de las entrevistas para crear tres tipos de publicaciones en formato de vídeo: (1) vídeos que mostraban una única imagen mientras se reproducía el audio; (2) vídeos que mostraban múltiples imágenes mientras se reproducía el audio; y (3) vídeos con metraje de archivo o videoclips que encontré en Internet que concordaban con el audio que se reproducía. Luego sometí a prueba todos esos videoclips entre sí para ver cuál generaba más comparticiones. Por cada entrevista, cortaba entre tres y diez fragmentos de audio y creaba vídeos exclusivos para cada uno de ellos. A partir de ahí generaba entre diez y cien variaciones de cada videoclip (más adelante hablaré sobre cómo incrementar rápidamente las variaciones de contenido).

El contenido con un mejor rendimiento fue, de lejos, una de las variaciones de la entrevista a Justin Baldoni. Se trata de un vídeo inspirador en el que anima a la gente a vivir su mejor vida posible y la que más deseen. También hablaba sobre cómo tomar decisiones que conducirán hacia la felicidad y la satisfacción. *Aprendí* que el mensaje del contenido (que se expresa mediante el titular) era increíblemente importante, y que escoger el adecuado es un factor que influye a la hora de conseguir que la gente clique y comparta.

Quiero señalar que estoy en contra de los ciberanzuelos (*clickbait*): el titular/gancho debería coincidir siempre con el contenido. También aprendí que los aspectos visuales eran realmente importantes. Un vídeo con metraje de archivo que representara al audio o al vídeo real de la entrevista obtenía mejores resultados que una única imagen. Además, emplear a alguien que tenga un gran seguimiento a quien puedas captar y a quien puedas acceder también ayudará a conseguir atención, pero no necesariamente *implicación* si el contenido no es de buena calidad.

Además, compartí y sometí a prueba variedad de citas inspiradoras: había visto a otras personas como Gary Vaynerchuk (un emprendedor con más de diez millones y medio de seguidores en sus plataformas) tener mucho éxito con este tipo de publicaciones. Algunas de las citas que puse a prueba eran de personas a las que admiro, como Steven Spielberg y Oprah Winfrey, que comparten puntos de vista similares a los míos. Después de ver unos resultados iniciales positivos, centré mis esfuerzos en crear mis *propias* citas personales, que constituyen un buen porcentaje de las publicaciones actuales en mi página. Descubrí que las citas que aparecen sobre imágenes funcionan extremadamente bien porque a la gente le gusta interactuar visual y mentalmente con los contenidos positivos e inspiradores. Una ventaja de las imágenes con respecto a los vídeos es que es mucho más fácil crear una imagen de alta calidad que un vídeo. Hay tantas variables implicadas en la creación de un gran vídeo: el tono, el ritmo, los primeros tres segundos, los subtítulos, los créditos, la duración, etc. En cambio, con una foto simplemente tienes que escoger la imagen adecuada con la cita correcta: tienen que combinarse menos variables para hacer que tenga éxito.

La estrategia a corto plazo consiste en fijarte en las pruebas y aprender qué es lo que funciona en tiempo real. Estos resultados te informan y te dictan el contenido que producirás semanalmente. Luego, cuando empieces a ver las macrotendencias de lo que funciona, todo esto te informará de la estrategia de tus contenidos a largo plazo, que también deberás comprobar con respecto al mensaje general de tu marca. Por ejemplo, a modo de experimento, probé con vídeos virales de bromas y de gatitos y perros que hacían cosas divertidas. Aunque todos ellos funcionaban realmente bien, decidí *pivotar*, porque no estaban en sintonía con la temática de mi marca de liderazgo reflexivo.

Ten en cuenta que el tipo de contenido que conecta con tu público puede cambiar a lo largo del tiempo. Fíjate en tus estrategias de contenidos tanto a corto como a largo plazo, descubre cómo encajan entre sí y dirígete hacia lo que funciona.

Por qué mi sistema empezó con Facebook

Como sabes, este libro también se ocupa de tácticas de crecimiento para Instagram, YouTube y LinkedIn. Muchos de los principios del sistema que he desarrollado para Facebook pueden usarse y se han usado para el crecimiento en otros canales sociales. De hecho, usé la misma metodología descrita anteriormente para alcanzar un millón de seguidores en Instagram.

Facebook ha salido en las noticias en relación con preocupaciones por cómo usa los datos de la gente. Quiero abordar este asunto y explicar por qué sigo decidiendo usar Facebook y por qué creo que es una plataforma valiosa. Tal y como apuntó Alexandra Samuel en su informe sobre Cambridge Analytica en *The Verge*, Internet ha sido diseñado para sacar el jugo a la compartición gratuita de datos de usuarios.[1] Esto no cambiará hasta que las empresas, los consumidores y los reguladores decidan adoptar un modelo distinto.

También existe una diferencia entre la utilización de los datos para ayudar a la gente y el emplearlos para explotarla. Crear noticias falsas (con intenciones maliciosas o manipulativas) es irresponsable y no resuelta aconsejable para nadie. Por otro lado, recopilar datos que permitan que los especialistas en marketing conozcan las necesidades de sus clientes y las comprendan mejor puede ayudarles a proporcionar valor añadido a sus clientes potenciales.

Teniendo en cuenta lo que ha sucedido, puede que exista la necesidad de cambiar la forma en la que funcionan estos sistemas y empresas, especialmente en lo relativo a su nivel de transparencia. Será interesante ver si, como resultado de ello, se crea un nuevo acuerdo o modelo. Mientras tanto, te aconsejo que te comprometas de forma responsable y ética con los datos que usas en Facebook, tal y como hago yo en mi práctica.

....

Tal y como he mencionado, después de haber trabajado con celebridades como Taylor Swift, aprendí que la principal clave del éxito para conseguir un público masivo consiste en hacer que la gente comparta tu mensaje por ti. Cuanta más gente comparta tus contenidos, más rápida y rentablemente podrás incrementar tu público. Yo decidí conseguir un millón de seguidores en Facebook porque se trata de la plataforma más democrática y que más favorece las comparticiones, por no mencionar que es en la que es más fácil y rápido conseguir y hacer aumentar tu público. De hecho, Facebook se utiliza para compartir contenidos más que el correo electrónico o que cualquier otra plataforma social online.[2] Por mi experiencia,

---

1. SAMUEL, A.: «The shady data-gathering tactics used by Cambridge Analytica were an open secret to online marketers. I know, because I was one», *The Verge* (25 de marzo de 2018), www.theverge.com/2018/3/25/17161726/facebook-cambridge-analytica-data-online-marketers

2. BULLAS, J.: «Do people share more on Facebook or Twitter?», *Jeff Bullas's Blog*, www.jeffbullas.com/do-people-share-more-on-facebook-or-twitter

experimentos y conversaciones con las mejores mentes del mundo en el campo del marketing y las redes sociales, he aprendido que si tienes una pieza genial de contenido, la gente lo compartirá rápidamente en Facebook, maximizando así el potencial ascenso obtenido por tus contenidos.

Facebook se presta más fácilmente al crecimiento que otras plataformas porque se desarrolló alrededor del concepto de compartir. En otras plataformas, la viralidad se basa mucho más en la OMB (optimización o posicionamiento en los motores de búsqueda), las clasificaciones y los algoritmos. Sí, en Facebook entran en juego algoritmos (hablaré más sobre ellos en la siguiente sección), pero si la gente comparte tu contenido, puedes superar a los algoritmos mucho más fácilmente que en plataformas como YouTube, Snapchat e Instagram. Por ejemplo, el director, locutor y activista Prince Ea comparte vídeos que consiguen 30 millones de visitas en Facebook en el transcurso de la primera semana, lo que resultaría casi imposible de conseguir a esta velocidad en otras plataformas.

Otra de las razones por la cual recomiendo trabajar con Facebook es debido a su tamaño. Te proporciona acceso a una comunidad de más de 2 000 millones de personas, y sigue creciendo.[3] La plataforma de publicidad de Facebook (que también nutre a Instagram, WhatsApp y Facebook Messenger) es una herramienta de estudio de mercado muy potente. Puedes usarla para analizar de forma eficaz todo tipo de contenidos y ver cómo son acogidos por gente de distintos orígenes y en distintas partes del mundo. Puede ayudarte a averiguar qué publicar en otras plataformas como Instagram, haciendo que sea un lugar genial para probar y aprender. Si se analiza correctamente, esta información te proporciona mucho poder para potenciar tu marca y comprender tus posibilidades de comercialización.

Tres formas de generar seguimiento en Facebook rápidamente

Hay tres formas en las que puedes hacer aumentar tu seguimiento en Facebook. La primera consiste en crecer de forma natural. Las siguientes

---

3. Dunn, J.: «Facebook totally dominates the list of most popular social media apps», *Business Insider* (27 de julio de 2017), www.businessinsider.com/facebook-domina-tes-most-popular-social-media-apps-chart-2017-7

dos formas consisten en utilizar la plataforma publicitaria de Facebook, lo que te permitirá (1) hacer que una pieza de contenido se viralice para así conseguir el conocimiento por parte del público, con el efecto relacionado de que la gente te siga en base a esta exposición; o (2) emplear un módulo de anuncios para generar «me gusta» en una página (cualquier anuncio con el objetivo de generar más «me gusta»/seguidores para tu página) para dirigirte a potenciales nuevos seguidores. Una de las formas más sencillas de crear este tipo de campaña consiste en acceder a ella a través del Administrador de Anuncios de la plataforma publicitaria de Facebook y escoger los «me gusta» recibidos en tu página como tu meta/objetivo de marketing. Sin embargo, ésta no es la única forma de emplear la plataforma publicitaria de Facebook: explicar los matices de la plataforma de anuncios de Facebook podría suponer un libro entero por sí mismo.

✔ Para conocer más recursos que te ayuden en tu aprendizaje sobre cómo utilizar la plataforma de anuncios de Facebook, consulta www.onemillionfollowers. com/beyond o escríbeme un email a bkane@brandanjkane.com

Ambas tácticas son eficaces y, en último término, recomiendo emplear una combinación entre ellas si estás empezando. Saber cómo hacer que una pieza de contenido se viralice es una táctica a largo plazo más potente (aunque más difícil de alcanzar). Empieza probando el contenido del que ya dispones y mira si da como resultado que un número importante de personas lo compartan. Siempre es mejor generar seguidores con un gran contenido viral, ya que eso mantendrá a tu público implicado; pero también resulta valioso empezar creando un anuncio con el objetivo de marketing de recibir «me gusta» en tu página, tal y como he mencionado antes, para así probar y aprender qué es lo que hace falta para que alguien te siga.

Debido a los algoritmos de Facebook, incluso después de haber alcanzado el millón de seguidores, el contenido que publiques sólo le llegará, de media, a entre el 2 y el 5 % de tu público. La mayoría de la gente ha clicado «me gusta» a cientos, por no decir miles, de páginas, y se ha implicado con miles de piezas de contenido. Cuando la gente se fija en sus principales secciones de noticias, los algoritmos de Facebook sólo pueden mostrarle una cierta cantidad de contenidos. Las principales secciones de noticias deben limitarse al contenido con el mejor desempeño de todos los contenidos y las páginas con las que alguien se haya implicado. Además, Facebook también se asegura de que los usuarios reciban contenidos de sus amigos más íntimos. Los algoritmos valoran los contenidos para asegurarse de que los canales sociales de la gente estén repletos de lo que le interesa. Si tus contenidos no son bien recibidos, sólo serán mostrados a un pequeño subconjunto de tu público. Por otro lado, si los contenidos funcionan bien, llegarán a la mayoría de tu base de seguidores y se mostrarán incluso a más gente que no te sigue. Esto te proporcionará el potencial de que ese contenido se comparta y consiga un crecimiento adecuado. Visita mi blog en www.brendanjkane.com/bkblog para leer más artículos sobre cómo funcionan los algoritmos y cómo vencerlos.

Ten a los algoritmos presentes si decides emplear el objetivo de los «me gusta» en tu página de Facebook. Formó parte de mi estrategia para aumentar mi número de seguidores, ya que es una herramienta genial que puede hacer crecer e incrementar tu cifra de validaciones hasta alcanzar un grado creíble. Obtendrás conexiones reales con gente real, y podrás aprovechar tu recién conseguida credibilidad para alimentar un crecimiento natural si comprendes cómo diseñar contenidos de forma eficaz para vencer a los algoritmos.

✔ Para obtener una explicación más detallada sobre cómo usé el objetivo de los «me gusta» en mis páginas para crecer rápidamente, visita www.rapidaudience growth.com

Siempre hay un CPA para ganar seguidores

Algunos *influencers* han ganado fans publicando contenidos cada día y asentando unas relaciones fuertes con su público a lo largo de un período de tiempo importante. Tienen una relación con sus seguidores: los fans saben quiénes son y se han estado implicando con ellos a lo largo de años. Obviamente, ésta no es la mejor opción para conseguir unos resultados rápidos, lo que esto hace que surja una consideración importante: *Siempre hay un CPA (coste por adquisición) por seguidor*. Si estás desarrollando una base de fans, incluso desde una perspectiva orgánica hay un coste por la adquisición de un seguidor o suscriptor. Cualquiera que te diga que conseguir fans de forma natural significa conseguir seguidores gratis está equivocado.

Los principales *influencers* como el emprendedor Gary Vaynerchuk, con el que tuve el placer de hablar en Helsinki, suelen disponer de personal a tiempo completo que trabaja a su sombra. Vaynerchuk tiene treinta empleados a jornada completa que trabajan en su marca personal, y dirige una de las más importantes agencias del mundo centradas en las redes sociales, aprovechando los conocimientos que adquiere de todo el trabajo que lleva a cabo para sus clientes para desarrollar su marca personal y viceversa. Su agencia no sólo respalda a sus clientes, sino que también le respalda *a él* en la creación, la edición y el marketing de sus contenidos. Sin embargo, si no pagas para tener un equipo detrás de ti como Vaynerchuk, estarás pagando con tu tiempo, ya que harás todo el trabajo: haciendo fotografías, editando, publicando, monitorizando, etc. por tu cuenta.

Una de las razones por las cuales elegí plantear hipótesis, probar y pivotar fue porque no disponía de un equipo completo. Alcancé el millón de seguidores con un apoyo mínimo. Había un coste asociado al gasto en medios, pero independientemente del camino que sigas, hay un coste, ya sea en forma de tiempo, dedicación, dinero o una combinación de los tres. Debes invertir para ganar seguidores y para hacer crecer tu marca en las plataformas sociales. Mi estrategia simplemente resulta ser una de las más rápidas y requiere del menor número de personas. Por supuesto, eso no quita que tengas que seguir trabajando una vez que hayas asentado tus seguidores. No se trata de llegar al millón de fans y ya está. De hecho, tienes que implicarte con este público, o perderás tu credibilidad.

¿Cuánto dinero debo invertir?

Mi amigo y antiguo colega David Oh, director ejecutivo de producto y director de crecimiento de FabFitFun, explica que mucha gente cree que los medios o redes en los que los anunciantes pagan por la publicación de sus anuncios son un tanto irrelevantes. Cree que cuando rechazamos la importancia de estos medios o redes en los que los anunciantes pagan por la publicación de sus anuncios, rechazamos la importancia de los consumidores: un concepto que considera deshumanizador. No sabe cómo la gente puede esperar llegar a su público sin algún tipo de publicidad.

La clave para hacer que la publicidad resulte ventajosa, comparte Oh, es ser consciente de cuánto gastas en ella y qué resultados económicos obtendrás. Fijarte en el retorno o rendimiento de la inversión (RI) es lo más fundamental e importante que la gente olvida al hablar de marketing, negocios y publicidad. ¿Cuánto dinero gastaste y cuánto dinero obtuviste con esa inversión? Ésa es la única pregunta relevante que formular. Y a veces, lo que obtienes no es un resultado monetario: puede que se trate de la credibilidad y el impulso que puede proporcionarte tener un gran número de seguidores y una gran implicación en las redes sociales. El RI puede llegar en forma de conseguir un programa de televisión, un papel en una película, un contrato de modelo, un trato discográfico o un inversor para tu empresa emergente. Pero debes preguntarte cuántos de esos contactos valen la pena para ti. ¿Cuál es el resultado que estás buscando?, y ¿qué cantidad de dinero o tiempo estás dispuesto a dedicar para obtener esos resultados? Éstas son alguna cosas de las que hemos hablado en la sección sobre la mentalidad o actitud anteriormente en este libro.

Uno de los productores cinematográficos, ejecutivo de medios de comunicación e inversores más exitosos de Hollywood, Jon Jashni, respalda lo que Sophie Turner declaraba en la introducción, y explica que los estudios prestan atención al nivel de seguimiento en las redes sociales y de implicación en las mismas de los actores concretos cuando se toman decisiones relativas a dar papeles. Para los estudios es mucho más barato llegar a más personas cuando los actores han hecho crecer su presencia en las redes sociales. Esto es especialmente cierto en el caso de los castings para la televisión, ya que ésta tiene un ritmo más rápido y requiere de más ruido y apremio para hacerse notar. Jashni afirma: «Si el atractivo relativo y las destrezas de un actor son iguales, lo que decantará la balanza al tomar la decisión será su grado de influencia en las redes sociales».

En la actualidad esto es así en muchos sectores. Piensa en cuánto valor te proporcionarán tus cifras en las redes sociales y elucubra una cantidad económica a partir de ello. Por supuesto, mi objetivo con cualquiera con quien trabaje es gastar la menor cantidad de dinero posible para conseguir los máximos resultados. Incluso al trabajar con clientes de alto nivel, como Katie Couric, gasto lo mínimo posible. David Oh añade que, generalmente, los especialistas en marketing deberían intentar conseguir como mínimo un RI del 100 % si sólo están hablando de los costes para obtener los ingresos y los ingresos procedentes de los costes publicitarios (pero date un período de tiempo razonable para recuperarlo).

Si estás buscando conseguir un millón de seguidores en menos de treinta días, la cantidad que gastarás dependerá de distintas variables, incluyendo el mercado que estés buscando, qué parte del mundo quieras alcanzar y lo eficaces que sean tus contenidos para hacer que alguien siga tu página. Si estás creando una empresa o una marca global, las rentabilidades para acercarte al público de mercados emergentes serán más baratas. En los Estados Unidos y el Reino Unido he podido generar seguidores por tan sólo seis o siete centavos de dólar (quiero subrayar que los costes fluctúan constantemente basándonos en la demanda en la subasta de publicidad de Facebook). En los mercados emergentes como la India, con unos contenidos entre medios y buenos, frecuentemente puedes conseguir un seguidor por un centavo o incluso menos.

Nos ocuparemos de este asunto en profundidad en el capítulo ocho («Hazte global»), pero ahora me gustaría dirigirme a aquellos de vosotros que os mostréis escépticos sobre los beneficios de generar seguidores en mercados emergentes o que hayáis oído a la gente decir: «Los fans de la India son falsos». Los fans de países extranjeros son personas reales. La India, por ejemplo, tiene la segunda mayor población del mundo, con 1300 millones de humanos reales y vivos. Algunos de los inversores más inteligentes del mundo y empresas como IKEA, Netflix, MTV, Coca-Cola y PepsiCo están invirtiendo fuertemente en el mercado indio. Facebook acaba de anunciar que su mayor base de usuarios se encuentra en la India, con 280 millones de usuarios,[4] y estas empresas también se han centrado en el crecimiento en países como Malasia, Turquía y Arabia Saudita. Cuando los mayores inversores del mundo están prestando atención a mercados extranjeros, serías un necio si los ignoraras.

---

4. «Leading countries based on Facebook audience size as of April 2020», Statista, www. statista.com/statistics/268136/top-15-countries-based-on-number-of-facebook-users/

También debes tener en cuenta la calidad de tus contenidos. Cuanto mejores sean, mejor será el RI. Si tienes unos contenidos geniales y puedes beneficiarte de una audiencia a nivel global, hemos visto cómo por tan sólo 10 000 dólares se conseguía un millón de seguidores en menos de un mes (incluso tan rápidamente como en una semana si lo haces bien) usando este sistema. Tal y como he mencionado anteriormente, esta cifra puede fluctuar enormemente basándonos en la eficacia de tus contenidos y los costes constantemente cambiantes en las subastas de publicidad. También podrías asumir un enfoque híbrido: emplear las estrategias de este capítulo para generar entre un cuarto y medio millón de seguidores rápidamente y luego aprovechar la información que aparece más adelante en el libro, como la formación de alianzas estratégicas que aparece en el capítulo siete, para así conseguir los restantes seguidores de forma natural.

También quiero hacer hincapié en que a lo largo de este libro aparecen muchas estrategias que se centran únicamente en el crecimiento natural. No te sientas presionado a gastar dinero para alcanzar el éxito en las plataformas sociales. El enfoque de los medios o redes en los que los anunciantes pagan por la publicación de sus anuncios del que estoy hablando supone, simplemente, una forma que funcionará cada vez de modo predecible y rápidamente.

En cualquier caso, es necesaria una cierta inversión económica con esta estrategia concreta. Puede que te parezca mucho dinero, pero si me acercara a ti y te dijera: «Tu sueño será más accesible por 10 000 dólares», ¿valdría la pena para ti? ¿Cuánto vale para ti un trato para una película, un contrato como modelo o un acuerdo discográfico? Piensa en cuánto puedes invertir, dónde estás intentando llegar y qué necesitas: quizás ni siquiera necesites el millón de seguidores para ganar más credibilidad. Puede que 500 000 o 100 000, o incluso tan sólo 10 000 seguidores adicionales resulten suficientes. Independientemente de cuál sea tu objetivo, este sistema puede, sin duda alguna, ayudarte a alcanzarlo.

Erick Brownstein, presidente y director ejecutivo de estrategia de Shareability, coincide en que, independientemente de lo buenos que sean tus contenidos, es esencial amplificarlos con medios o redes en los que los anunciantes pagan por la publicación de sus anuncios. Brownstein dice que la esperanza es una mala estrategia. No importa lo compartible que sea una pieza de contenido: debes emplear un empujón de pago. Hay demasiado ruido y desorden ahí afuera. Debes potenciar tus publicaciones y pagar para hacerlas despegar. El equipo de Brownstein trabaja sobre la afirmación de que «los medios o redes eficientes en los que los anunciantes pagan por la publicación de sus anuncios son la nueva forma natural de ganar seguidores de forma natural». Usar realmente bien los medios o redes en los que los anunciantes pagan por la publicación de sus anuncios es la clave. Llegarás lejos si eres inteligente y consigues tus seguidores por una fracción de la cantidad que los demás gastan.

Reduciendo el coste de adquisición de seguidores

Cualquiera puede usar una página como la de los anuncios para que cliquen «me gusta» a tu página en la plataforma publicitaria de Facebook, pero el verdadero truco consiste en reducir el coste de adquisición de seguidores al mínimo posible. Para conseguirlo, debes dar con el contenido adecuado que encaje con el público al que quieres llegar y que le haga clicar el botón de «me gusta» o de «compartir». Debes provocar su motivación o dejarle intrigado dando con contenidos que conecten con él.

Existe la idea equivocada de que cuando empleas la plataforma de anuncios estás, simplemente, comprando «me gusta» o seguidores, pero esto no es verdad. Estás pagando a Facebook por la oportunidad de colocar una pieza de contenido delante de la gente. Entonces, esas personas tienen que decidir tomar parte en ello y dar un «me gusta» al contenido, cosa que no puedes forzarles a hacer. Es como pagar por un espacio publicitario en un periódico o revista. Puedes pagar por el anuncio, pero eso no significa que la gente vaya a llamarte o a entrar en tu negocio.

Cuando tienes un gran contenido, los algoritmos de Facebook captan el hecho de que la gente conecta con tu pieza de material publicitario, lo que te permite gastar menos. El sistema de publicidad de Facebook funciona como una subasta. Si tu contenido es realmente bueno y la gente está respondiendo, Facebook seguirá mostrando tu anuncio y te permitirá que lo muestres por menos dinero en la subasta. Por otro lado, si tu pieza de contenido está funcionando de forma pobre, Facebook te permitirá seguir mostrando el anuncio, pero el coste será extremadamente alto porque el contenido no es tan valioso para la plataforma y sus usuarios. Ésta es la forma que tiene Facebook de controlar el sistema y de asegurarse de que hay contenido valioso en el ecosistema.

Si a la gente le gusta, o comenta o comparte tus publicaciones, esto les proporcionará una mayor visibilidad y te permitirá gastar menos para anunciar tu contenido. Este concepto no es nada revolucionario y puede compararse a procesos que se dieron fuera de Internet antes de la era digital.

Cuando los Beatles empezaron, tocaban en recintos de todo el Reino Unido y Europa. Frecuentemente tenían que pagar para ir a esos locales, y al principio financiaron sus propias giras. Si no hubiesen tocado bien o a la gente no le hubiese gustado su música, no habrían conseguido un buen retorno de su inversión; pero como hicieron un buen trabajo (o un *gran* trabajo, de acuerdo con los estándares de la mayoría de los melómanos), su éxito se expandió. Consiguieron más y más fans porque el boca a boca difundió el mensaje de su música. La misma idea se aplica a lo digital: si tu contenido no es bueno, no se expandirá; y si lo es, lo hará, siempre que la gente disponga de la oportunidad de responder a dicho contenido.

Así pues, ¿cómo sabes si tu contenido es lo suficientemente bueno y está conectando con el público? Fíjate en las estadísticas. Si la gente comparte y le gusta tu contenido, te encontrarás en una buena posición. Y ten siempre presente a tu amigo el RI: si no es bueno, deberás pivotar. Toma los datos de la plataforma publicitaria y aprovéchalos para comprender qué será necesario para hacer que la gente te siga. ¿Qué contenido está compartiendo la gente? ¿Está la gente clicando para acceder a tu blog? ¿Qué hace falta para hacer que alguien compre una entrada o haga una transacción de cualquier tipo? Descubre el sistema que funcione mejor en tu caso.

Aplicaciones prácticas

Aquí tenemos algunos consejos prácticos sobre cómo poner en marcha tus anuncios en Facebook, ya que estos anuncios son la clave para hacer que la gente se dirija hacia tu página:

Cíñete al importe de la subasta de Facebook

La plataforma de anuncios de Facebook sugiere la cantidad que deberías gastarte en tus anuncios. Dependiendo del módulo de anuncios, suele oscilar entre 11 y 25 dólares. Normalmente me ciño al importe de esa oferta. No me desvió de él, y si lo hago, siempre gasto menos. *Nunca gastes más de la cantidad sugerida.* Cuanto más incrementes tu puja diaria, mayores serán tus costes en la subasta. Quiero señalar que esta metodología del presupuesto es la que empleo cuando quiero impulsar la viralidad o el número de seguidores. Cuando estamos ejecutando anuncios de respuesta directa para impulsar referencias de clientes potenciales, conversiones y/o ventas, incrementamos el presupuesto una vez que encontramos un conjunto de anuncios (un grupo de anuncios que comparten configuraciones tocantes al cómo, cuándo y dónde ejecutarlos) o una campaña ganadores. Sé que esto puede resultar un tanto confuso, pero has de saber que distintos objetivos dictan unos distintos enfoques de compra de medios.

El enfoque del que estamos hablando ahora en esta sección es específico de la generación de viralidad y del crecimiento de seguidores de la página, así que ésta es la estrategia para la subasta que encaja con ese resultado deseado.

Un error frecuente que veo cometer a la gente al publicar anuncios con el fin de conseguir viralidad o seguidores es el de incrementar el importe de la puja en la subasta en medio de una campaña. Puede que empiecen con un anuncio que se publique por 25 dólares diarios y que funcione bien. La persona se emociona porque ve que está funcionando, por lo que quiere avivarlo y lleva la puja de los 25 a los 100 o los 500 dólares diarios. El problema consiste en que cuando alguien hace esto, Facebook reajusta el precio en la subasta. Puede que la gente estuviera obteniendo un centavo por cada «me gusta» en una página, pero al aumentar el gasto para su anuncio de 25 a 100 dólares, esto se reajusta, y los costes aumentarán y se verán inflados.

Aquí tenemos lo que recomiendo: cuando un módulo de anuncios esté funcionando bien, duplícalo y crea uno nuevo. Crea un conjunto adicional de anuncios con el coste original de 25 dólares y encuentra una nueva pieza de material publicitario u otro nivel de interés para ayudar a que el anuncio llegue a más gente. Modificar estas variables te permitirá crear nuevas variaciones que probar y con las que crecer.

Facebook introdujo la optimización del presupuesto para una campaña, en la que tú marcas un presupuesto para toda la campaña y luego Facebook autooptimiza cuánto de tu presupuesto se dedica a cada módulo de anuncios, lo que no te permite controlarlo al nivel del módulo de anuncios. En el momento de escribir esto, mi equipo y yo hemos visto que esto no genera el mismo nivel de rendimiento como cuando nosotros controlamos el presupuesto de la campaña mediante nuestra propia optimización de los módulos de anuncios. Facebook ha avanzado y retrocedido con respecto a si acabará forzando a la gente a usar la característica de la optimización del presupuesto para una campaña en el futuro. En el momento de escribir esto, Facebook ha dicho que no forzará esta opción, pero ya veremos qué nos trae el futuro.

Asegúrate de apuntarte a mi lista de correo en www.brendanjkane.com y visita mi blog para obtener actualizaciones futuras en www.brendanjkane.com/bkblog

Separa cada nivel de interés

Es realmente importante separar cada «interés» al crear el módulo de anuncios. No crees un anuncio amontonando todos los intereses juntos. Por ejemplo, si eres un orador motivacional, no incluyas «felicidad», «depresión», «autoayuda», «motivación», «inspirador» y términos similares en el mismo módulo de anuncios. Crea un anuncio distinto para cada uno de esos intereses. Deberías hacer esto por dos razones: en primer lugar, amontonar todos los intereses juntos no te permitirá aprender. Si todos los intereses se enumeran en el mismo anuncio, no sabrás qué interés concreto está impulsando el rendimiento. En segundo lugar, separar los intereses te permitirá maximizar el alcance de tu material publicitario. Si tienes diez intereses y están todos amontonados en uno, no podrás crear múltiples duplicados del anuncio. Sin embargo, si tomas la misma pieza de material publicitario y creas un anuncio distinto para cada uno de estos diez intereses, dispondrás de diez anuncios mostrándose por 25 dólares, lo que totaliza 250 dólares. Hacer esto te permite regular todavía más tu presupuesto diario sin que esto tenga un impacto en tu coste en la subasta. Una vez más, ésta es la estrategia que empleamos específicamente para impulsar la viralidad y el aumento en el número de seguidores. Cuando estamos concentrados en impulsar transacciones y ventas, dedicamos más dinero a un módulo de anuncios si se encuentra dentro de nuestro indicador clave de rendimiento (ICR).

¿Qué tipo de contenido?

Me hacen esta pregunta todo el tiempo. ¿Qué tipo de contenidos debería crear? La primera vez que llevé a cabo este experimento, empleé muchas imágenes con citas porque es una forma rápida y eficaz de crear contenido. Es fácil encontrar y crear citas que encajen con tu marca o tu mensaje. Los vídeos de alta calidad son más difíciles de crear, pero si *puedes* crearlos, tienen un mejor rendimiento. Aquí es donde mi estrategia ha pasado recientemente a ser primero el vídeo. Crear un equipo interno que ha generado más de 40 000 millones de visualizaciones ha ayudado enormemente a impulsar el crecimiento para nuestras marcas y nuestros clientes.

Pero si estás empezando, te recomiendo que comiences con imágenes y que luego vayas progresando hasta llegar a los vídeos. Para averiguar qué imágenes y citas funcionan mejor, deberás zambullirte y probar cada variable imaginable. Toma una imagen y prueba cinco citas distintas con ella. También puedes tomar una cita y probar cinco imágenes distintas con ella. Un apunte importante sobre probar con las citas (especialmente aquellas que aparecen en una imagen) es que a la plataforma publicitaria de Facebook no le gusta cuando la relación entre texto e imagen de una pieza de contenido es de más del 25 %. Esto no significa que no debieras probar contenido con texto en una imagen o vídeo: simplemente trata de diseñarlo de modo que el texto aparezca en menos del 25 % de la pieza de material publicitario. Dicho esto, a veces puedes hacer que te aprueben imágenes con más del 25 % de texto, y en otras ocasiones algunos contenidos con menos de este 25 % serán rechazados. Siempre que rechazan una de mis publicaciones, envío un comentario para apelar esa decisión.

Debes dar con la mejor forma de expresar tu mensaje de modo que no se trate de una experiencia pasiva para tu público. Genera contenido que la gente mire y diga: «Me gusta eso, voy a compartirlo», o «Voy a clicar el botón de "Seguir" porque me gusta lo que esta marca representa». Mi equipo y yo llevamos a cabo, continuamente, un análisis competitivo para determinar qué tipo de contenido deberíamos crear.

El poder de la segmentación y de las publicaciones oscuras

Antes de cubrir la segmentación en mayor profundidad en el siguiente capítulo, vas a necesitar comprender un aspecto importante de la plataforma de anuncios de Facebook. Cuando publicas un anuncio en Facebook e Instagram, se considera una «publicación oscura» (un anuncio al estilo de un servicio de noticias que no se publica en tu cronología ni en los canales de noticias de tus seguidores de forma natural).

Una publicación oscura es vista por el público que seleccionas en la plataforma de anuncios, que se basa en el sexo, los intereses, la edad y otros atributos que escojas. Esto es bueno porque te permite probar contenidos sin bombardear a tu público. De esa forma consigues aprender lo que funciona sin molestar a tus seguidores. No querrás subir cincuenta variantes distintas del mismo material publicitario a tu sección principal de noticias, ya que parecería que estás enviando correo basura al sistema.

Sin embargo, las publicaciones oscuras no excluyen de forma automática a todos tus seguidores. Aquí tenemos un ejemplo que muestra lo que quiero decir. Llevé a cabo una prueba para el patrocinio de la Universidad de California en Los Ángeles (UCLA) por parte de Under Armour (una empresa que fabrica calzado, además de ropa de deporte e informal). Analicé el material publicitario en las redes sociales dirigiéndonos a los seguidores de «SportsCenter», «Fox Sports», «UCLA» y «fútbol americano UCLA». Si alguien seguía a «Under Armour» y también seguía a «SportsCenter», podía ver los anuncios de las publicaciones oscuras. Si no quieres que suceda eso, tienes la opción de excluir a los seguidores de Under Amour o de cualquier cuenta de cualquier marca desde la que estés publicando el anuncio.

Facebook te proporciona el control, y ése es el poder de esta plataforma. Mucha gente simplemente incrementa las publicaciones dirigidas a sus seguidores, pero eso no te enseña nada cuando estás intentando atraer a nuevos seguidores y hacer crecer a tu marca. Usa Facebook como una herramienta de investigación de mercados. Es ahí donde puedes obtener un gran valor y aprender qué hace falta para hacer que la gente te siga, se involucre y comparta tu marca.

También recomiendo que, cuando estés empezando, te dirijas al rango de edades y países más amplio posible, de modo que puedas permitir a la plataforma de Facebook que te oriente. Puedes fijarte en las estadísticas y ver qué público está proporcionando los mejores resultados. Luego, en pruebas posteriores, podrás concentrarte más específicamente en lo que veas que esté funcionando. Empieza a lo ancho y ve estrechando tu foco.

Realiza los lanzamientos a medianoche

Suelo lanzar mis anuncios a medianoche porque eso proporciona al contenido veinticuatro horas completas para probarlo. A veces, las subastas están llenas de errores, y lanzar anuncios más adelante a lo largo del día hace que Facebook intente completar la lista demasiado rápidamente, lo que no te proporcionará los costes más económicos en la subasta. Estoy seguro, llegados a este punto, de que Facebook ha solucionado estos problemas, pero soy un animal de costumbres y, por lo tanto, continúo siguiendo esta directriz, ya que sigue demostrando generar los mejores resultados para mis clientes. Así pues, crea el anuncio cuando quieras, pero programa que se publique a medianoche.

Puede que estés pensando: «¿Qué pasa con mi público? ¿No está durmiendo a esta hora?». Lo cierto es que hay más de 2 000 millones de personas en la plataforma de Facebook, por lo que siempre hay alguien despierto y usando Facebook. Si se da el caso improbable de que nadie vea tu anuncio, Facebook sencillamente no publicará tu contenido hasta que la gente se registre. No se te cobrará nada hasta que alguien vea tus anuncios.

Lanzando tu contenido a medianoche, estarás ejecutando el anuncio inmediatamente durante siete u ocho horas, dependiendo de cuánto duermas. No soy un noctámbulo, por lo que personalmente verifico mis resultados por la mañana, pero si te quedas despierto, podrías comprobarlo a lo largo de las primeras horas y empezar a optimizar tus campañas.

Es decisión tuya: no es en absoluto necesario que estés despierto hasta tarde o que sacrifiques tus horas de sueño para alcanzar el éxito.

Nunca he visto que un anuncio incrementara el rendimiento (independientemente de si estoy empleando los «me gusta» en una página, las visualizaciones de un vídeo o los objetivos de tráfico de un portal web) en más de un 30 % después de algunas horas. Eso significa que si un «me gusta» en tu página te cuesta 50 centavos, no vas a reducir eso de repente a 1 centavo, o ni siquiera a 10 centavos. Podrías bajar de 50 a 30 centavos, y eso podría valer la pena. Por mi experiencia, si el material publicitario no es bien acogido de inmediato por el público, no sucederá. Mi consejo sería que desconectases ese anuncio y procedieses con otro. Dicho esto, cuando nos centramos en impulsar las ventas y los ingresos y empleamos los objetivos del coste por referencia de clientes potenciales, la conversión y la relación entre las referencias de clientes potenciales y el valor, hemos logrado el éxito dejando que un módulo o campaña de anuncios se ejecutara durante algunos días. Cuando lo hacemos, el rendimiento suele mejorar, ya que Facebook busca el público adecuado que es más probable que adquiera tu producto o servicio. Nunca sabrás qué es lo que mejor funciona hasta que lo pruebes, así que pruébalo todo por ti mismo y fíjate en qué casos estás consiguiendo los mejores resultados.

Analizando las estadísticas

Cuando ejecuto anuncios para que la gente clique «me gusta» en una página, mi norma es que esto no debería costar más de 20 centavos por cada «me gusta» (el precio más bajo que he conseguido es de 5 centavos) en los Estados Unidos, y no más de 2 centavos a nivel mundial (el precio más bajo que he generado ha sido de 0,004 dólares). Pero ése es mi patrón personal y el nivel de rendimiento que intento conseguir. Te recomiendo que te marques tu propio umbral. Algunas personas quizás no alcancen ese rendimiento basado en la calidad de sus contenidos, y puede que otras personas lo hagan mejor. Prueba y fíjate en qué es lo que funciona. Recuerda que los costes en la subasta están fluctuando constantemente basándose en la época del año y el número de anunciantes en la plataforma, por lo que los precios que hemos listado variarán a lo largo del tiempo.

Si estás usando la estrategia de hacer que el contenido se viralice, mi norma es que si tu coste por compartición (CPC) es de 50 centavos, lo estás haciendo bien (cualquier precio por encima de ése será una señal de que tu contenido no está siendo bien recibido por tu público principal). Cualquier CPC inferior a 30 centavos significa que tienes un contenido genial, y un CPC de 10 centavos supone un estatus propio de una estrella del rock. Facebook solía calcular tu CPC por ti en su plataforma de Administración de Anuncios, pero ahora eres tú quien tiene que calcularlo manualmente dividiendo la cantidad gastada entre el número de comparticiones generadas.

✔ Para obtener más información sobre los aspectos básicos del Administrador de Anuncios de Facebook, visita www.onemilionfollowers.com/beyond

Fíjate siempre en cómo puedes mejorar tu rendimiento. Un error que suelo ver que comete la gente es que piensa: «¡Vaya! Me está saliendo un resultado de 30 centavos por compartición. Imagino que eso es lo que tengo que pagar». En lugar de conformarte con ese precio, intenta reducir el coste e incrementar el rendimiento tanto como sea posible. No seas perezoso y ve un paso más allá.

Otra forma de incrementar tu viralidad en Facebook

Otra estrategia con la que hemos alcanzado el éxito para generar seguidores y hacer que el contenido se haga viral en Facebook consiste en hacer que páginas importantes (aquéllas con millones de seguidores) compartan nuestro contenido con su público. Hacer que páginas importantes compartan tu contenido consigue un par de cosas:

1. Expone tu contenido a un público nuevo (el público de la página que lo comparte) , lo que impulsa un mayor alcance y más oportunidades para hacer que la gente comparta tus contenidos y siga tu página.

2. Activa el algoritmo de que páginas importantes están compartiendo tus contenidos, lo que hace aumentar la confianza del algoritmo, incrementando la probabilidad de que proporcione un alcance incluso mayor a los contenidos (más allá de los seguidores de la página que lo ha compartido).

Esta estrategia sólo funciona si tus contenidos son eficaces. El simple hecho de que tu página tenga más comparticiones no garantiza el éxito de tus contenidos: éstos tienen que tener un buen rendimiento (por ejemplo, fomentar las visualizaciones y/o una implicación alta) una vez que se hayan compartido. Si tus contenidos son sintonizados, entonces esta estrategia puede ser enormemente exitosa para ti. Prácticamente todas las páginas importantes de Facebook han hecho que otras páginas grandes compartan sus contenidos.

Hay dos formas principales de hacer que una página importante comparta tus contenidos:

1. Puedes establecer una asociación estratégica de compartición por compartición, lo que significa que acuerdas compartir sus contenidos si ellas comparten los tuyos. Así es como, normalmente, crecen la mayoría de las páginas de Facebook y se apoyan entre ellas. No hay una tarifa implicada, sino simplemente un trato directo. Dicho esto, deberás tener un público numeroso para motivar que otras páginas grandes se asocien contigo. Aquí es donde el uso de los sistemas comentados en este capítulo puede ayudarte a hacer despegar tu seguimiento para luego hacerte entrar en las asociaciones de compartición por compartición.

2. Que pagues una tasa por publicidad para que estas páginas importantes compartan contenidos por ti.

Con independencia de la dirección que tomes, es mejor tener a múltiples páginas importantes que compartan tus contenidos al mismo tiempo. El mero hecho de que simplemente una página importante comparta tus contenidos por lo general no será suficiente para hacer que la balanza se decante. El hecho de que múltiples páginas compartan tus contenidos al mismo tiempo hará que el algoritmo preste a tus contenidos más atención que si sólo fuese compartido por una página. Esta estrategia se desglosa con mayor detalle aquí: www.rapidaudiencegrowth.com

Prueba y aprende

El aspecto más vital de este sistema es el *aprendizaje*. Debes comprender por qué algo funciona o por qué no. De otro modo, no estarás aumentando tus conocimientos. Si no piensas en ello, podrías acabar probando miles de variaciones y no generando el rendimiento que deseas. No pierdas el tiempo. Analiza los datos y aprende. Todas estas pruebas y el aprendizaje son extremadamente valiosas para desarrollar la estrategia de tus contenidos a corto y a largo plazo que impulsará tu crecimiento orgánico.

Si lo haces así, seguramente te verás recompensado. Una vez que empieces a sacarle el jugo al conocimiento obtenido a partir de las pruebas, tu crecimiento real con la gente que comparta tus contenidos se volverá exponencial. Julius Dein, un mago y emprendedor en las redes sociales, que consiguió más de 15 millones de seguidores en 15 meses, es un testimonio de este hecho. Dein dice:

«Tienes que ir ascendiendo por el escalafón. Lleva algo de tiempo alcanzar el segundo y el tercer peldaño, pero luego el incremento es rápido. Cuando alcancé el millón de "me gusta", sentí algo así como: "¡Maldita sea! ¡Me ha llevado tanto tiempo lograr ese millón!". Entonces alcancé los dos millones en cuestión de semanas. Y pasó lo mismo en Instagram. Alcancé mi primer millón hace sólo dos meses y ahora casi tengo tres millones. Te apuesto que alcanzar los cuatro, cinco y seis millones será incluso más rápido».

Hacer aumentar tu seguimiento lleva tiempo, esfuerzo y dinero, pero piensa en esos RI. Piensa en la validación y la credibilidad que conseguirás. Ten esto presente con cada creación y cada duplicación de un módulo de anuncios: te encontrarás un paso más cerca de incrementar tu público y alcanzar tus sueños.

Consejos rápidos y resumen

- El contenido es el factor más crucial en lo referente a crecer y a implicar a un gran público online.
- Hay dos formas en las que puedes usar la plataforma de anuncios de Facebook para generar seguimiento: (1) Haz que una pieza de contenido se viralice para conseguir un conocimiento masivo, o (2) emplea un módulo publicitario para conseguir «me gusta» en tu página y captar así a gente para que siga tu página.
- No tienes que reinventar la rueda: mira a tu alrededor y toma prestadas ideas de lo que funciona para otras personas.
- Generar público requiere de una inversión en forma de tiempo y/o dinero.
- Este sistema no te permite comprar seguidores. Te permite pagar a Facebook por la oportunidad de colocar una pieza de contenido frente a la gente.
- Para reducir los costes, cíñete a la cantidad sugerida por Facebook para las pujas. Gasta sólo más duplicando el módulo de anuncios con un interés o un material publicitario distintos.
- Piensa siempre en tu RI y trabaja hacia atrás. Si un anuncio no satisface tus objetivos, retíralo.

CAPÍTULO 4

CAPTA A TU PÚBLICO

La segmentación puede hacer que un negocio triunfe o se hunda. Muchos productos y marcas son capaces de llegar a un gran público, pero conocer los matices sobre quién se implicará realmente con tu producto o marca es lo que verdaderamente ayuda a generar un importante seguimiento duradero y una base de clientes valiosa. Para crecer con rapidez, deberás encontrar a la gente que no sólo comparta tus mensajes por ti, sino que además compre tus productos. Tal y como comentaremos más adelante en este capítulo, hay distintas estrategias para seleccionar a tus clientes y técnicas para los objetivos concretos. Además, llegar al público adecuado te ahorrará tiempo, dinero y energía.

Digamos que estás vendiendo pantalones de yoga para mujeres. No tendría sentido que te dirigieras a los hombres, ya que no son los que necesitarán o usarán el producto (a no ser que te dirijas a ellos durante unas fechas concretas y promociones los pantalones como idea para hacer un regalo). Por otra parte, puede que estés vendiendo camisetas del equipo de futbol americano New England Partiots para la Super Bowl: no querrías dirigirte a los aficionados de los Philadelphia Eagles justo después de que perdieran la Super Bowl de 2019, ¿verdad? Sería un desperdicio de tus recursos. O imagina que vives en una localidad en la que todos son veganos: no abrirías un restaurante especializado en carnes, ya que tu negocio no sobreviviría.

Dirigirte a la gente adecuada permite que tu negocio prospere, y si sabes exactamente quién es tu público objetivo, Internet (y las redes sociales en particular) ha hecho que sea más fácil que nunca captar el *feedback* de los consumidores. Las empresas de ropa, como Zara, se basan completamente en las sugerencias de sus clientes para afinar sus diseños: las oficinas centrales leen miles de comentarios de compradores y usan ese *feedback* para crear la siguiente línea de ropa. Se trata de un enfoque con respecto a la moda exprés generado por los usuarios, y afirman que se trata de una de las claves de su éxito.[1] Ésta también es parte de la razón por la cual Zara domina el mercado de la moda: es difícil para otras marcas estar a la altura de ese nivel de atención al *feedback* del mercado objetivo.

Vuélvete específico

Vivimos en la era de la información, lo que hace que la segmentación muy específica y precisa sea más importante que nunca, y hay mucha competencia. Con la multitud de productos, mensajes y contenido, la gente tiene un número increíble de opciones. Los consumidores y los seguidores se han vuelto mucho más específicos en cuanto a sus intereses, y hay multitud de grupos de público especializados. Emplea a tu favor esta información.

Si pudieras llevar una máquina del tiempo a la década de 1970 y parar a diez personas en la calle para preguntarles por sus diez canciones favoritas, la mayoría de esa gente coincidiría en alrededor de cinco o seis canciones. La gente tenía unas opciones musicales limitadas entonces, porque se producía menos música y había menos canales de distribución para esa música (es decir, sólo estaban la radio y la televisión).

Si llevaras a cabo la misma encuesta en la actualidad, las respuestas no coincidirían tanto de ningún modo. Hay más canciones disponibles, más canales de distribución de música, incluyendo plataformas de autodistribución (p. ej., Facebook, iTunes y Spotify), y un acceso más directo a los propios artistas que nunca. El nivel de contenidos, información y productos en el mercado ha aumentado significativamente, fragmentando los intereses de la gente en forma de áreas especializadas concretas.

Esta verdad se aplica a muchos sectores. Fíjate, simplemente, en lo que le ha sucedido a la televisión desde la creación de los servicios de *streaming*

---

1. THOMPSON, D.: «Zara's big idea: What the world's top fashion retailer tells us about innovation», *Atlantic* (13 de noviembre de 2012), www.theatlantic.com/business/archive/2012/11/zaras-big-idea-what-the-worlds-top-fashion-retailer-tells-us-about-innovation/265126

como Netflix, Amazon Prime y Hulu. Hay más opciones y tipos de programas que nunca. Hay un público para casi cualquier género: simplemente necesitas saber cómo encontrarlo.

Con Facebook y otras herramientas de publicidad online, puedes dirigirte a públicos muy concretos para tu marca. Puedes, por ejemplo, dirigirte a graduados universitarios que vivan en Chicago (Illinois), que vivan en un cierto código postal, que tengan unos ingresos concretos en su hogar, que estén casados y a los que les encanten los perros. Antes de Internet, era mucho más difícil (por no decir imposible) llegar a un gran número de gente de un grupo tan específico. Emplear las características de Facebook para dirigirte a un público concreto genera una oportunidad para averiguar exactamente quién comparará tu producto y para diseñar tu contenido y tu estrategia de forma específica para satisfacer sus necesidades, lo que a su vez te permitirá ser más rentable e incrementar tu beneficio.

Personalmente, me beneficié de la plataforma publicitaria de Facebook usándola para dirigirme a sectores de público concretos para que me ayudaran a escoger el título y la portada de este libro. Mi equipo puso a prueba el trabajo artístico del material publicitario con distintos grupos de público que nos mostraron no sólo qué portada del libro funcionaba mejor (llegando hasta el color concreto), sino también qué tipo de público lo acogía mejor. Probamos la portada de este libro con «emprendedores», «pequeños empresarios» y «gente que lee publicaciones como *TechCrunch*, *Wired* y *Fast Company*». Esta información nos ayudó a comprender quién estaría más interesado en el libro y qué mensajes de marketing les resultarían más atractivos.

Lista de verificación sobre el público al que te diriges

Ésta es una lista de verificación muy amplia que no cubrirá necesariamente todas tus metas concretas sobre el público al que dirigirte, pero que te ayudará a empezar a desglosar a tu público objetivo si estás empezando de cero. Para llegar a la gente adecuada, debes tener una imagen de ella en tu mente.

Empieza anotando toda la información que conozcas sobre tu producto o marca. Piensa en para quién es más accesible o útil. Una vez que hayas compilado una lista o algunos párrafos, hazte las siguientes preguntas:

1. ¿Cuál es el **SEXO** de mi público objetivo? ¿Me estoy dirigiendo a hombres, mujeres o a ambos?

2. ¿Cuál es la **EDAD** de mi público objetivo? ¿Me dirijo a adolescentes, adultos, treintañeros o a otro grupo de edad?

3. ¿Cuál es mi **OBJETIVO DE MARKETING DESEADO?** ¿Cuál es la acción que quiero que emprenda mi público? ¿Estoy intentando:
   a. incrementar el conocimiento de mi marca;
   b. vender un producto concreto;
   c. hacer que la gente se suscriba a mi lista de envío de e-mails;
   d. conseguir una mayor implicación en las publicaciones;
   e. dirigir el tráfico hacia un blog o página web;
   f. o tengo un objetivo de marketing distinto?

4. ¿Dónde se **ENCUENTRA** mi público? ¿Estoy dirigiéndome a gente de todo el mundo, de sólo los Estados Unidos o de otro país? (Quizás tengas un negocio local y quieras dirigirte a un código postal, ciudad o estado concreto. La ubicación de tu público depende enormemente de tus objetivos de marketing y de lo que estés intentando conseguir. Necesitas saber si estás vendiendo un producto directamente a la gente en una región concreta o si estás intentando incrementar el conocimiento de la marca y su credibilidad. Sin embargo, si trabajas en la industria del espectáculo o si estás intentando crear una marca global, ser conocido en todo el mundo puede resultar muy beneficioso. Puedes leer más sobre este asunto en el capítulo ocho, «Hazte global», para que te ayude a comprender cómo dirigirte a un público global podría ser beneficioso para incrementar la validación y credibilidad de tu marca).

5. ¿Qué **INTERESES** tiene la gente que compra mi producto o mi marca?
   a. ¿Qué tipo de música escuchan?
   b. ¿Qué deportes practican?
   c. ¿Qué marcas de moda usan?
   d. ¿En qué tiendas compran?
   e. ¿Cuál es su rutina durante un día normal?

f. ¿A qué eventos asisten?

g. ¿Cuáles son sus valores?

h. ¿Qué tipos de aficiones tienen?

i. ¿Cuáles son los nombres de los productos que usan?

j. ¿Qué tipo de coches conducen?

k. ¿Qué programas de televisión ven?

l. ¿Cuáles son sus películas favoritas?

ll. ¿A qué celebridades siguen?

m. ¿Qué otros intereses tienen?

6. ¿Qué información adicional sobre el **ESTILO DE VIDA** de mi público conozco?

a. ¿Están casados, son solteros o están divorciados?

b. ¿Qué nivel de estudios han completado?

c. ¿Cuál es su oficio?

d. ¿Cuáles son sus ingresos anuales?

e. ¿Qué necesidades tienen?

f. ¿Cómo puede hacer mi producto o marca que la vida del consumidor sea mejor o más fácil?

7. ¿Quiénes son mis **COMPETIDORES** más importantes y qué aspecto tienen sus seguidores con respecto a las preguntas de esta lista?

Responder a estas preguntas te ayudará a comprender a la gente a la que te diriges para tu prueba inicial, y en último término, te ayudará a conseguir nuevos clientes. Cuantas más cosas sepas sobre el tipo de gente que creas que estará interesada en tu producto, mejor.

Cuando empieces a probar las variables que has definido anteriormente, actúa como un científico loco. Prueba tantas combinaciones como sea posible. Separa distintas variables en pruebas independientes. Si vendieras pantalones de yoga para mujeres, tus pruebas podrían tener un aspecto parecido al siguiente:

• Prueba n.º 1: Franja de edad de los 18 a los 35 años; les gusta Lululemon (un minorista de ropa deportiva).

- Prueba n.º 2: Franja de edad de los 36 a los 50 años; les gusta Lululemon.
- Prueba n.º 3: Franja de edad de los 18 a los 35 años; les gusta Lululemon *y* tienen un grado universitario.
- Prueba n.º 4: Franja de edad de los 36 a los 50 años; les gusta Lululemon *y* tienen un grado universitario.
- Prueba n.º 5: Franja de edad de los 18 a los 50 años; les gusta el yoga.
- Prueba n.º 6: Franja de edad de los 18 a los 50 años; les gusta la meditación.
- Prueba n.º 7: Franja de edad de los 18 a los 50 años; les gusta el yoga *y* viven en Chicago.
- Prueba n.º 8: Franja de edad de los 18 a los 50 años; les gusta la meditación *y* viven en Chicago.

La lista anterior no es más que un ejemplo, pero puedes ver que el número de pruebas puede aumentar muy rápidamente. Intenta analizar siempre tantas variables como sea posible hasta que encuentres la respuesta que estés buscando. Sigue haciendo pruebas siempre para mejorar tus resultados.

✔ Para saber más sobre cómo desarrollar estas campañas de pruebas, visita www. onemillionfollowers.com/beyond

También deberás comprobar que tus suposiciones son correctas. Para ayudarte a asegurarte de que vas por el buen camino si todavía no dispones de una base de seguidores, David Oh, de FabFitFun, sugiere que salgas de Internet y que hables con tu público objetivo hipotético. Si crees que tu base de consumidores consiste en mujeres de entre 18 y 30 años, sal y habla con gente que pertenezca a ese sector demográfico. Fíjate en cómo se siente con respecto a tu mensaje, ideas y contenidos. Emplea a tus amigos, familiares y conocidos como recursos para que te ayuden a llevar a cabo la investigación de mercado.

Si ya dispones de una base de seguidores con gente que se implica con tu contenido y compra tus productos o servicios, hay formas adicionales de hacer investigaciones de mercado. Puedes extraer datos de las estadísticas de tus plataformas sociales (como Facebook Insights) o utilizar información de Google Analytics para saber quién está navegando en tu página web. También puedes analizar pedidos anteriores y llevar a cabo encuestas con tu base de seguidores y tus clientes ya existentes. Emplea cualquier estadística o dato sobre tu público para que te ayuden a determinar quién acogerá mejor tu contenido, tus productos y tu marca.

David Oh, por ejemplo, usa análisis de datos de su página web para comprender mejor el sector demográfico principal de los compradores de las cajas de suscripción de FabFitFun. Esta información le proporciona su edad, sexo, intereses por productos de belleza/moda y los nombres de las marcas que les gustan. Oh incluso encuesta a sus clientes con respecto a qué aspectos de sus productos les han gustado en cajas anteriores y qué productos desearían ver en el futuro. A continuación, aprovecha esta información para crear campañas de marketing más eficaces que han permitido que su empresa crezca.

Otro ejemplo de la aplicación de estas tácticas procede de la industria del cine. Cuando se hace una película, se prueba un primer corte del filme en proyecciones de estudios de mercado. El propósito de estos visionados de prueba es llevar al público objetivo ideal a un cine para proyectar la película antes de su estreno. Los productores y los estudios llevan a su público deseado al cine, hacen que vea la película y luego le dan unas planillas de anotaciones para que registren sus observaciones, sensaciones y opiniones sobre la película. Los productores y comercializadores del filme usan entonces esa información para comprender de verdad con qué gente conecta la película. Los datos de estas proyecciones de prueba se utilizan después para dirigir la estrategia de marketing/posicionamiento, además de para mejorar la película.

Un caso práctico de un estudio de mercado:
Florence Foster Jenkins

En una ocasión, mi equipo y yo llevamos a cabo una prueba de estudio de mercado para Paramount Pictures para la película de 2016 *Florence Foster Jenkins,* con Meryl Streep y Hugh Grant. Paramount quería analizar cómo posicionar la película para su público objetivo.

Si no la has visto, Streep interpreta al personaje principal, que quiere convertirse en cantante de ópera profesional antes de morir. A Paramount le estaba costando encontrar un eslogan para la película. Estaban considerando cinco opciones, entre las que se incluían: «Nunca se es demasiado viejo», «Sueña a lo grande» y «Toda voz importa»; pero necesitaban datos y análisis para que les ayudaran a tomar la mejor decisión posible sobre el mensaje central que usarían para el marketing de la película.

Mi equipo probó variantes de los eslóganes con 561 756 personas (un 53 % de mujeres y un 47 % de hombres) en los Estados Unidos, cuyos intereses incluían «películas musicales», «películas biográficas» y «Meryl Streep», ya que era más probable que estas personas vieran la película. Lograr un público tan grande con un estudio de mercado tradicional o llevar a cabo estas pruebas en la televisión podría llevar varias semanas e implicar un presupuesto considerable. En lugar de ello, completamos las pruebas en 48 horas y por una fracción del coste, porque aprovechamos la plataforma de anuncios de Facebook como herramienta de estudio de mercado para segmentar todas estas pruebas y recopilar datos en tiempo real. Una vez que se completaron todas las pruebas, compilamos rápidamente los datos en forma de un extenso informe de 41 páginas para asegurarnos de ser todo lo minuciosos que fuera posible con respecto a los hallazgos; de esa forma, Paramount podría tomar la decisión más informada para su campaña.

Cuando entregamos el informe final, los ejecutivos de Paramount se quedaron un tanto sorprendidos por el nivel de detalle que habíamos generado en tan poco tiempo. Empezaron a darse cuenta de que disponían de una fuente de información nueva, rentable y rápida para ayudarles a tomar decisiones futuras sobre en qué mensajes invertir millones de dólares. Y esto fue posible debido a las pruebas y a llevar a cabo nuestro propio estudio de mercado improvisado con el público objetivo correcto.

Un enfoque distinto con respecto a la determinación de un objetivo: contacta con aquellos que comparten

Tal y como hemos comentado en este capítulo, determinar el sector demográfico exacto es una gran estrategia cuando el único objetivo es hacer que sus miembros lleven a cabo una llamada a la acción (LLAA) concreta: por ejemplo, clicar, comprar, registrarse. Pero hay otra estrategia de segmentación que me gusta usar que consiste en encontrar a los defensores que compartirán tu contenido y tu marca por ti. Si vendes zapatos de mujer y necesitas dirigirte a mujeres de entre 18 y 35 años con la LLAA para que compren unos zapatos concretos, entonces la determinación de tu objetivo es clara. Sin embargo, si puedes producir un gran contenido, escoge una segunda opción, que consiste en que la gente comparta tu mensaje a gran velocidad, permitiéndote generar un crecimiento obtenido gracias a tu contenido y, por lo tanto, reducir los costes de indicadores clave de rendimiento (ICR).

Para conseguir esto, deberías llevar a cabo una prueba para dirigir tus mensajes no sólo a aquellos que comprarán tu producto o a los que les gustará tu marca, sino también a la gente que es más probable que comparta tu contenido (que [¡sorpresa, sorpresa!] no siempre es tu mercado objetivo). Si estás pensando que esta estrategia de segmentación es casi totalmente lo contrario de lo que acabamos de bosquejar en la primera parte de este capítulo, es así. Hay múltiples enfoques y estrategias eficaces, algunos de los cuales pueden parecer opuestos; pero lo cierto es que lo que funciona para una persona o marca quizás no funcione para otra. Mi propósito consiste en proporcionarte las opciones más eficaces disponibles de modo que puedas analizar y escoger cuál es la que funciona mejor para ti y tus objetivos.

Si te está costando generar un contenido muy compartible, quizás quieras empezar usando el primer enfoque y volverte específico en cuanto a la determinación de tu objetivo. Si puedes generar un contenido muy compartible, intenta expandir tu alcance más allá del mercado objetivo obvio y fíjate en cuál es la respuesta. A veces, la gente a la que quieres llegar se consigue mejor a través de otras personas. Quizás tengas defensores de tu mensaje que no pertenezcan a tu mercado objetivo concreto pero que puedan llegar a tu mercado objetivo por ti.

Caso práctico: Chatbooks

Un gran ejemplo del hallazgo de defensores de tu mensaje fuera del mercado objetivo principal es un proyecto en el que trabajé con Chatbooks, el principal impresor de fotografías online del mundo, que tiene más de un millón de suscriptores. Chatbooks acudió a mí con una campaña de concienciación para el Día de la Madre con un vídeo emotivo sobre madres desde la perspectiva de niños pequeños. En el vídeo, niños de entre 4 y 8 años hablan de cómo sus madres son superheroínas. Es una sorprendente pieza de material publicitario que fue producida por Nate Morley, del que oirás hablar más adelante en este libro.

Chatbooks me dijo que quería «dirigirse a madres a partir de 45 años». Después de ver lo genial que era el material publicitario, supe que tenía un gran potencial para que la gente lo compartiera a una gran velocidad, por lo que les conminé a que me permitieran probar el contenido y a encontrar defensores de la marca para este vídeo. Cuando empecé con las pruebas, empleé un amplio espectro demográfico en términos de los intereses relacionados con su producto (p. ej., álbumes de recortes, fotografía, maternidad y paternidad). En las campañas de concienciación y de implicación, tiendo a empezar dirigiendo el mensaje tanto a hombres como a mujeres de entre 18 y 65 años (a no ser que se esté vendiendo un producto específico para un solo sexo, como ya he mencionado al principio del capítulo) y veo hacia dónde llevan los contenidos los algoritmos de Facebook durante las primeras horas de la campaña. Encuentro que esto es beneficioso porque los algoritmos de Facebook están evolucionando constantemente para ayudarte a descubrir tu público más implicado y te proporcionarán información útil. Si esta información está mostrando que tu contenido no está siendo bien acogido por un grupo demográfico o de interés concreto, lanza otra prueba, y luego otra. Sigue lanzando pruebas hasta que encuentres las respuestas que estás buscando. También te recomiendo que mantengas un público objetivo amplio en campañas de concienciación grandes, porque generalmente reducen tu coste en la subasta, aportándote más impresiones y oportunidades de implicar a tu público.

Mientras estaba llevando a cabo las pruebas, me di cuenta de que las personas que estaban compartiendo el vídeo eran, en realidad, mujeres de entre 18 y 25 años. No eran precisamente las que comprarían el producto final, pero eran las que estaban conectando con el contenido. Después de análisis posteriores, vi que estaban compartiendo el vídeo con sus madres, etiquetándolas en él e iniciando un diálogo con sus madres sobre el contenido.

Ampliar el ámbito para llegar a las mujeres más jóvenes permitió a Chatbooks incidir sobre su sector demográfico principal de forma mucho más potente. Estaban captando la conexión emocional entre madres e hijas. A su vez, esto también les permitió exponer el producto a un nuevo público. Es ahí donde veo el poder de la compartibilidad y el empleo de un enfoque más amplio con respecto a la determinación del objetivo. Puede incrementar el conocimiento de tus mensajes y tu contenido, ayudarte a encontrar defensores de tu marca y, más importante todavía, llegar a tu público principal de una forma influyente haciendo que un amigo comparta con otro amigo o con un ser querido. En esencia, *hackeas* las comparticiones boca a boca, que es una de las cosas más difíciles de conseguir en el marketing.

Vuélvete creativo y permítete establecer contactos entre tus compradores y los que comparten tu mensaje. Quizás descubras nuevas formas de comercializar tu producto además de ganar nuevos seguidores, incrementar tus cifras en las redes sociales y vender más artículos.

No hagas conjeturas

Latham Arneson, antiguo vicepresidente de marketing de Paramount Pictures, añade que mucha gente asume que sabe a quién debería dirigirse. Aunque en muchas ocasiones tienen razón, hay numerosas veces en las que están equivocados. Explica que en el marketing de películas, empiezas con un conjunto bastante amplio de parámetros, como por ejemplo «mujeres jóvenes». Lo cierto es que ése es un grupo muy grande y que va a haber muchos intereses distintos en él. Averiguar quién, en ese grupo demográfico, está más dispuesto a compartir es un aspecto importante en el que centrarse.

Aunque está centrado en el marketing de películas, la experiencia y habilidad de Latham pueden aplicarse a la gente que esté asentando una marca o intentando generar crecimiento. Cuando una película no forma parte de una serie o franquicia conocida, a los especialistas en marketing de filmes se les asigna la tarea casi imposible de crear una marca en el transcurso de un período de seis meses, que es lo que muchos de los que estáis leyendo este libro estáis intentando hacer.

Arneson apunta que llevar a cabo pruebas es clave. Cree que uno hace buenas suposiciones, pero que, de hecho, averiguas eso realizando pruebas. Es entonces cuando aprendes de verdad quién está interesado basándote en la reacción frente al contenido que estás creando. Al fin y al cabo, no puedes estar completamente seguro hasta que, de verdad, lo lances al mundo y veas quién responde.

Cuando estés ocupándote concretamente de visualizaciones de vídeos, Arneson sugiere fijarse en el porcentaje de gente que ve el vídeo entero, y luego también en la acción correlativa después de que alguien haya visto un vídeo.

Será genial que un espectador vea entre el 75 % y el 100 % del vídeo, pero es incluso mejor que esté viendo un gran porcentaje del mismo y luego lleve a cabo una acción concreta, como compartir ese contenido. Usa a la gente que lleva a cabo acciones importantes, como compartir o clicar (en un vídeo, imagen o vínculo), como los mejores indicadores de tu público objetivo.

Focalizando los objetivos de la campaña

Una parte de la segmentación consiste en escoger el tipo de anuncio que alcanzará los objetivos de tu campaña. Puedes enfocar el anuncio de modo que obtengas visualizaciones del vídeo, visitas (tráfico) a la página web, referencias de clientes potenciales o *lead generation*, implicación con las publicaciones, respuestas a eventos, etc. En mi experiencia, me he encontrado con que cada objetivo obtiene una valoración distinta en la subasta de Facebook.

Digamos que tienes un vídeo que quieres promocionar, pero que escoges el objetivo de generación de referencias de clientes potenciales. Tu coste por visualización se va a ver inflado porque Facebook no lo considerará desde una perspectiva de precio por visualización. Intentará impulsar tantas referencias de clientes potenciales como sea posible. Por lo tanto, en cualquier anuncio en forma de vídeo, ya sea para generar referencias de clientes potenciales como tráfico, suelo recomendar empezar con el objetivo de visualizaciones del vídeo. Hacer eso te permite reducir el coste por visualización a la cantidad más baja posible para llegar al máximo público posible. Llegar a más gente implica conseguir más oportunidades para hacer que otros compartan tu mensaje por ti. Más comparticiones significa un mayor ascenso logrado, lo que reducirá tu coste general por referencias de clientes potenciales. Además, por supuesto, esto también es obviamente genial para aquellos que quieren generar conocimiento de la marca y grandes cifras. Sin embargo, si la gente no comparte, quizás te vaya mejor con un objetivo de generación de referencias de clientes potenciales o basado en la conversión si estás simplemente interesado en vender un producto directo.

Si tuviera que crear una jerarquía, la implicación con las publicaciones o las visualizaciones de vídeos se encontrarían en la parte superior de la lista en el caso de que tengas buenos contenidos. Si dispones de unos contenidos medios o por debajo de la media, con el objetivo principal de simplemente intentar vender un producto, entonces utiliza la generación de referencias de clientes potenciales o el objetivo de transformaciones de la página web. Haz pruebas y aprende: tal y como he mencionado, es la única forma con la que averiguarás qué es lo que mejor funciona para tu marca.

Redirigirse y públicos semejantes

Después de algunas pruebas y de aprendizaje, conocerás el sector demográfico y los intereses de tu público principal, y empezarás a ver el tipo de gente que es más probable que comparta tu mensaje. Una vez que hayas recopilado los datos, querrás estar seguro de redirigirte a la gente que se *implica* con tu marca.

Erick Brownstein, de Shareability, explica que su equipo siempre se redirige para poner nuevos contenidos frente a aquellos que se implicaron con el primer conjunto de contenidos. Señala que si una persona está dispuesta a implicarse una vez, es muy probable que vuelva a implicarse. Su equipo prueba «a millones de grupos objetivo distintos» y luego, basándose en el público que es persuadido o emprende la acción deseada, empieza a generar públicos semejantes y también los analiza.

Tim Greenberg, director ejecutivo de la comunidad de la Liga Mundial de Surf, también coincide en que es bueno encontrar públicos similares. Primero averigua quién visita la página web de la empresa empleando Facebook Pixel, una herramienta de análisis que te ayuda a monitorizar la eficacia de la publicidad para seguir el rastro a los visitantes de la página web (también puedes usar Pixel para examinar las acciones que la gente lleva a cabo en tu página web y comprender mejor cómo llegar al público que deseas).[2] A continuación, Greenberg se fija en quién se ha registrado en la lista de correo de la Liga Mundial de Surf. Entonces analiza a la gente que ha visitado la plataforma de la Liga Mundial de Surf y a aquellos que han visto sus transmisiones en directo: se trata de los usuarios principales, de los aficionados acérrimos que toman la iniciativa de acudir y ver su contenido. El equipo de Greenberg simplemente necesita avisar a esta gente con un mensaje de visibilización de que el contenido está ahí.

Cuando este proceso se ha completado, se centran en el segundo círculo de seguidores: se expanden hacia *públicos similares que son un reflejo de los fans originales*. Este público incluye a gente que pertenece a unos sectores demográficos similares, que tiene unos intereses y unos parámetros adicionales parecidos. Puede que todavía no sean aficionados al surf,

---

2. «The Facebook Pixel», Facebook Business, www.facebook.com/business/help/ 6512 94705016616

y quizás no hayan visitado la página web, pero tal vez se vean inclinados a hacerlo. Su equipo agrupa a esta gente en un apartado objetivo diferente y le envía una campaña similar adyacente a su campaña principal.

Han descubierto que cuanto más se alejan del público principal y el cercano al principal (el público que tiene unos intereses y características similares pero que no forma parte del público principal), menos probable es que la gente se convierta en adepta a ver una competición de surf, incluso aunque les haya gustado una pieza de contenido. Por lo tanto, el equipo intenta ser verdaderamente cuidadoso. Han visto que la mejor gente a la que captar son las personas que *se parecen* a su público principal o que *constituyen* su público principal. Tener más «me gusta» puede parecer algo bueno, pero cuando se trata de transformar realmente eso en algún tipo de acción, es importante ceñirse al público descubierto a través de los datos.

La plataforma de Facebook ha acercado la Liga Mundial de Surf a un montón de nuevos fans. Debido a la gran escala de Facebook, la liga ha conseguido un público que, de otra forma, habría sido improbable obtener. Les ha permitido registrar datos y probar sus productos y sus contenidos con públicos nuevos: dirigir a nuevos fans a las páginas web de su propiedad y gestionadas por ellos. El equipo de Greenberg ha desarrollado un motor para captar a nuevos seguidores y redirigirse a ellos con un mensaje con productos, un mensaje para sintonizar o un mensaje para descargarse una aplicación. Ha sido realmente beneficioso para su empresa.

Dato curioso: La hipersegmentación puede engañar a los ingenieros aeroespaciales

Si te conviertes en alguien realmente hábil con la segmentación, puedes llegar a prácticamente cualquiera en Facebook. David Oh, de FabFitFun, me explicó en una ocasión una historia sobre una broma que le hizo a la gente del Laboratorio de Propulsión a Reacción (LPR), un centro de investigación y desarrollo con financiación federal y centro sobre el terreno de la NASA en La Cañada Flintridge y Pasadena (California). Oh fue allí a dar una conferencia sobre el empleo del marketing digital y la hipersegmentación (el acto de enviar mensajes muy segmentados a grupos muy concretos de gente) en Facebook.

Si te suena de algo, es el tipo de segmentación del que hemos hablado anteriormente en este capítulo, que se centra en aspectos demográficos como la edad, el sexo, la ubicación, el idioma, el nivel educativo, los intereses y el lugar de trabajo.

Antes de impartir la conferencia, Oh hizo un pequeño experimento. Creó algunos anuncios falsos en Facebook y los usó para dirigirse a cualquiera que trabajara en el LPR y que viviera en un radio de unos treinta kilómetros.

Uno de ellos era de algo llamado «¿Hay vida en Marte?». En el anuncio salía un *rover* (un vehículo de exploración controlado remotamente) con un signo de interrogación en él. Otro anuncio decía: «¿Se ha cancelado la financiación para el próximo proyecto del *rover*?». Creó diez variaciones distintas de anuncios falsos con diversos titulares e imágenes. Además, un amigo le había contado que había una broma interna en el LPR por la que a las personas se las apodaba «miniaturas», así que creó una página de destino a la que se redirigía a la gente cuando clicaban sobre el anuncio y que decía «Noticias de la Comunidad de las Miniaturas» y tenía un pequeño temporizador de cuenta regresiva ajustado a la hora a la que iba a dar su conferencia.

Oh gastó unos dos dólares en esa creación y obtuvo unos diez clics. Cuatro científicos incluso dieron su e-mail personal para entrar en la lista de espera para recibir correos electrónicos que había creado. Durante la conferencia, explicó lo que había hecho (obviando los nombres para no poner en ridículo a nadie), pero dos de las personas del departamento de tecnología de la información del LPR se levantaron y dijeron: «Más vale que no se trate de ninguno de vosotros». La cuestión es que la capacidad de hipersegmentación de la plataforma de anuncios de Facebook hace que sea posible engañar a ingenieros aeroespaciales. Por lo tanto, si conoces a tu público, esto te permitirá que te vaya muy bien en Facebook o en cualquier otro lugar que ofrezca este tipo de segmentación muy específica.

Consejos rápidos y resumen

- Existen dos estrategias para la segmentación:
  1. La segmentación para dirigirte a un sector demográfico exacto es una estrategia genial cuando el único foco consiste en hacer que dicho sector lleve a cabo una acción de respuesta directa concreta (p. ej., clicar, comprar, registrarse).
  2. Si eres capaz de generar un contenido muy compartible, puedes aprovechar una estrategia de pruebas para identificar a los defensores que compartirán tu contenido y tu marca por ti.
- Si te está costando crear contenido muy compartible y estás centrado en campañas de marketing de respuesta directa (es decir, en vender un producto o servicio concreto), seguir una estrategia restringida con la lista de verificación de la determinación de tus objetivos será el mejor lugar por el que comenzar. Hazte una imagen de tu público explorando aspectos de su personalidad, incluyendo su sexo, edad, qué acción quieres que emprendan, ubicación, intereses y estilo de vida.
- Si estás ejecutando campañas amplias e intentando impulsar el conocimiento por parte de las masas, empieza a lo grande con tu selección de objetivos y fíjate hacia dónde llevan esto los algoritmos de Facebook. Mantener amplio tu público objetivo suele hacer que tus costes en la subasta se reduzcan.
- Emplea Google Analytics y la información de las redes sociales, como Facebook Insights, para que te ayuden a obtener datos sobre tu público objetivo.
- Analiza pedidos anteriores y haz encuestas a tu grupo de seguidores para que te ayuden a determinar por quién es mejor acogido tu contenido, tus productos y tu marca.
- La prioridad de los objetivos de la campaña es la implicación con las publicaciones o las visualizaciones de vídeos si dispones de buenos contenidos, y un objetivo de conversiones si simplemente estás intentando vender un producto y tienes un contenido entre medio y por debajo de la media.
- Prueba con un millón de grupos objetivo distintos.
- No asumas que sabes cuál es tu público. Permítete descubrir nuevos grupos objetivo.

- Vuelve a redirigir tus contenidos a quienquiera que se haya implicado con el contenido original.
- Genera un público similar formado por gente que se vio persuadida o que llevó a cabo acciones deseables como compartir o clicar.
- No puedes tener la certeza absoluta sobre cuál es tu público hasta que, de verdad, hayas sacado tu contenido al mundo y hayas visto quién responde.

CAPÍTULO 5

ESCOGE UN MENSAJE PARA LAS MASAS

Una vez que hayas hecho crecer tu número de seguidores y que comprendas quién es tu público principal, deberás mantenerlo implicado.

Debes crear contenido que mantenga a tus seguidores queriendo más, que esté en sintonía con sus intereses y que les haga compartir tu marca a la velocidad más elevada posible. Es la mejor forma de asegurarse de que tu mensaje siga apareciendo en los canales sociales de tu público. No tiene sentido hacer crecer el número de seguidores si no puedes conseguir una implicación activa. Crear contenido que capte la atención de la gente y que la haga querer compartirlo con sus amigos y contactos en las redes sociales es clave.

Saber cómo estructurar tu mensaje es crucial para el éxito. Si lo que estás diciendo no está captando la atención de tu público y provocando que se implique con tu contenido, el trabajo que dediques a hacer crecer ese público será baldío. Conseguir seguidores no es suficiente. Debes cautivarles continuamente: es importante para el crecimiento continuo de tu público y tus seguidores en las redes sociales.

Aunque no puedo proporcionarte los mensajes concretos que serán mejores para tu marca, ya que los de cada cual serán distintos dependiendo de las metas y los mercados objetivo, puedo aportarte directrices que te ayudarán a descubrir cómo elegir los mejores mensajes. Siguiendo estas sencillas directrices, sabrás cómo destacar frente al ruido en bien poco tiempo.

Encuentra tu gancho

Para compartir información cautivadora, debes encontrar un gancho singular (es decir, algo que te haga destacar, capte la atención de tu público y le deje con ganas de más). Se trata de un ejercicio esencial para comprender el valor de lo que tienes que ofrecer.

Un gran ejemplo de un buen gancho es lo que Tim Ferriss hizo con el título de su libro *La semana laboral de 4 horas: no hace falta trabajar más*. Ferriss tenía un concepto y una idea del tipo de valor que podía ofrecer al mundo, pero necesitaba un gancho para hacer que la gente prestara atención a su mensaje y destacar. Si no hubiera dado con un título sucinto y que diera que pensar, su libro no habría sido un superventas. La novedad de una semana laboral de cuatro horas es lo que captó la atención de la gente. Los conceptos que aparecían en el libro no eran nada revolucionarios ni nuevos, pero la habilidad de Ferriss para presentar estas ideas con el concepto de tener que trabajar sólo cuatro horas a la semana fue algo que generó el interés de la gente. Era una imagen de un estilo de vida tangible que la gente deseaba y no sabía cómo alcanzar. La enganchó de modo que quería saber más sobre esta oferta tentadora e interesante. Si Ferriss hubiera usado el título *La guía de Tim Ferriss para trabajar menos horas*, no hubiera resultado tan cautivador. En lugar de ello, pensó en lo que conectaría con el público al que estaba intentando atraer y cómo la elección de las palabras podría engancharles. Comprendió qué era lo que la gente quería y no se centró sólo en promocionarse a sí mismo. Al ocurrírsele una forma pegadiza de explicar este material, y mediante la creación de la imagen de una elección de un estilo de vida deseable, captó la atención de la gente.

No basta simplemente con hablar de ti y explicar lo que dices. Muchas otras personas disponen del mismo conjunto de habilidades que tú. Debes determinar qué es lo que hace que tu producto o tu información sean únicos y relevantes para la vida de otras personas.

¿Qué lleva a que lo que tú haces sea diferente? ¿Y cómo puedes lograr que eso sea importante para otros? Debes dar con una forma sucinta y que capte la atención de transmitir tu información, y es necesario que sea relevante. Debes relacionarte con temas que sean oportunos, interesantes y que satisfagan las necesidades de tu público. El gancho es lo que hace que la gente se detenga y preste atención.

Para aprender más sobre los ganchos, échale un vistazo a mi libro *Hook point: How to stand out ina 3-second world* en www.brendanjkane.com/HookPoint

Encuentra tu titular

Aquí tenemos un ejercicio que me gusta usar con los clientes para descubrir sus ganchos. Imagina que te dan un reportaje especial en la portada sobre ti o tu empresa en una importante revista o periódico. Ahora imagina que un cliente potencial está paseando por la calle y pasa por delante de un quiosco. ¿Qué titular captaría su atención y haría que se detuviera, comprara el periódico o la revista y leyera tu artículo? Asegúrate de ponerte en el lugar de tu cliente. Sé realmente honesto con respecto a lo que haría que alguien dejase de hacer lo que está haciendo y prestase atención a tu mensaje. Recuerda que cada día se envían más de 60 000 millones de mensajes. ¡Tu gancho debe ayudarte a *destacar*!

Los titulares son importantes en todo tipo de industrias. La película de 1999 *El proyecto de la bruja de Blair* fue un gran éxito porque los especialistas en marketing que había tras este filme comprendieron cómo escoger un titular. Basaron la campaña en torno a la idea de que la historia era real, lo que captó la atención de la gente e hizo que quisiera saber más. Estos fueron los titulares que crearon: «En octubre de 1994, tres estudiantes de cine desaparecieron en el bosque cerca de Burkittsville (Maryland) mientras filmaban un documental... Un año más tarde se encontró su metraje», «Todo lo que has oído es verdad» y «La película más terrorífica de todos los tiempos es una historia real». Estos titulares (o eslóganes, tal y como se llaman en la jerga cinematográfica) captaron la imaginación del espectador y dejaron a la gente con curiosidad por lo que había sucedido. Muchos se preguntaron si la película era real de verdad, lo que les animó a ir a verla. Además, la idea de que los directores hubieran desaparecido conmovió a la gente a nivel emocional, provocándole miedo y curiosidad y haciéndola sentirse implicada en la historia.

Otra película con un buen eslogan fue *Paranormal activity* (2007): «¿Qué sucede cuando duermes?». Ésta es una idea que capta la atención de la gente porque es una pregunta por la que la mayor parte de la gente siente curiosidad y que se ha hecho antes.

Si tu titular formula preguntas que el público ya se está haciendo, entonces tu titular será eficaz.

Los buenos titulares destacan. Un ejemplo es: «La verdad duele: la competición de videojuegos de un millón de dólares». Atrae la atención porque «La verdad duele» es concreto, sucinto y provoca una respuesta emocional, y combinarlo con «La competición de videojuegos de un millón de dólares» despierta interés porque la mayoría de la gente no ha oído hablar de una competición de videojuegos que ofrezca un millón de dólares como premio. Éste es un titular que podría hacer que mucha gente viese por lo menos cinco segundos de un vídeo o que leyese algo más sobre el artículo. Es relevante para la vida del público objetivo y accede a sus necesidades, intereses y deseos.

Otro potente titular para una noticia es: «Palacio de Buckingham: policía herido al arrestar a un hombre con una espada cerca del palacio de Buckingham». Esto capta tu atención porque que un hombre con una espada ataque a la gente no es algo que pase cada día. Es algo singular, tiene un componente de realeza/celebridad, accede al miedo de la gente por lo desconocido, genera interés y capta la atención.

Ahora que estás empezando a familiarizarte con titulares que funcionan, fijémonos en un ejemplo de un titular que *no* es eficaz: «Trump bajo el fuego». Este titular es demasiado vago y ciertamente no hace que quieras clicarlo (a no ser que estés obsesionado con saber cualquier cosa relacionada con el presidente Trump). Esto podría mejorarse fácilmente reemplazándolo por uno de estos titulares: «Cinco razones por las que Trump será recusado el año que viene», «Nuevos detalles sobre la investigación de Mueller apuntan hacia la futura recusación de Trump» o «La investigación de Mueller revela detalles sorprendentes sobre las transacciones comerciales internacionales de Trump».

Somete a tu gancho a una prueba A/B

Una vez que tengas claro lo que quieres comunicar, puedes emplear una prueba A/B para encontrar la forma más eficaz de transmitirla. Quizás te encuentres en un punto en el que sepas lo que tienes que ofrecer, tengas claro tu valor, pero sigas sin estar seguro de la forma más llamativa de captar la atención de la gente con tu mensaje.

Es ahí donde mi sistema puede resultar verdaderamente útil. Puedes tomar tus mensajes centrales, contrastarlos y determinar, en tiempo real, cuál funciona mejor.

Para asegurarte de que tu titular es cautivador, contrasta distintas variaciones en Facebook. Tienes la variante A y la B. Regresemos al ejemplo de la semana laboral de cuatro horas para comprender cómo usarlo para probar un titular.

Tim Ferriss empleó Google AdWords para probar el título y la portada de su libro, lo que fue algo extremadamente inteligente y parte de la razón por la cual su libro se convirtió en un superventas.[1] Pero eso fue antes de que Facebook desarrollara las opciones de segmentación sofisticadas y detalladas de las que dispone ahora. Si Ferris empleara mi sistema hoy, sería como lo que hizo entonces, pero *habiendo tomado esteroides.*

Para empezar, nos gustaría escoger un mercado objetivo, como por ejemplo hombres de entre 18 y 25 años que hablen inglés, vivan en Norteamérica y Europa, y estén interesados en el espíritu emprendedor. Situaríamos estos parámetros en la variante A (*La semana laboral de 4 horas*) y luego los duplicaríamos para la variante B (*La guía Tim Ferriss para trabajar menos horas*). Contrastando estos dos títulos entre sí en tiempo real, obtendríamos mucha información interesante acerca del mensaje que mejor capta la atención de la gente.

La plataforma de Facebook es genial para estas pruebas porque te permite ser muy concreto con los datos que estás sometiendo a prueba y a quién te gustaría dirigirte para hacer el ensayo. Puedes analizar cómo un mensaje es recibido por parte de los distintos sexos, edades, grupos con intereses específicos (p. ej., películas, libros, arte y coches), tipos de plataformas digitales, ingresos anuales, patrimonio neto y conductas con respecto a las compras. Te permite recopilar datos muy concretos que pueden resultar útiles para modificar tu mensaje, tu campaña e incluso el producto que estás vendiendo.

Tendrás la seguridad de saber quién acoge bien tu mensaje, y no tienes por qué gastar mucho dinero para obtener unos resultados excelentes. Con una cantidad tan pequeña como 10 dólares, puedes obtener mucha información valiosa que te ayudará a descubrir el mensaje más eficaz para tus necesidades.

---

1. DOCTOROW, C.: «How to use Google AdWords to prototype and test a book title», *Boing* (25 de octubre de 2010), https://boingboing.net/2010/10/25/howto-use-google-adw.html

La psicología de la comunicación

En muchas ocasiones, el contenido que compartes no es tan importante como el contexto con el que lo presentas. Para sacarle el máximo rendimiento a tu contenido, debes ser un gran comunicador. Las redes sociales se diseñaron como una forma de comunicación de dos vías; y el objetivo de la comunicación siempre es el de llegar a la persona con la que te estás comunicando. Jeff King, un experto en el Modelo del Proceso de la Comunicación (MPC), una herramienta de observación conductual que te permite comunicarte de forma más eficaz, ha sido enormemente influyente en la forma en la que yo y muchas empresas importantes del mundo creamos contenido y nos comunicamos con los demás. El MPC fue creado por Taibi Kahler a finales de la década de 1970 y ha sido usado por mucha gente muy exitosa e influyente, que abarca desde el presidente Bill Clinton a funcionarios de la NASA encargados de la selección de astronautas y productores de Pixar Animation Studios.

King explica que cuando da cursillos sobre el MPC, siempre empieza diciendo que la comunicación no tiene que ver conmigo (señalándose a sí mismo), sino *contigo* (señalando a una persona del público). El verdadero uso de la comunicación es hacer que la información llegue a la gente a la que quieres dirigirte, y para llegar a la gente de forma eficaz, debes hablar un idioma que comprendan. El MPC puede ser extremadamente útil porque te ayuda a valorar el estilo de comunicación de las personas con las que te estás comunicando. Hacerlo te permite adaptar mejor tu mensaje para que la gente que debe recibirlo lo pueda oír con facilidad y claridad. La experiencia de King le ha mostrado que frecuentemente somos muy egoístas en la forma en la que nos comunicamos: solemos pensar más en nuestra necesidad de expresarnos que en la persona que hay al otro lado escuchando, y eso es un error. Si queremos que otros nos oigan claramente (y, a su vez, compartan nuestro mensaje, haciéndolo llegar más lejos), debemos salir de nosotros mismos y conectar de verdad con los demás. El MPC es una herramienta que nos ayuda a hacer esto.

El mayor error que veo cometer a la gente, y que ayudo a corregir cuando trabajo con mis clientes, consiste en la creación de contenido a través de la lente de cómo perciben el mundo sin lograr reconocer que gran parte de la población percibe el mundo de una forma distinta. Así pues, sus mensajes no se transmiten correctamente. Al desarrollar un contenido para un público, asegúrate de no estar creándolo simplemente para ti. Debes fijarte en tu contenido desde la perspectiva de tu público. Pasa tiempo pensando en cómo tu público podría percibir esa pieza de contenido o mensaje. Aquí es donde el MPC es de utilidad.

King explica que el contenido debe conectar con la gente antes de que lo vaya a compartir con los demás, y cada persona conecta de una forma distinta. La gente que percibe el mundo a través de los sentimientos compartirá contenidos que les hagan sentirse bien, mientras que otros quizás perciban el mundo a través de la lógica y respondan bien a los contenidos que conecten con su lógica. El contenido que mejor acogido sea por ellos será el contenido que decidan compartir.

En el MPC hay seis tipos de personalidad: pensadores, insistentes, armonizadores, imaginadores, rebeldes y promotores. Cada tipo de personalidad experimenta el mundo de distintas formas. Los pensadores perciben el mundo mediante los pensamientos y su divisa es la *lógica*. Los insistentes entienden el mundo a través de las opiniones y su estandarte es el *valor*. Los armonizadores captan el mundo a través de las emociones y su emblema es la *compasión*. Los imaginadores perciben el mundo a través de la inacción y su divisa es la *imaginación*. Los rebeldes entienden el mundo a través de las reacciones y su estandarte es el *humor*. Por último, pero ciertamente no menos importante, ya que con frecuencia suele ser gente muy poderosa, los promotores captan el mundo a través de las acciones y su emblema es el *encanto*. Todos los tipos de personalidades se encuentran en nuestro interior, pero tenemos un tipo de personalidad básico con el que nacemos y que no cambia a lo largo del transcurso de nuestra vida.

Probemos un ejercicio de generación de textos para vender un coche. Mediante el empleo del MPC, King explica cómo elaboraría el contenido para asegurarse de comunicar el mensaje más claro acerca del coche, presentándolo de una forma que tuviera sentido para cada uno de los tipos de personalidad. King sugiere escribir algo como esto:

Piensa en un coche. Este modelo de coche consume menos de cinco litros por cada cien kilómetros. Este consumo se encuentra entre los mejores en comparación con otros modelos de su categoría. Creemos que este coche proporciona más valor a nuestro cliente en relación con lo que va a pagar por él. En resumen: es el mejor coche del mercado. Te hace sentir bien, es bonito y te vas a sentir muy cómodo conduciendo este coche. Todos tus amigos *van a acabar* queriendo salir contigo porque este coche es genial.

Ahora desglosemos esto con respecto al tipo de personalidad al que se dirige cada frase:

- Esta frase emplea la **LÓGICA** y se dirige a los pensadores: «Piensa en un coche. Este modelo de coche consume menos de cinco litros por cada cien kilómetros. Este consumo se encuentra entre los mejores en comparación con otros modelos de su categoría».
- Esta frase emplea el **VALOR** y se dirige a los insistentes: «Creemos que este coche proporciona más valor a nuestro cliente en relación con lo que va a pagar por él».
- Esta frase emplea el **ENCANTO** y se dirige a los promotores: «En resumen: es el mejor coche del mercado».
- Esta frase emplea los **SENTIMIENTOS** y la **COMPASIÓN**, y se dirige a los armonizadores: «Te hace sentir bien, es bonito y te vas a sentir muy cómodo conduciendo este coche».
- Esta frase emplea el **HUMOR** y se dirige a los rebeldes: «Todos tus amigos *van a acabar* queriendo salir contigo porque este coche es genial».

Como puedes ver, el anuncio está escrito para dirigirse a todos los tipos de personalidad (excepto a los imaginadores, ya que es más difícil que conecten con este contexto). Pensar de esta forma te permite llegar a un público muy amplio y dirigirte a todo tipo de personas, y el contenido debe conectar con la persona antes de que ésta lo comparta con alguien más. Aquellos que perciben el mundo a través de los sentimientos compartirán contenidos que les hagan sentir bien. Aquellos que perciben el mundo a través del humor también querrán hacer que sus amigos se rían. El contenido que más cosas les transmita será el que decidan compartir.

Si comprendes cómo percibe tu público el mundo, y si lo incorporas a tu estilo de comunicación, esto puede ser muy eficaz para ayudarte a desarrollar contenidos. King comparte que para llegar a la mayoría de la gente de la población, es mejor centrarse en *los sentimientos/la compasión*, que contacta con los armonizadores, los cuales constituyen el 30 % de la población norteamericana; en la *lógica*, que contacta con los pensadores, que constituyen el 25 %; y en el *humor*, que contacta con los rebeldes, los cuales constituyen el 20 %. King recomienda centrarse en estos tres tipos de personalidad para generar un contenido que llegue a un público muy amplio. De esa forma, podrás adaptar tu contenido de modo que la mayoría del público pueda oírte de verdad, comprenderte e implicarse con tu mensaje.

El MPC ha demostrado ser tan poderoso y eficaz que los políticos de más alto nivel lo usan. Uno de los puntos de inflexión clave durante las elecciones presidenciales de los EE. UU. en 1996 fue cuando Bill Clinton ganó un debate crucial contra George Bush. King explica que durante el debate hubo una mujer que hizo una pregunta sobre cómo ayudaría cada uno de los partidos a la gente que se encontraba en su situación: su familia vivía en la pobreza y tenía dificultades para comer. Bush respondió a la pregunta con pensamientos y lógica, además de con valor y opiniones. Sin embargo, la mujer percibía el mundo a través de los sentimientos y las emociones, por lo que la respuesta de Bush no contactó con ella. Por otro lado, Clinton se percató de su estilo de comunicación al instante, y antes de contestar a la pregunta, Clinton se dirigió a ella diciendo: «Siento su dolor». Conectó con ella a un nivel profundo. Vio que era una persona basada en los sentimientos (como el 30 % de la población norteamericana). Empleando estas palabras, se ganó de inmediato la confianza de la gente de ese grupo e hizo que la mujer (y la gente como ella) se sintiera comprendida y escuchada.

Clinton es conocido por haber dominado la técnica del MPC. King cuenta que le ayudó a convertirse en presidente de los Estados Unidos porque se centraba en incluir los sentimientos, la lógica y el humor en sus discursos. Puede que la gente no esté de acuerdo con la ideología de Clinton, pero la mayoría cree que es un gran comunicador y que les habla directamente a ellos. Estudió la técnica en profundidad y sabe cómo identificar el tipo de personalidad de alguien muy rápidamente. Además, cuando habla a un gran público, se asegura de causar un impacto en todos los tipos de personalidad.

Recuerda que no siempre tiene que ver con el contenido, sino más bien con el contexto en el que presentes el contenido. Desarrolla tus mensajes de forma que conecten con todas las distintas formas en las que la gente percibe el mundo. Transmite el mismo mensaje con distintos estilos. Esto te permitirá maximizar el alcance de tu contenido y, ya sabes, conseguir una mayor cantidad de la atención que anhelas. (Estoy bromeando. Recuerda que consiste en dar. Por favor, dime que has estado prestando algo de atención).

Capta la atención

Al pensar en cómo estructurar tu titular y qué mensaje compartir, hay algunas tendencias que puedes seguir. Tu titular no llegará a ningún sitio si la gente no está interesada en tu contenido. Debes dar con una forma de tomar lo que tienes que ofrecer y hacerlo accesible vinculándolo a lo que ya funciona. El contenido popular que se comparte frecuentemente puede dividirse en cinco categorías:

1. Inspirador, motivador y ambicioso
2. Político/noticias
3. Entretenimiento/espectáculos
4. Cómico
5. Mascotas

Tanto si tu marca está relacionada, directamente o no, con estos tipos de contenido, puedes emplearlos a tu favor. Dando con una forma de vincular tu mensaje con lo que ya es popular, puedes incrementar tus visualizaciones y comparticiones. Debes analizar tu mensaje principal, tu gancho, y conectar tendencias relevantes y populares con tus mensajes concretos.

Cuando estaba desarrollando mi base de seguidores, hice mucho uso de contenido basado en la inspiración y las aspiraciones. Vinculé mi mensaje para incrementar mi número de seguidores y emplear las redes sociales de forma más eficaz para ayudar a la gente a perseguir sus sueños. Vincular mi mensaje a los sueños de la gente me permitió captar su atención de forma más eficaz que si simplemente hubiera dicho: «Ésta es la mejor forma de usar las redes sociales». Una vez que generé un millón de seguidores, mi gancho cambió y pasó a ser: «De cero a un millón de seguidores en 30 días». Empleando este gancho, creé una campaña en forma de vídeos en Facebook que generó más de 15 000 solicitudes en 60 días de personas de todo el mundo que querían contratarme para aprender cómo implementar mi sistema.

También usé algo de contenido basado en la política junto con un *podcast* que hice sobre el MPC. Mi mensaje no es político, y no estoy implicado en política, pero sabía que emplear una perspectiva política al llevar a cabo mi entrevista en forma de *podcast* a Jeff King sobre el MPC proporcionaría al contenido un gancho importante. Podíamos relacionar este mensaje con la campaña electoral a la presidencia de Estados Unidos entre Hillary Clinton y Donald Trump, de la que mucha gente estaba hablando y por la que mostraban sentimientos muy apasionados en esa época. Conectando el MPC y a Jeff King con algo relevante y de actualidad en la vida de la gente hicimos que el contenido fuera más accesible.

Hubiera resultado realmente aburrido promocionar esta información diciendo: «El Modelo del Proceso de la Comunicación es psicología conductual que ayuda a la gente a comunicarse de forma más eficaz». Es demasiado vago y nadie le prestaría atención. En lugar de ello, tomé el mensaje y lo vinculé a distintas referencias de la cultura pop que provocarían el interés de la gente. Cuando entrevisté a King, me aseguré también de preguntarle sobre los tipos de personalidad de las celebridades y personajes públicos más importantes. Empleé el titular: «Descubre por qué Tom Cruise, Leonardo DiCaprio y Donald Trump tiene el mismo tipo de personalidad». Este tipo de titular capta tu atención mucho más que el mero hecho de decir que el MPC es un método de comunicación útil.

✔ Puedes ver exactamente cómo relacioné asuntos relevantes y de actualidad con el MPC escuchando la entrevista en forma de *podcast* aquí: www.onemillionfollowers.com/Jeff-King. También puedes ver los vídeos para Facebook que creamos a partir de esta entrevista en mi página: www.facebook.com/Brendan JamesKane

Puedes encontrar conexiones populares para casi cualquier mensaje, y es necesario incluso cuando tu información encaje en una de las cinco categorías. Tengo una amiga llamada Stephanie Barkley que es comediante y una *influencer* emergente en Instagram. Se promocionó considerablemente y transmitió el mensaje sobre sus capacidades para la comedia creando un gag sobre Melania Trump. Stephanie sigue haciendo crecer su base de seguidores, por lo que necesita generar contenidos que atraigan, sean entretenidos y capten la atención del público que no conoce su trabajo. Si empleara un titular como «Stephanie Barkley crea grandes *sketches* cómicos», el mensaje resultaría demasiado alejado e irrelevante para la vida de la mayoría de la gente. También sería ineficaz para hacer aumentar su seguimiento, y sólo resultaría relevante para sus seguidores incondicionales; pero «Lo que Melania Trump piensa realmente de vivir con Donald Trump» capta la atención de un público más amplio.

No puedo enfatizar lo suficiente que, con 60 000 millones de mensajes enviados a diario en las plataformas digitales, debes destacar. Sin embargo, las buenas noticias son que de esos 60 000 millones de mensajes, una gran mayoría no son ni relevantes ni interesantes, por lo que esto te proporciona una ventaja. Sácale el máximo rendimiento a esto y haz que tu información sea relevante. Crea envíos de mensajes en los que tu público esté interesado.

Haz que sea conmovedor

Otra pregunta que siempre deberías hacerte al crear contenido es: «¿Generará este contenido una respuesta emocional en el espectador?». Cualquier contenido que pueda obtener una reacción emocional en aquellos que lo ven es valioso. Al crear una pieza de contenido y al pensar en el mensaje, pregúntate si puede hacer que alguien ría, llore, sonría, se ponga furioso, se sienta motivado o exprese una opinión firme acerca de lo que se está diciendo. Los mensajes y los contenidos conmovedores hacen que la gente comparta. Si el contenido emociona a tu público, hay más probabilidades de que emprendan la acción de compartirlo con otras personas.

El concepto del capital social también está relacionado con esta idea. El libro de Jonah Berger *Contagioso: cómo conseguir que tus productos e ideas tengan éxito*, publicado en 2013, explica la psicología de lo que afecta a nuestro comportamiento, ilustra cómo hacer que la gente comparta mensajes y presenta la idea del capital social. El capital social es contenido que compartimos porque sentimos que compartirlo hace que tengamos una buena imagen. Pensamos que compartirlo nos hace parecer más inteligentes y como si estuviéramos siendo útiles a los demás.

BuzzFeed ha tenido un tremendo éxito desplegando la táctica del capital social en la página de Facebook de su marca de alimentos Tasty. En septiembre de 2017, la principal página de Tasty en Facebook fue la tercera cuenta más importante en esta red social, con casi 1700 millones de visualizaciones de vídeos. Mediante un formato visual, Tasty crea vídeos instructivos sencillos de recetas que enseñan a la gente a preparar comida deliciosa. Compartiendo estos vídeos, los seguidores sienten que están ayudando a sus amigos a aprender a preparar platos que aportarán felicidad a su familia y amistades, y esto les hace sentirse importantes por compartir información sobre un tema que es valioso para mucha gente (a casi todos nos encanta la buena comida). La gente comparte este contenido a una gran velocidad porque le proporciona capital social.

La compartición de artículos relativos al fallecimiento del actor Bill Paxton también ilustra la eficacia de esta táctica. Estos artículos provocaron una gran respuesta emocional y la gente compartía la información. Algunas personas la compartían porque era conmovedora, mientras que otros lo hacían porque les aportaba un gran capital social: se sentían valiosos por ser la primera persona del mundo en decir que Bill Paxton había fallecido.

Por alguna razón, las muertes de celebridades son un tema que, si se usa adecuadamente, puede ser de gran utilidad para tus estrategias de envío de mensajes. En una ocasión creé una página web con información sobre recursos para tratar la adicción a las drogas y el alcohol. Éste no es un tema muy atractivo. La gente suele avergonzarse y no quieren que les relacionen con la adicción. Se trata de contenido que suele ser difícil que la gente clique con un «me gusta» o que comparta, pero di con una forma de hacerlo más accesible y compartible para el público.

Mediante la vinculación de las celebridades que fallecen como consecuencia del abuso de las drogas o el alcohol y hablando de famosos que están batallando con estas adicciones, hice que esta información importante y útil fuera más compartible. Vinculé la información sobre los recursos con la muerte de la estrella del rock Chris Cornell y también con historias sobre algunos de los miembros de la familia Kardashian que estaban batallando contra las adicciones.

Entré en este juego de la perspectiva de las celebridades para atraer atención y hacer que la gente acudiera a la página web. Puede que hubiesen acudido para leer los chismes sobre las celebridades de alto nivel, pero el artículo tenía enjundia. Contenía información sobre qué hacer si tú o alguien a quien conocías estaba luchando contra la adicción. La gente acudió al contenido para distraerse (y estoy seguro de que hubo un elevado porcentaje de personas que no vieron el valor más allá de esto), pero hubo un subconjunto decente de gente que aprendió algunos consejos útiles sobre las adicciones. La información contenida les hacía pensar dos veces, y puede que entonces dispusieran de recursos para ayudar a un familiar, amigo o incluso a sí mismos si estaban batallando contra estos problemas.

Una vez más, hay abundante información ahí fuera sobre la adicción a las drogas y el alcohol. No es un asunto nuevo, pero generar una estrategia de envío de mensajes que ayude a que la información destaque y le proporcione un gancho singular que atraiga la atención de la gente es clave. El mensaje se vuelve relevante para más gente.

✔ Puedes fijarte en Facebook para averiguar qué temas son tendencia y aprender de esos mensajes. Los asuntos que son tendencia (*trending topics*) pueden ayudarte a escoger qué contenido compartir un día concreto, y pueden mostrarte ejemplos de titulares que estén generando interés. Esta información puede ayudarte a plantear nuevas perspectivas sobre las historias y a vincular tu contenido a temas que ya estén generando interés.

Caso práctico: Katie Couric

Katie Couric acudió a mí en una ocasión con un problema. En esa época, su muy exitosa carrera profesional se había construido alrededor de un modelo de distribución basado en la televisión en primer lugar. Había roto la barrera convirtiéndose en la primera mujer en presentar ella sola las noticias vespertinas y tenía una experiencia de más de veinte años en televisión en programas importantes como *The Today Show, NBC Nightly News, CBS Evening News,* y *ABC News,* lo que la convirtió en una de las periodistas más relevantes de los Estados Unidos. Couric llegaba a millones de personas cada día, y sus seguidores estaban preparados para sintonizar exactamente a la misma hora para consumir su contenido. Sabían que cada mañana podrían ver a Katie mientras se preparaban para su propia jornada. Couric formaba parte de su rutina.

Entonces, en 2013, Couric hizo un cambio drástico asociándose con Yahoo! Aunque Couric era una pionera en el campo digital y había abrazado las redes sociales desde la época en la que trabajaba en *The Today Show,* se seguía encontrando empujada hacia una estrategia en la que lo digital era lo primero, lo que modificó por completo la relación habitual con sus seguidores. Debido a esto, sus fans le decían constantemente que tenían problemas para encontrar sus contenidos. Ya no había un momento concreto del día en el que se pudiera consumir su contenido, y a sus seguidores les estaba costando establecer una relación con ella.

En nuestra primera reunión, Couric me preguntó qué se podía hacer para solucionar este problema. Necesitaba una solución rápida. Le pregunté cuándo iba a ser su próxima entrevista, y me respondió: «En dos horas». Le contesté: «¡Perfecto! Suficiente tiempo para que se nos ocurra una nueva estrategia». Iba a entrevistar a la actriz Elizabeth Banks. Me llevó algunos minutos, y le expliqué que necesitábamos identificar temas que provocaran una fuerte respuesta emocional en grupos de público concretos, que darían como resultado que compartiesen su contenido con sus conocidos a una gran velocidad.

Banks es una actriz que aparecía en la película *Los juegos del hambre* y en la serie *Dando la nota,* y además es una líder feminista sin complejos, así que éstos fueron los temas específicos alrededor de los cuales estructuramos la entrevista. Diseñamos preguntas que tenían las mejores probabilidades de evocar una respuesta emocional intensa en los seguidores interesados en estos asuntos. A partir de ahí, cortamos múltiples clips de entre 30 y 90 segundos de cada uno de estos segmentos de la entrevista y creamos entre 50 y 100 variaciones de cada clip. Entonces los sometimos a una prueba A/B entre sí en Facebook para ver qué variante y qué público estaba compartiendo el clip con sus conocidos a la mayor velocidad. Creamos contenido concreto alrededor de *Los juegos del hambre* que ofrecimos a los fans de esta película. También creamos contenido específico para los fans de *Dando la nota* y para defensores del feminismo. Hacer esto hizo que gente que no era seguidora de Katie Couric se interesara lo suficiente como para querer compartir la marca de Couric. Entonces, una vez que tuvimos ese nivel de compartibilidad, pudimos decir: «Oye, escucha, si te gusta este clip de Elizabeth Bank hablando sobre *Los juegos del hambre,* ¿por qué no entras aquí, a Yahoo!, para ver toda la entrevista?». La estrategia consistía en utilizar a seguidores incondicionales en torno a temas de actualidad, celebridades y noticias concretas para que compartieran el contenido por Couric para llegar no sólo a la base principal de fans de Couric, sino también para exponer su contenido a un nuevo público. Desglosarlo de esa forma generó una exposición masiva para Couric y para la marca Yahoo!

Durante dieciséis meses, se empleó esta fórmula para todas las entrevistas de Couric. Generó más de 150 millones de visualizaciones, incrementó las comparticiones en las redes sociales en más de un 200 % y le ahorró a Yahoo! decenas de millones de dólares en costes de adquisición de tráfico en la red. Su típica entrevista en televisión llegaba a algunos cientos de miles de espectadores, y con esta nueva estrategia estábamos consiguiendo de media bastante más de un millón de visualizaciones por entrevista. Nuestra entrevista cumbre fue a Brandon Stanton, el fundador del fotoblog *Humans of New York*. Esta entrevista sola generó más de 30 millones de visualizaciones y se compartió más de 300 000 veces. En otras entrevistas exitosas aparecían grandes celebridades y personajes públicos como D. J. Khaled, Joe Biden, Gal Gadot, Bryan Cranston, Deepak Chopra, Chance the Rapper, Edward Snowden, Skrillex y Jessica Chastain.

Enviábamos a millones de personas cada mes a Yahoo! para ver las entrevistas de Couric. La gente se le acercaba por la calle y le explicaba que volvía a ver su contenido.

¿Por qué funcionó este proceso? Durante el transcurso de dieciséis meses, reprodujimos más de 75 000 variaciones de contenido de 200 segmentos de entrevista. Le explicaba regularmente a Couric que no se enamorara de ningún segmento concreto. En lugar de ello, si una entrevista no obtenía buenos resultados, nos fijábamos en los datos, identificábamos por qué no había funcionado y lo mejorábamos para la próxima vez. Con este enfoque ágil de envío de mensajes, aprendimos muy rápidamente lo que funcionaba y lo que no en relación con la distribución del contenido y la marca de Couric al mayor nivel posible. Con cada entrevista, estábamos aprendiendo y creando su contenido y su estrategia de envío de mensajes. Llegamos a un punto en el que podíamos identificar exactamente a quién entrevistar, qué asuntos y temas cubrir, e incluso preguntas concretas que hacer. En último término, nuestra estrategia de contenidos nos permitió adaptar los contenidos de Couric del típico comportamiento de consumo principal por la televisión a un comportamiento de consumo principal por los medios digitales, todo ello averiguando qué mensajes importaban.

Ahora es *tu* turno. Toma esa información y aplícala a la próxima pieza de contenido que crees. Da con formas de vincular tus mensajes con lo que ya es popular para hacer que la gente se interese por lo que estés haciendo.

Consejos rápidos y resumen

- Define tu gancho sabiendo qué es lo que te hace único. Para aprender más acerca de los ganchos, échale un vistazo a mi libro *Hook point: How to stand out in a 3-second world* en www.brendanjkane.com/Hook Point
- Escoge un gran titular haciendo que sea específico y relevante.
- Adapta tu contenido a aquello en lo que tu público ya esté interesado.
- Somete tus titulares a pruebas A/B entre ellos para descubrir cuál es el más relevante y útil.
- Emplea la psicología y el comportamiento humano para comunicar claramente tu mensaje a distintos tipos de públicos. Hablar de una forma que tu público pueda comprender es clave. Recuerda que, según el MPC, centrarse en la **LÓGICA**, el **HUMOR** y las **EMOCIONES** será bien acogido por la mayoría de la población.
- Encuentra mensajes que hagan que tu público se haga preguntas en las que ya esté pensando pero para las que no conozca las respuestas.
- Determina si puedes aprovechar las publicaciones políticas, cómicas, inspiradoras, las basadas en las mascotas y el capital social para atraer atención hacia tu contenido.
- Crea contenido y mensajes que conmuevan a la gente a nivel emocional.
- Entérate de qué temas son tendencia en Facebook y en Internet.

CAPÍTULO 6

SINTONIZA MEDIANTE LAS PRUEBAS EN LAS REDES SOCIALES

Ya hemos hablado y tomado conciencia de la importancia de las pruebas en relación con mi sistema. Este capítulo es una continuación de su importancia y de las estrategias y filosofías que algunas de las principales mentes digitales usan para abordar este tema. Para descubrir lo que funcionará para tu público debes permitirte espacio para probar, jugar y descubrir. Si tu contenido no es bien acogido, sigue probando y afinando hasta que encuentres el contenido que sí lo sea. Tal y como dice Katie Couric: «Una de las cosas más importantes que aprendí de Brendan es a ser ágil». Si algo no funciona, no pasa nada: simplemente deberás aprender de ello y pivotar de inmediato.

Quiero que desarrolles el hábito de probar constantemente: observar las respuestas de tu público y saber cómo se implica con tu contenido en tiempo real. Analizar los resultados te ayudará a comprender la eficacia de tus estrategias de contenido. De esa forma generarás unos bucles de *feedback* inmediatos. Una cosa es obtener las estadísticas y los datos, y otra muy distinta aprender de ellos. Debes observar con claridad y ser honesto contigo mismo. Si algo no funciona, no te agobies ni te frustres. Fíjate y pregúntate: «De acuerdo, ¿por qué no ha funcionado esto? ¿Por qué esta pieza de contenido se ha compartido mil veces y ésta otra sólo una?». Analiza ambos espectros sobre lo que ha funcionado y lo que no. Entonces podrás empezar a formular hipótesis sobre tus estrategias de contenidos a corto y largo plazo. Fíjate en qué contenido anima a alguien a implicarse, a seguir tu página, a compartir tu contenido, a comprar tu producto y otras acciones similares. Emplea la plataforma de anuncios de Facebook (que también alimenta a Instagram, WhatsApp y Facebook

Messenger) como una herramienta de estudio de mercados, tal y como hemos comentado en el capítulo uno, para comprender de verdad qué es lo que hace falta para hacer que alguien emprenda una determinada acción.

El valor de las pruebas

Las pruebas no son un concepto nuevo: todos, desde los científicos hasta los empresarios, las han usado. La experimentación deliberada incluso fue la clave del éxito de Thomas Edison cuando inventó la bombilla, y en la actualidad es el arma secreta de Facebook. De hecho, de acuerdo con un artículo publicado en Medium.com, Facebook suele tener 10 000 versiones distintas en funcionamiento para analizar lo que resultará más eficaz para los usuarios. Su fundador, Mark Zuckerberg, dice que la experimentación es la estrategia definitoria del éxito de su empresa.[1]

El principio básico del análisis o las pruebas procede de la ciencia, donde se expone como «teoría, predicción, experimentación y observación». En el mundo de los negocios, el modelo se desglosa en forma de «planea, haz, comprueba, actúa». En mi sistema, consiste en «plantea hipótesis, prueba, pivota». En esencia, es todo lo mismo. Para crear algo, éste es el proceso que funciona.

David Oh, de FabFitFun, dice que si quieres crecer, debes analizar. Apremia a las empresas a implementar sistemas y procesos para medir y observar y luego actuar decididamente tantas veces como sea necesario. Su empresa analiza todo en su página web y en las plataformas de las redes sociales: incluso cosas aparentemente triviales como las imágenes y los colores (en los anuncios y las páginas de destino), los estilos de los botones, los eslóganes y el número de formularios que los usuarios deben rellenar.

Piensa en ti mismo como si fueras un estudiante. La gente de éxito está dispuesta a fracasar y aprender. Es el proceso básico de la vida. Aun-

---

1. SIMMONS, M.: «Forget practice–Edison, Zuckerberg, and Bezos all show the secret to success is experimentation», *Business Insider* (4 de enero de 2017), http://flipboard. com/@flipboard/-edison-zuckerberg-and-bezos-follow-the-/f-9637670253%2 Fbusinessinsider.com

que conseguir un millón de seguidores es un concepto abstracto, Oh dice que no se diferencia mucho de aprender a caminar. Cuando aprendemos a caminar, nos caemos.

Cuando estamos consiguiendo un millón de seguidores, 100 millones de clientes o 100 millones de dólares en ingresos, también debemos seguir cayéndonos hasta aprender cómo hacerlo. Debes generar un proceso reglamentado de hacerlo una y otra vez. Eso es lo que la gente de éxito hace en todos los aspectos de la vida. Prueban y aprenden, y emplean su aprendizaje como combustible.

David cree que el propio proceso es valioso. Es importante ser maleable. En primer lugar, piensas en algo, lo pruebas y luego lo adaptas en consecuencia. Puedes aprender de un error, de un ligero avance y de un gran éxito. Luego crearás versiones variadas. Lleva a cabo este proceso una y otra vez: es un tipo de perseverancia que todos conocen de forma intuitiva.

Jonathan Skogmo, fundador y director ejecutivo de Jukin Media, una empresa que actualmente consigue cerca de 3000 millones de visitas mensuales y que tiene más de 80 millones de seguidores en todos sus canales y segmentos verticales, está de acuerdo y dice que su equipo está probando contenidos todo el tiempo. Se fijan en lo que funciona y lo que no. Prueban distintos contenidos, diferentes miniaturas y el momento del día en el que publican. Probar forma una gran parte de la cultura de Jukin Media.

El equipo de Tim Greenberg, de la Liga Mundial de Surf, hace lo mismo. Publican múltiples recursos en forma de vídeo para todas sus campañas. Tanto si están llevando a cabo un campeonato Billabong Pipe Masters o una campaña de concienciación a favor de Tahití, ponen múltiples recursos en el mercado con distintas variaciones, ya sea en la copia o en el formato. Entonces los contrastan con el mismo público, y finalmente reproducen los más exitosos: los que sobreviven a la fase de pruebas.

Nunca dejes de probar

Prince Ea dice que sigues probando y aprendiendo incluso después de haber generado 2000 millones de visualizaciones o visitas. El proceso nunca se detiene porque te presionas constantemente para probar cosas nuevas.

Lo más importante es, de hecho, aprender de los resultados. Lo que percibo es que la gente suele volverse perezosa. Prueban cinco o diez variaciones, y, lamentablemente, el 95 % del tiempo esas variaciones no proporcionarán unos resultados óptimos. No calarán en el mayor público posible. La gente se frustra, pero debe seguir probando. La mayoría de la gente no triunfará de inmediato. Al principio, tu coste por seguidor seguramente no será superbajo y tu contenido no se viralizará: podría, pero si lo hace, probablemente sólo le pasará a menos del 1 % de la gente que esté leyendo este libro. Incluso *yo* rara vez lo consigo. Estoy probando, aprendiendo y llevando la plataforma al límite constantemente. Además, cuanta más información recopiles de las pruebas, mejor serás produciendo buenos contenidos. Tómate tiempo para aprender cómo reducir de forma espectacular el coste por compartición o tu indicador clave esencial de rendimiento (ICR), independientemente de cuál sea.

Chris Williams, fundador y director ejecutivo de pocket.watch, una empresa de entretenimiento para niños, y antiguo director de asuntos relacionados con el público de Maker Studios, que también lanzó Disney Online Originals (una división de The Walt Disney Company dedicada a la creación de contenidos breves de la marca Disney), aconseja que deberías fijarte en el contenido de la misma forma en la que los ingenieros se fijan en el software. Cuélgalo, mira qué sucede, repite, fíjate en lo que pasa, repite y mira de nuevo qué pasa. El atractivo de las plataformas digitales es que puedes generar contenido y repetirlo muy rápidamente, al contrario que los contenidos que aparecen en la televisión o las revistas, donde ese proceso lleva mucho más tiempo. El atractivo de las redes sociales consiste en que puedes ver de inmediato quién lo está haciendo bien e inspirarte con lo que ya está funcionando en ellas. Sal, prueba contenidos, mide la respuesta y repite rápidamente.

¿Cuántas piezas de material publicitario deberías probar al día?

Deberías probar y exigirte al máximo constantemente a ti y a tu marca, pero el número de piezas de material publicitario que deberías probar por día depende de cuántos intereses estén relacionados con tu marca. ¿Cuántas palabras clave/intereses específicos puedes encontrar que representen al público que estás intentando generar? Si sólo tienes diez intereses relevantes para tu marca, necesitarás más piezas de material publicitario. Si tu marca tiene un ámbito más amplio, potencialmente podrías tener doscientos conjuntos de anuncios (para saber cómo organizar esto, visita www.onemillionfollowers.com/variations).

Si eres actor, por ejemplo, podrías dirigirte no sólo a aquéllos interesados en dirigir o producir, sino también a gente a la que le guste cualquier película similar a su marca (y hay cientos de filmes potencialmente relevantes). Por otro lado, si tu marca está relacionada con los deportes, puede que sólo haya veinte niveles relevantes de intereses que pudieran convertirse en conjuntos de anuncios. Todo depende de la temática en cuestión. Emplear citas y emparejarlas con fotografías es un modelo fácil de seguir y con el que recomiendo encarecidamente empezar. En una ocasión, conseguí un millón de seguidores en dos semanas para una organización sin ánimo de lucro dedicada a proteger el océano. Nos centramos en unos veinte intereses distintos. El material publicitario era una cita emparejada con una imagen del océano. Usé diez imágenes y diez citas. Cada imagen estaba emparejada con una de las citas, y entonces, cada una de estas variaciones se probó con entre diez y veinte intereses. Probamos unas doscientas variaciones de contenido. Las tres variaciones más exitosas fueron:

1. Una cita de Paul Watson, activista medioambiental y de la conservación de la vida marina salvaje, que decía: «Los océanos son el último lugar libre del planeta», con una fotografía de una mujer haciendo *paddleboard* cerca de una hermosa ola.
2. Una cita de la oceanógrafa Sylvia Earle que decía: «Sin agua no hay vida. Sin azul no hay verde», acompañada de un vídeo de uno de mis amigos practicando *paddleboard* cerca de una ballena gris y su joven cría.
3. Un titular que decía: «Una de las muchas razones hermosas para proteger nuestros océanos», con una foto de la cola de una ballena que sobresalía del agua antes de sumergirse en las profundidades del océano.

Probar mil variaciones te permite aprender. Te encontrarás con que incluso una pequeña modificación de una palabra o un color de fondo pueden suponer toda la diferencia del mundo; y aunque suene tedioso, duplicando los conjuntos de anuncios puedes generar miles de variaciones en menos de una hora. Crea un conjunto de anuncios y sigue duplicándolos e intercambiando distintos intereses. No tienes por qué crear las citas partiendo de cero: simplemente duplícalas modificando pequeñas variables. Para decidir qué anuncios dejar que sigan reproduciéndose, piensa en tus objetivos. Si tu meta es un centavo por seguidor y todos los anuncios están generando ese resultado, no los quites. Regresa siempre a la ecuación «Quiero llegar a un millón de seguidores y quiero hacerlo por 10 000 dólares». Si ésta es tu meta, entonces deberás conseguir la cifra de un centavo por seguidor. Si el anuncio no está alcanzando ese valor de un centavo por seguidor, simplemente retíralo y prueba una nueva variación que obtenga los resultados que quieres alcanzar. Recuerda probar y medir, dentro de tus posibilidades, tantos tipos de contenido como sea posible para saber qué es lo que es mejor acogido por tu público.

Cuando pasé ese mes consiguiendo un millón de seguidores, medía (en tiempo real) el índice de respuesta sobre qué contenido hacía que la gente me siguiera. Probaba cientos (y en algunos casos miles) de variaciones para determinar qué proporcionaba los mejores resultados. Cada noche, a medianoche, lanzaba entre 100 y 300 variaciones de contenidos, y cuando me despertaba por la mañana medía los resultados y fraguaba una nueva prueba para la noche siguiente. Durante treinta días, probé más de 5 000 variaciones de contenidos. Esto suena a algo así como una tarea demencial, pero no probé 5 000 piezas de contenido distintas. Frecuentemente tomaba una pieza de contenido y la convertía en cientos de variaciones en un período de tiempo muy corto. Para aprender cómo hice esto, visita www.onemillionfollowers.com/variations

Escucha a tu público

Jon Jashni, uno de los productores cinematográficos, ejecutivos de medios de comunicación e inversores más exitosos de Hollywood, cree en escuchar a tus consumidores. Destaca que deberías considerarles *como tu socio* en este proceso. Si les ofreces constantemente bocados de tu arte, generas una conexión. Ellos pueden recibir lo que tú ofreces y proporcionarte un *feedback* inmediato. Pueden decirte, literalmente, lo que les ha encantado del contenido que has publicado.

Es valioso recibir este *feedback* de tu conjunto de redes sociales de formas que sean comprensibles y procesables. Y sé rápido a la hora de responder a tus seguidores, ya que si les subestimas, irán a buscarse otra plataforma que parezca preocuparse más.

Las herramientas de búsqueda te ayudan a escuchar, probar y aprender

Latham Arneson, antiguo vicepresidente de marketing digital de Paramount Pictures, comenta que Google AdWords puede aprovecharse como herramienta para aclarar qué es lo que la gente ya está buscando. Te ayuda a comprender las palabras clave que estás determinando como objetivos. Esto no es lo mismo que poner contenido delante de la gente mediante las plataformas sociales. La gran diferencia entre los métodos sociales y los de búsqueda es que el social es un modelo de empujar, mientras que el de búsqueda es un modelo de tirar. Ver contenido en la sección de noticias de Facebook es más comparable a la publicidad en televisión que a la búsqueda de algo concreto en Google. La gente puede seguir comentando el contenido en Facebook, pero no es lo mismo que ir a Google y buscar información: eso muestra un nivel de interés mucho más activo.

Las herramientas basadas en la búsqueda te permiten analizar el envío de mensajes y fijarte en cuánta gente está hablando sobre distintos temas. Puedes ver si hay actividad de búsqueda sobre palabras clave relacionadas con tu marca o producto, es decir, si la gente quiere saber más de forma activa. La búsqueda te proporciona una buena indicación de cómo le puede estar yendo a tu mensaje.

Cuando el equipo de Arneson trabajó en la película de 2008 *Monstruoso*, se dio cuenta de que la gente buscaba términos relacionados con la película, como por ejemplo «J. J. Abrams», el productor del filme, y la fecha del estreno de la película (al principio usaron la fecha de estreno como parte de un gancho de marketing porque todavía no habían anunciado el nombre del filme). Cuando se fijaron en las palabras clave que se buscaban con mayor frecuencia, esto generó un bucle de *feedback* que les permitió conocer qué aspectos de los materiales de marketing tenía más sentido potenciar en futuras campañas. AdWords también puede ayudarte a comparar lo fácil de buscar que es tu contenido en comparación con otras marcas y productos similares. Arneson añade que hay una herramienta pública llamada Google Trends que te proporciona un nivel de búsqueda relativa, de modo que puedas ver si te buscan con tanta frecuencia como a otras marcas. Estas herramientas son extremadamente potentes. Te proporcionan información sobre las situaciones de tus competidores que no puedes obtener en ningún otro lugar. Si la gente te busca con más frecuencia que a tus competidores, eso será un buen indicador de que tu producto o tu marca se venderán.

Algunos de vosotros quizás no estéis al nivel en el que la gente busca vuestro nombre o producto, pero estas herramientas pueden ser empleadas para la inteligencia de los contenidos. Arneson dice que si, por ejemplo, lanzas una marca de yoga, puedes ver lo que está buscando la gente en relación con el yoga y usar eso para dirigir las decisiones relativas al marketing de tus contenidos. Puedes averiguar si la gente está más interesada en esterillas o pelotas de yoga, o si hay algún chiste o tema nuevo relacionados con el mundo del yoga. Conocer esta información puede ayudarte a determinar dónde concentrar tus esfuerzos. Incluso puede ayudarte a la hora de tomar decisiones empresariales. Aprenderás qué está a la última y qué productos potenciar.

Además, estas herramientas pueden ayudarte a determinar el tamaño de tu mercado. Puedes captar el nivel de interés antes de desarrollar un producto o una pieza de contenido. Facebook también puede proporcionarte una idea del interés diciéndote que a diez millones de personas «les gusta» el yoga, pero una herramienta basada en las búsquedas te mostrará cuánta gente está realmente buscando un producto o término concreto. El hecho de que la gente lo esté buscando lo hace más activo y práctico.

Escucha social

La escucha social es el proceso de monitorización de las conversaciones digitales para que te ayude a comprender qué dicen en Internet los clientes de una marca, persona o sector. Se usa para obtener *feedback* que pueda ayudar a diferenciar tu marca, producto o servicio. El equipo de Arneson en Paramount usaba la escucha social para comprender con qué aspectos de las películas conectaba más la gente. Su equipo se fijaba en las películas a las que les iba realmente bien y prestaba atención a lo que la gente estaba comentando. ¿Era la historia la que atraía su atención o eran los personajes? Ésta es información valiosa que les ayudaba a comprender cómo promocionar películas actuales y futuras. Les ayudaba a saber qué es lo que emocionaba a la gente.

Es importante saber que este proceso lleva tiempo y mucho análisis de datos. Arneson te insta a no mirar simplemente la parte superior de la lista de temas que menciona la gente. Debes profundizar más y averiguar por qué están hablando de lo que están hablando. Debes interpretar los mensajes y emplear tu mejor criterio para generar contenido nuevo o adaptar el contenido del que dispones y ver cómo responde la gente. Luego deberás volver a escuchar y adaptarlo en consecuencia. Se trata de un proceso continuo de observación y prueba porque nunca está bien definido. La gente no sale y dice: «Me encanta este vídeo porque me hace sentir realmente bien conmigo mismo». Nunca será algo tan obvio.

Arneson comenta que es importante ver cómo las tendencias cambian con el tiempo. Fíjate en cómo la gente responde a tu contenido o producto al principio, y luego observa cómo sus reacciones cambian a medida que el tiempo avanza. Hacerlo te proporcionará una trama subyacente para comprender qué tipo de contenido y mensajes es importante fomentar. Con el tiempo desarrollarás la capacidad de emplear lo que la gente esté diciendo para ponerte al corriente de tus continuos esfuerzos y cambiar de tema para satisfacer sus necesidades.

Disponer de la trama subyacente también te proporcionará un punto fundamentado de análisis para ayudarte a determinar si hay comentarios que puedes ignorar. Puede que una persona se queje de una pieza de contenido, pero que luego retrocedas y veas que en el pasado otros disfrutaron con publicaciones similares. Si dispones de los datos, tendrás un punto de comparación para mantener las cosas en perspectiva y determinar frente a qué problemas, si es que los hay, vale la pena reaccionar. Si has llevado registros a lo largo del tiempo, dispondrás de una imagen más amplia y una mejor comprensión de cómo y por qué la gente se implica contigo. Si eres una marca importante y la cantidad de información es apabullante, siempre puedes contratar los servicios de una empresa que te ayude a llevar a cabo la escucha social. Sin embargo, la mayoría de vosotros probablemente os encontraréis en una fase lo suficientemente manejable como para hacerlo por vuestra cuenta. Simplemente leed y registrad los comentarios a vuestras publicaciones y emplead las herramientas de búsqueda que proporcionan las plataformas sociales para buscar palabras clave relacionadas con vuestro contenido. Además, podéis acudir a las páginas de vuestros competidores y registrar los comentarios y la información sobre el tipo de contenido que está teniendo éxito o no en sus cuentas en las redes sociales. Asegúrate de registrar lo que aprendas, de modo que puedas regresar cada semana o mes para llevar a cabo un análisis comparativo.

Haz preguntas a tus consumidores y piensa desde su punto de vista

Arneson añade que es importante crear unas distinciones claras entre lo que estés sometiendo a prueba. No cambies simplemente una palabra, ya que eso no supone una diferencia suficiente. Analiza mensajes básicamente diferentes. De ese modo dispondrás de un buen conocimiento sobre lo que prefiere la gente. Haz preguntas a tus consumidores proporcionándoles distintos mensajes entre los que escoger. Si publicas cuatro mensajes claramente distintos y tu público gravita casi unánimemente en torno a uno de ellos, no tendrás ninguna duda sobre aquello en lo que está interesado.

Éste es un enfoque distinto al que yo empleo, ya que Arneson procede de la industria del cine, donde probar distintos mensajes es crucial para comprender cómo acceder a un público concreto. Estoy de acuerdo con lo que dice, pero también me gusta modificar distintas palabras para ver si alguna ligera variación puede incrementar enormemente los resultados de alguna forma. No siempre funciona, pero a veces puede sorprenderte.

Intenta pensar desde el punto de vista de tus consumidores. ¿Qué experimentará tu público cuando vea tu contenido? ¿Qué saben (si es que saben algo) de tu marca? Si han conocido algo de tu marca en el pasado, ¿crees que lo recordarán? Comprende quiénes son los consumidores y en qué lugar se encuentran en términos del conocimiento de tu contenido y tu marca.

Otra razón por la cual es importante analizar y escuchar a tus consumidores concretos es la de encontrar tu voz más original y persuasiva. Frecuentemente pensamos que una estrategia de contenido que hemos visto funcionar para otras marcas funcionará también para la nuestra de forma automática; pero esto no siempre es así. El mero hecho de que otras marcas y personas estén utilizando un formato concreto para promocionar un producto o contenido no significa, necesariamente, que suponga la mejor forma de enfocar el marketing de *tu* marca o *tu* mensaje.

Dollar Shave Club es un ejemplo perfecto de una marca que dio con una forma original de promocionar su contenido. Antes de que esta marca apareciera, las maquinillas de afeitar se vendían principalmente gracias a anuncios en la televisión, y Gillette era el actor predominante. Entonces apareció Dollar Shave Club con un vídeo online divertido, alocado e irónico que representaba a su nueva marca[2] y que obtuvo más de cuatro millones de visitas (visualizaciones). En esa época, Dollar Shave Club era una joven empresa emergente, y era difícil competir con Gillette, pero comprendiendo las redes sociales, escuchando a su público, enfocando las cosas de forma distinta y probando, fueron capaces de irrumpir en un sector muy competitivo.[3]

Con esta campaña, Dollar Shave Club inició una tendencia, y desde entonces la gente la ha copiado una y otra vez; pero no siempre proporciona a sus competidores los resultados que desean. Cada marca necesita averiguar su propia identidad y en qué está interesado su público concreto, y tú también debes hacer eso.

Aprovecha tu comunidad para impulsar decisiones

Ray Chan, director ejecutivo y cofundador de 9GAG, una plataforma online de humor, ha creado una empresa con 39 millones de «me gusta» a sus

---

2. «DollarShaveClub.com–Our blades are f***ing great», vídeo de YouTube, 1:33, publicado por Dollar Shave Club (6 de marzo de 2012), www.youtube.com/watch?v=ZUG9qYTJMsI

3. Vinjamuri, D.: «Big brands should fear the "Dollar Shave Club" effect», *Forbes* (2 de abril de 2012), www.forbes.com/sites/davidvinjamuri/2012/04/12/could-your-brand-be-dollar-shave-d/#7e3f32b94854

páginas en Facebook, 44,5 millones de seguidores en Instagram y 15 millones de seguidores en Twitter. En conjunto, es una de las marcas de entretenimiento más importante en las redes y una de las treinta páginas más seguidas en Instagram. Además, si eliminas a las celebridades de esa lista, ocupa el sexto lugar.

Chan emplea el *feedback* de su comunidad para revisar qué contenido tiene el potencial más viral y de mayor calidad. El *feedback* que recibe su marca mediante la observación de las respuestas de su público le permite tomar decisiones sobre lo que se publicará en sus canales sociales. Si algo va a funcionar bien, suele hacerlo con bastante rapidez. El equipo prueba muchos contenidos en la comunidad y permite que los éxitos orienten las publicaciones futuras.

El contenido de 9GAG es divertido y cómico en general, lo que lo hace accesible a un montón de gente. Su equipo tiene su sede en Hong Kong, pero la base de usuarios de 9GAG es muy internacional. Sus seguidores no son sólo de Hong Kong, sino también de Estados Unidos, Alemania, Países Bajos, Filipinas y otras partes del mundo. Si dependiera sólo de la gente de su equipo para diseñar contenido valioso, probablemente sería sesgado. En lugar de hacer que únicamente su equipo editorial decida lo que funciona, la marca permite que su comunidad (que engloba a millones de personas) sea una versión extendida del equipo editorial.

Es realmente importante seguir aprendiendo y ver hacia dónde va el mercado. Escucha a tu comunidad y permite que te oriente hacia dónde deberían centrarse tu empresa y tu marca. Ray también tiene una aplicación y señala que existe una gran brecha entre aquello de lo que hablan los medios prevalecientes y lo que los usuarios están haciendo. Si, por ejemplo, te fijas en TechCrunch, podrías pensar que hay montones de aplicaciones que son muy populares porque aparecen en sus artículos. Sin embargo, la mayoría de los usuarios de Chan pertenecen a un sector demográfico joven y ni siquiera leen lo que aparece en TechCrucnh, por lo que este tipo de investigación de segunda mano no le sirve a esta empresa. Él sugiere basarse en investigaciones de primera mano hablando directamente con tus usuarios para saber qué es lo que les gusta y qué están haciendo. Está escuchando en todo momento a su comunidad y a su público para aprender y mejorar continuamente la estrategia general de su contenido.

Tómate tu tiempo

Jonathan Skogmo, de Jukin Media, también cree en las pruebas constantes. Admite que el contenido de su empresa no se viraliza por arte de magia: está probando y haciendo uso, continuamente, de datos y estadísticas para mejorar a la hora de escoger el contenido más exitoso.

Jukin Media tiene cuatro marcas distintas que hacen uso de Facebook, YouTube e Instagram, y el equipo de Skogmo es consciente de que cada plataforma tiene un público distinto, por lo que personaliza el contenido para cada plataforma. El mismo vídeo puede tener una duración, título o punto de inicio distinto si se publica en Facebook en contraposición con si se publica en YouTube o Instagram. Cada plataforma tendrá una versión ligeramente distinta del contenido.

Skogmo te apremia a tomarte tu tiempo para escuchar, probar y descubrir. El proceso no es una carrera corta, sino un maratón. «El mero hecho de que no te encuentres en un cohete espacial no quiere decir que no estés creciendo», dice; y si por un momento te *encuentras* en un cohete espacial, no te creas que eso durará para siempre, en algún momento te quedarás sin combustible.

Saca contenidos, prueba, aprende de ello y repite. A fin de cuentas, estás ahí para el largo plazo. No juegues a corto, sino a largo plazo. Fíjate en el comportamiento de tu público y nunca dejes de poner contenido delante de sus narices.

Consejos rápidos y resumen

- Prueba y aprende. Luego emplea ese aprendizaje a modo de combustible.
- Las pruebas se usan en todos los aspectos de la creación: desde la medicina hasta los negocios y la ciencia. Son la base del aprendizaje.
- Una cosa es registrar las estadísticas y los datos, y otra bastante distinta es, de hecho, *aprender* de ellos. Observa cómo y por qué la gente se implica con tu contenido.
- Cuanta más información puedas recopilar de tus pruebas, mejor serás produciendo contenido que sea bien acogido por la gente. Esto te

ayudará enormemente a reducir los costes relativos a tus indicadores clave de rendimiento (ICR).

- Haz preguntas a tus consumidores mediante mensajes claros y nítidos entre los que escoger.
- Piensa desde el punto de vista de tu consumidor.
- No te vuelvas autocomplaciente. Rompe las barreras de las plataformas.
- Escucha a tu comunidad y permite que te ayude a decidir qué contenido será más eficaz.
- Google Trends y AdWords te ayudarán a personalizar tu contenido con respecto a aquello en lo que tu público está más interesado y te permitirá observar las tendencias a lo largo del tiempo.
- Practica la escucha social fijándote en los comentarios de tu comunidad a tus publicaciones y contenidos. Ve, además, a las páginas web de tus competidores y observa qué tal les está yendo a sus contenidos.
- Personaliza y prueba contenidos por separado en cada plataforma.
- El proceso de las pruebas es un maratón, y no una carrera corta.

CAPÍTULO 7

ALIANZAS ESTRATÉGICAS

Crear asociaciones estratégicas puede ayudarte a crecer muy deprisa. Son especialmente útiles si tienes menos dinero que gastar para hacer crecer tu plataforma o quieres crecer empleando estrategias puramente naturales. Te permiten ir allá donde ya se encuentra el público, de modo que no tengas que partir de cero. Sólo tienes que averiguar qué hace falta para identificar y formar las asociaciones correctas que harán que tu marca crezca rápidamente. Generar un gran seguimiento con las herramientas que te he proporcionado hasta ahora puede, ciertamente, ayudarte a destacar y a resultar deseable para socios potenciales, pero existen muchas otras formas. Este capítulo te ayudará a ser creativo.

Las alianzas han sido la clave del éxito para algunos de los mayores *influencers* que hay en las redes sociales. Julius Dein, mago y emprendedor en las redes sociales, atribuye su éxito a las asociaciones. Empezó con una estrategia de «compartición por compartición», en la que compartía el contenido de otras personas en Facebook e Instagram y, a cambio, ellas compartían su contenido. Contactó con tantas páginas importantes como pudo y les hizo favores. Cuando estaba empezando, incluso pagó a algunas de ellas para que le permitieran presentar sus publicaciones en sus páginas. Estas estrategias ayudaron a dar un empujón al crecimiento de su página en Facebook, que ahora tiene 15 millones de seguidores, además de a su página en Instagram, que ahora tiene más de 6 millones de fans.

Cómo encontrar socios y conectar con ellos

Comprender los objetivos que seleccionar te ayudará a escoger a los socios adecuados. Si sabes a qué público tienes que llegar, el siguiente paso consiste en averiguar las cuentas, marcas y gente que comparten los mismos clientes o público. Si, por ejemplo, eres una marca de ropa para mujer que se dirige a las mujeres de entre 18 y 35 años, averiguar quién más tiene ese público: encontrar a *influencers* y plataformas que se estén dirigiendo a ese mismo grupo demográfico.

Una vez que hayas seleccionado a la gente con la que quieres crear alianzas, tienes que ser persistente. Incluso aunque te rechacen la primera vez que te pongas en contacto con ellos, no te rindas. Ponte en el lugar del otro y piensa en lo que te gustaría recibir. Incluso aunque alguien parezca estar muy por encima de tu nivel de influencia, probablemente seguirás teniendo algo útil que ofrecer. *Piensa en lo que te hace único.*

Otra táctica importante consiste en centrarse en forjar relaciones con superconectores: gente que es alcanzable y que tiene conexiones con muchas otras personas. Acudes a ellos porque conocen a la gente con la que quieres conectar. Encuentra a aquellos en tu sector que puedan hacerte entrar en contacto con los socios a los que quieres conocer. Si, por ejemplo, quieres colaborar con Taylor Swift, probablemente no te podrás poner en contacto directamente con ella. Debes encontrar a gente que ya la conozca. Yo no hubiera trabajado con Swift si no hubiera tenido una relación preexistente con la MTV.

Busca a los asesores de confianza de tu colaborador potencial. La MTV no es la única forma de contactar con alguien como Swift. Las celebridades también tienen familiares, amigos, representantes, directores y bailarines con los que trabajan. Hay muchas formas distintas de contactar con la gente. Contactar directamente con las grandes estrellas quizás no sea bien recibido. Necesitas un plan.

También es buena idea empezar a apuntar hacia la gente más cercana a tu nivel. Si abres una tienda de ropa es probable que haya *influencers* en tu ciudad. No tienes por qué conseguir que Kim Kardashian trabaje contigo para tener éxito. Probablemente haya un icono de la moda o una bloguera del mundo de la moda en tu comunidad con la que puedas asociarte. (Si eres una empresa o una marca local, en el capítulo dedicado a Instagram te proporciono estrategias adicionales sobre cómo encontrar y ponerte en contacto con *influencers* locales).

Utiliza lo que tengas a tu disposición

A veces, el camino al que quieres llegar no es directo. Hay una actriz llamada Zoë Bell que empezó siendo doble en las escenas de acción. Trabajó en muchas películas de Quentin Tarantino y fue la doble de Uma Thurman en *Kill Bill*. Trabajaba con Tarantino tan frecuentemente que éste acabó dándole un papel en su película de 2007 *Death Proof*. Aunque Bell empezó trabajando como doble, proporcionó algo que tenía valor, fomentando una relación con uno de los grandes directores de Hollywood, y acabó interpretando un papel de forma inesperada.

La historia de David Leitch es similar. Originalmente había sido doble de acción en películas como *V de Vendetta*, *El club de la lucha*, *300* y *The Bourne supremacy*; fomentó sus relaciones y acabó siendo director de segunda unidad. Al final dirigió películas como *John Wick*, *Atómica* y *Deadpool 2*.

¿Cuál es la moraleja de la historia? ¿Apuntarse a cursos para ser doble de acción? No. Pregúntate qué hay de valor que puedas ofrecer a la gente influyente en tu sector.

Destaca, hazte notar y sé diferente. Además, lo que puedes ofrecer no tiene por qué ser necesariamente lo mismo que estés intentando hacer. Algo tan sencillo como ser un recadero o un extra en el contenido de otro *influencer* podría dar lugar a una futura colaboración en cuanto a contenidos. La conclusión es que proporcionar valor a gente influyente de tu sector siempre te permite iniciar una relación auténtica con ella. Si te tienen en su radar, y a medida que la relación vaya progresando, la probabilidad de que quieran ayudarte o aprovechar tus talentos aumentará enormemente.

Con uno o dos bastará

Cuando Joivan Wade, creador de la página de Facebook «The wall of comedy!», con 4,2 millones de seguidores, inició su primera serie por Internet, envió un mensaje a cada conexión que tenía en Facebook comentándoles: «Hola. Sé que probablemente estarás ocupado, pero ¿te importaría echar un vistazo a mi serie online?». Algunas de esas personas le han contestado hace poco: «Vaya, Joivan, veo que acabas de filmar tu primera película para Hollywood. Estoy muy orgulloso de ti, lo estás haciendo muy bien». En la cadena de mensajes de Facebook permanece el antiguo mensaje que envió. Esas mismas personas no le habían respondido hasta siete años después para decirle lo orgullosas que estaban de él. Sólo unas cinco personas de las miles a las que envió ese mensaje le contestaron de inmediato. No todo el mundo tiene el tiempo ni la necesidad de ayudarte o trabajar contigo, pero debes seguir intentándolo hasta obtener los resultados que deseas. En otras palabras, no envíes un mensaje a cinco personas y te desanimes si ninguna te contesta. Envía un mensaje a cien personas más, y luego a otras cien, hasta que encuentres a aquellos que te apoyen. Incluso aunque sólo dos o tres personas quieran trabajar contigo, ya será algo. Es la calidad y no la cantidad lo que te ayuda a crecer. Céntrate en uno o dos contactos o asociaciones valiosas.

Ofertas singulares

Shazam (que ha sido recientemente adquirida por Apple) es un ejemplo perfecto de una empresa que empezó siendo pequeña y con una oferta singular: una aplicación que puede identificar piezas musicales basándose en una pequeña muestra reproducida mediante el uso del micrófono de un dispositivo electrónico. Chris Barton, el fundador de Shazam y presidente del consejo de administración y antiguo jefe de desarrollo de negocios en Android para Google, siempre se ha centrado en el desarrollo de negocios colaborativos para acelerar el crecimiento. Barton explica que, al principio, Shazam luchó durante seis años antes de conseguir algo de éxito. Era una pequeña empresa emergente que creó su plataforma incluso antes de que los teléfonos inteligentes (*smartphones*) dispusiesen de aplicaciones. Después, finalmente, Shazam se asoció con AT&T (un gigante de las telecomunicaciones) para distribuir una aplicación de reconocimiento de música que generó unos ingresos importantes para Shazam en aquellos tiempos iniciales de las empresas emergentes. Pese a que su escala palidecía con la comparación, la tecnología de Shazam fue valiosa para AT&T, ofreciendo la capacidad de diferenciar sus teléfonos de los de otros proveedores de telefonía; y el dinero que Shazam obtuvo con esta asociación ayudó a esta empresa emergente a desarrollar todavía más su tecnología.

El trato con AT&T no contó con la marca de Shazam, lo que significa que Shazam no vio el nombre de su marca unido al de la tecnología de la plataforma de AT&T. Por lo tanto, Barton y su equipo seguían queriendo encontrar una oportunidad para hacer crecer la conciencia con respecto a su marca y hacer crecer a su empresa. Cuando el iPhone salió al mercado en 2007, la App Store no existía todavía. El equipo de Barton pensó: «¿No sería genial que pudiéramos hacer que Shazam estuviese en el iPhone?». En 2008, Apple empezó a configurar la App Store para su lanzamiento. Se pusieron en contacto con un puñado de empresas, y Shazam se encontraba entre ellas. Barton dijo que esta «suerte» se debió al hecho de que su producto suponía una oferta singular.

Fue entonces cuando empezó el crecimiento rápido de Shazam para llegar a grandes públicos. En aquella época sólo había uno o dos millones de iPhones (y no la enorme cantidad que vemos ahora), pero para Shazam supuso un punto de inflexión. La gente estaba descargándose sus aplicaciones, y a medida que las ventas de los iPhones aumentaron, lo mismo hicieron las descargas de Shazam.

Barton dice que lo que realmente hizo que Shazam fuera un enorme éxito fue la combinación de la accesibilidad a través de la plataforma de aplicaciones del iPhone, sumada a una sencilla pero genial experiencia de los usuarios. Fue casi mágico para la gente descubrir que podía presionar un botón y averiguar de inmediato los nombres de canciones. Dejó a los usuarios tan encantados que acababan enseñando la aplicación a sus amigos, lo que dio lugar a un enorme crecimiento como producto del boca a boca. Por lo tanto, si dispones de una oferta singular y puedes encontrar a los socios adecuados, puedes posicionarte para tener un crecimiento masivo.

YouTube es otra empresa que creció debido a su oferta y a una alianza estratégica. Se creó y fue adquirida al cabo de veintidós meses por 1600 millones de dólares, porque aprovechaba, de forma estratégica, la plataforma Myspace para dirigir el tráfico hacia su propia plataforma. YouTube creó un fragmento de código (lo que ahora se conoce como un código de inserción) de modo que la gente pudiera integrar vídeos en sus perfiles de Myspace. Esto fue una novedad en esa época: actuaba como el primer reproductor de vídeo de Myspace. Cuando los usuarios veían que sus amigos insertaban vídeos en su perfil de Myspace, normalmente querían imitarles. YouTube creció porque se veía en los perfiles de Myspace, y los usuarios estaban haciendo correr la voz sobre la empresa sin ni siquiera ser conscientes de ello.

YouTube también llevó a cabo algunos movimientos inteligentes, como tener su logotipo en el reproductor y diseñarlo de modo que cuando los usuarios clicaban sobre el vídeo, eso les llevaba a la página web de You-

Tube. Es importante señalar que éste es un tipo distinto de «alianza» estratégica porque, de hecho, Myspace ni siquiera sabía al principio que estuviese sucediendo esto. Para cuando YouTube alcanzó una masa crítica y Myspace intentó pararlo, ya era demasiado tarde. Myspace respondió al enorme crecimiento de YouTube, cuando acabó siendo consciente de él, desactivando el código de inserción de YouTube, lo que provocó que los usuarios de Myspace se rebelaran, forzando a Myspace a reactivarlo. Entonces Myspace intentó comprar YouTube, pero perdió frente a Google. Por lo tanto, a veces puedes maximizar el valor de las fuentes de tráfico de las plataformas sociales y digitales sin tener que crear unas asociaciones «formales». En este caso, por ejemplo, YouTube aprovechó el hecho de que Myspace ya permitía la inserción de códigos en los perfiles de los usuarios para hacer aumentar su público. Instagram también creció rápidamente animando a la gente a compartir las preciosas fotos que tenían en sus cuentas de Facebook, lo que llevó a más gente a la plataforma de Instagram. Pese a que Facebook era consciente de ello, las dos plataformas no tenían ningún tipo de asociación formal hasta que Facebook adquirió Instagram en 2012.

Zenga asumió un enfoque similar aprovechando la plataforma de Facebook cuando empezó en 2001. En esa época, Facebook permitía a los jugadores de videojuegos que enviaran a sus amigos invitaciones del tipo «Esta persona quiere invitarte a jugar...». Facebook acabó modificando la forma en la que se podían enviar invitaciones, pero en aquella época Zenga ya había aprovechado esta herramienta para crecer y convertirse en una empresa con un valor de 1 000 millones de dólares.

Barton también señalaba que Dropbox, donde trabajó como jefe de desarrollo de negocio en dispositivos móviles, es otro ejemplo de una empresa cuyo crecimiento se atribuye a alianzas. Dropbox probó cada táctica imaginable para provocar el crecimiento. Al final, lo que mejor funcionó en su caso fue hacer que los usuarios invitasen a sus amigos regalándoles capacidad de almacenamiento gratuita. En esencia, Dropbox estructuró una alianza con sus usuarios.

Las alianzas estratégicas funcionan. Son lo que me hizo conseguir a Taylor Swift y a Rihanna como clientes. Me asocié con la MTV en una plataforma que yo había creado, y luego la MTV me presentó a Taylor Swift y a otras grandes celebridades. Siempre que le saques el máximo rendimiento a tus ofertas singulares, te sorprenderás por el acceso que puedes tener a las personas adecuadas que te ayudarán a crecer.

Hacer regalos

Hacer regalos es otra estrategia que muchas marcas usan para generar colaboraciones (especialmente aquí en Hollywood). Las marcas pagan para participar en eventos en los que se dan regalos a gente famosa, lo que les permite hacer que sus productos lleguen a las manos de celebridades. Tienes que dar tu producto gratis a celebridades, pero a cambio puedes conseguir fotografías en las que aparezcan usándolo o teniéndolo entre sus manos, lo que expondrá tu producto ante un mayor público y le dará una mayor credibilidad a los ojos de los seguidores.

Escribir artículos destacados

No tienes que ser el inventor de una aplicación o un experto en tecnología, y ni siquiera tienes que estar vendiendo productos para hacer que las alianzas estratégicas funcionen para ti. Simplemente tienes que averiguar quién necesita tus habilidades.

Puede que seas un bloguero del mundo de la moda o un diseñador de moda. En este caso, podrías escribir un artículo destacado para otro blog sobre el mundo de la moda que sea algo mayor (o muchísimo mayor) que el tuyo. Asegúrate, simplemente, de encontrar a alguien cuyo público coincida con tu objetivo. Puedes ofrecerte a escribir un artículo gratuito cada semana durante un mes siempre que tu objetivo incluya tu nombre y un enlace a tu página web. Esto expondrá tu marca, plataforma o productos a otras personas.

Identifica y proporciona valor a otras personas con un gran tráfico

Cuando trabajé para la empresa de producción cinematográfica y entidad financiera Lakeshore Entertainment, quería crear alianzas con blogueros del ámbito de las películas. En esa época, la mayoría de los blogueros cinematográficos no eran tomados en serio, excepto en el caso de Harry Knowles, que había fundado y dirigía Ain't It Cool News. Él era la única persona con la que la gente de la industria del cine quería trabajar, pero pese a ello no le trataban realmente con respeto. Simplemente esperaban que colgase su contenido en su blog.

Para cambiar esta dinámica y generar unas mejores alianzas con blogueros cinematográficos, nuestro equipo empezó a organizar fiestas privadas en las que talentos del mundo de cine, como actores y directores, acudían y pasaban el rato con blogueros cinematográficos. Tratábamos a los blogueros como estrellas del rock y como amigos. Les hicimos sentir incluidos en el proceso. Además, les ofrecimos contenidos exclusivos. Por ejemplo, cuando estábamos trabajando con el actor Jason Statham en la película de 2006 *Crank*, grabamos presentaciones personalizadas en vídeo para los principales blogueros cinematográficos para el lanzamiento del filme.

Empleamos estas tácticas porque sabíamos que los blogueros cinematográficos tenían un gran público y el estudio para el que estaba trabajando lidiaba con unos presupuestos pequeños para el marketing, de alrededor de entre 15 y 30 millones de dólares por película. Puede que esto parezca mucho, pero no es nada en comparación con los entre 50 y 100 millones de dólares de presupuesto para marketing de los lanzamientos de los grandes estudios. Nuestro equipo tuvo que dar con formas inteligentes de destacar y promocionar nuestras películas. Generando colaboraciones con los blogueros cinematográficos, asentamos relaciones que hicieron que más gente prestara atención a nuestro contenido.

Con esto no estoy diciendo que tengas que salir y dar grandes y alocadas fiestas. Simplemente debes identificar quién es influyente y quién tiene un gran público en tu sector, y luego dedicarle tanta atención genuina como sea posible.

Colaborar

Colaborar con la gente adecuada ayuda a hacer crecer y a fomentar tu público. Si eres músico, puedes ofrecer a los *influencers* el libre uso de tu música para sus vídeos. Si eres modelo, puedes ponerte en contacto con todo gran fotógrafo de Instagram de tu campo y decirles que trabajarás gratis con ellos en la próxima campaña de su marca. Si eres un deportista, puedes colaborar con otros deportistas. Por ejemplo, la surfista profesional Coco Ho y su novio, el esquiador profesional de *snowboard* Mark McMorris, publicaban *posts* el uno de la otra y viceversa en Instagram y Facebook, lo que hizo crecer sus canales y llevó al público de cada uno de sus canales sociales al del otro. El éxito en YouTube siempre se ve muy potenciado mediante la colaboración y llevando a los seguidores hacia el canal el uno del otro (profundizaremos más sobre esto en el capítulo nueve). Para hacer que estas relaciones prosperen, todo consiste en las dinámicas sociales.

Genera asociaciones que sean mutuamente beneficiosas para ambas partes. Emplea colaboraciones y asociaciones estratégicas para alimentar y hacer crecer tu marca.

La colaboración entre Dua Lipa y la cadena hotelera Hyatt

Erick Brownstein, presidente y director ejecutivo de estrategia en Shareability, trabajó en una colaboración galardonada entre la cantante y compositora Dua Lipa y la cadena hotelera Hyatt.[1] Hyatt acudió a Shareability explicando que había querido hacer algo relacionado con la música desde hacía mucho tiempo, pero que no había dado con la acción adecuada. Shareability sugirió asegurarse el vídeo musical de un artista estupendo y emergente. A cambio, filmarían el vídeo musical en uno de los hoteles de la cadena Hyatt que querían promocionar. El hotel sería el telón de fondo y el contexto del vídeo. Además, filmarían un puñado de contenidos entre bastidores en el hotel que podrían lanzarse en el canal de YouTube de Hyatt.

Hyatt procedió con la idea y escogió el hotel Confidante, en Miami Beach. Como parte de la Unbound Collection by Hyatt (una oferta de experiencia únicas en sus hoteles), en la que tiendas de moda vanguardistas y hoteles independientes hacen equipo con la gerencia de Hyatt, el Confidante no es realmente un hotel de la marca Hyatt, pero la corporación quería atraer a un grupo demográfico más joven, por lo que supuso una buena elección. Shareability decidió trabajar con Dua Lipa, que estaba empezando a despegar. Tenía encanto interna-

---

1. «Dua Lipa's New Rules music video, the Confidante Miami Beach part of the unbound collection by Hyatt, winner in YouTube partnership»,10th Annual Shorty Awards, http://shortyawards.com/10th/dua-lipa-new-rules

cional y resultaba atractiva para el público joven. Se dirigieron a ella, le explicaron el plan y estuvo de acuerdo.

Los primeros tres segundos del vídeo musical de la canción «New Rules» es la única parte que muestra todo el hotel y su nombre. Después, cada escena del vídeo musical tiene lugar en el hotel: sus habitaciones, los pasillos, la piscina, el restaurante y la cabaña. Shareability se aseguró de proporcionar al espectador toda la experiencia propia del hotel.

«New Rules» ha alcanzado 1200 millones de visualizaciones. La popularidad de Lipa creció enormemente desde los 13 millones de transmisiones de sus contenidos al mes a los 4 millones al día. El vídeo hizo crecer con gran rapidez su trayectoria. Además, el metraje del contenido entre bastidores tiene, actualmente, más de 20 millones de visualizaciones en los canales de Hyatt. Esta colaboración resultó muy beneficiosa para ambas partes. Hyatt es considerado ahora por los sellos de la industria discográfica como el socio perfecto con el que trabajar en el caso de los artistas noveles. Hyatt y el Confidante también han aparecido, desde entonces, en artículos de revistas musicales como *Rolling Stone* y *Billboard*, y cada artículo sobre el exitoso vídeo musical menciona: «Dua Lipa en el Hotel Confidante, en Miami Beach». El hotel ha obtenido una increíble publicidad como coestrella del vídeo.

Piensa en el titular que genera tu colaboración

Latham Arneson, de Paramount Pictures, explica que los estudios cinematográficos emplean regularmente colaboraciones estratégicas para ayudar a difundir mensajes para generar conciencia de su marca de forma más amplia. En ocasiones, su equipo piensa en el tipo de titular que podría generar una alianza estratégica: un titular al que la gente preste atención y que encaje con la narrativa de la película. Los ejecutivos del estudio siempre quieren crear algo que ayude a la gente a implicarse más con su marca y que, de hecho, haga que vaya a ver la película o se implique con su contenido.

En una ocasión, Arneson trabajó en una asociación entre Uber y la película de 2014 *Transformers: la era de la extinción*. La gente podía encargar un viaje en Optimus Prime, un personaje que era un *autobot* (mezcla entre automóvil y robot) ficticio de la serie de películas *Transformers*, a través de Uber en tres o cuatro ciudades importantes de Estados Unidos. Esto entraba en el juego de las temáticas de la película debido a las relaciones entre los humanos y los robots alienígenas que pueden ocultarse en forma de coches. Se trató de una colaboración singular y creativa que obtuvo mucha atención y benefició a ambas empresas.

Antes de crear una asociación, Arneson recomienda que te hagas dos preguntas: (1) ¿Va a prestar alguien atención a la actividad o a la colaboración?, y (2) *¿Engrandece* la colaboración *a tu marca*? ¿Hace que la gente se implique o emprenda acciones de una u otra forma? Ésas son las cuestiones cruciales. Puedes pensar en ideas muy pegadizas, pero si no ayudan realmente a tu marca, no serán útiles. La actividad viral en aras de la viralidad no significa nada. Debe *potenciar* el mensaje o el objetivo que estés intentando alcanzar.

Plataformas de *influencers*

Una forma de encontrar *influencers* relevantes para tu marca consiste en emplear una plataforma de *influencers* como CreatorIQ, Speakr o Traackr. Las plataformas de *influencers* te permiten llevar a cabo búsquedas con diversas variables. Pueden ayudarte a hacer aumentar los grupos de gente que se implica, o puedes pagar a los mejores *influencers* para que cliquen «me gusta» y comenten tus fotos para ayudarlas a viralizarse. También puedes emplear estas plataformas si quieres promocionarte como *influencer* y encontrar marcas potenciales con las que colaborar.

Para escoger a los *influencers* adecuados, debes pensar en los objetivos de tu empresa y en quiénes son tus clientes. Entonces podrás hacer una lista de la gente que mejor te ayudará a llegar a ese público. En las plataformas de *influencers* puedes buscar por categorías de los mismos, como por ejemplo empresas, finanzas, viajes, cuidados de la piel, comida y bebidas, y similares. Hay categorías relacionadas con todos los campos. También puedes desglosarlas por ubicación, plataforma, marca, celebridad, frecuencia de las publicaciones, tipo de perfil, publicaciones recientes, número de seguidores que tienen, etc.

Recuerda que debes examinar y probar continuamente a distintos *influencers*. David Oh explica que a lo largo de los años su equipo ha analizado a más de 5 000 *influencers* distintos para encontrar a aquellos que proporcionan el mejor rendimiento. No todo *influencer* va a cumplir y proporcionar unos buenos resultados para tu marca. El simple hecho de que tengan un público de millones de personas no significa que tú vayas a conseguir automáticamente millones de dólares con esa colaboración. Todo consiste en analizar y encontrar lo que encaja en tu caso.

Grupos de compartición e implicación

Los grupos de compartición e implicación son una gran forma de establecer asociaciones para crecer rápidamente de forma natural. Joivan Wade, fundador de la página de Facebook «The Wall of Comedy!», aprovechó la estrategia del grupo de implicación como parte importante del crecimiento de su página y de la viralidad de sus contenidos. Su empresa ha creado una red de comparticiones con distintas páginas y plataformas. Cuando un miembro de la red crea una pieza de contenido, la envía a toda la gente de la red, que puede entonces compartir el contenido en sus páginas, clicar en «me gusta» y/o hacer comentarios sobre el contenido en la página de su creador original. En Instagram, por ejemplo, alguien puede subir un vídeo o fotografía, y después cinco personas con un gran seguimiento en la red de comparticiones pueden clicar «me gusta» o escribir un comentario. Esto proporciona al contenido una probabilidad mucho mayor de alcanzar la página de Instagram Explore, que ayudará a incrementar su visibilidad y proporcionará a la persona que ha subido la publicación la oportunidad de generar una cantidad importante de impresiones, lo que a su vez dará lugar a más seguidores.

El contenido se expone ante un mayor público mediante el desarrollo de una comunidad con personas que intercambian mediante la compartición de las publicaciones las unas de las otras. Wade cita el ejemplo de la viralidad del personaje Big Shaq, de Michael Dapaah. Dice que se convirtió en una sensación viral debido, principalmente, a una enorme cantidad de cuentas en las redes sociales que lo compartieron al mismo tiempo: la velocidad de estas comparticiones hizo que se volviera viral.

No puedes asumir que compartir contenidos con tu propio público vaya a ser suficiente. Sé un estratega y encuentra socios. De esa forma podréis uniros, de forma colectiva, en un grupo de apoyo, y potenciar el contenido los unos de los otros. Encuentra cuentas, páginas y gente que se hallen en un ámbito similar al tuyo. Si eres comediante, encuentra a otros comediantes. Si eres artista, busca a otros artistas. Si eres fotógrafo, encuentra a otros fotógrafos. Contacta con tus colegas y pregúntales si les gustaría asociarse y formar parte de un grupo de implicación contigo. También puede que ya formen parte de un grupo de implicación al que puedas unirte. Trabajando juntos tendréis más éxito.

Aprovechando el contenido de otras personas para crecer rápidamente

Joivan Wade hizo crecer su página en Facebook hasta alcanzar los 4,2 millones de seguidores en menos de dos años, y en la actualidad genera más de 350 millones de visualizaciones por mes. Todo este crecimiento ha sido natural: su equipo nunca ha gastado ni un centavo en publicidad. Desde el punto de vista de Wade, el dinero gastado en publicidad no es necesario si tienes un entusiasmo creativo y las ideas adecuadas. Una de las brillantes realidades sobre sus páginas en Facebook e Instagram es que el 70 % de su contenido es con licencia (con derechos de autor) y sólo el 30 % es original. Ha aprovechado los contenidos de otras personas para que le ayuden a generar un público para que así su equipo pudiera, después, publicar su propio contenido original para ese mismo público. También es importante señalar que Wade no paga por el contenido con licencia: simplemente está ofreciendo a los creadores de vídeos la capacidad de llegar al enorme público que ha conseguido, lo que genera una exposición para ellos como creadores. Ésta es una forma muy inteligente de unir tu sistema con una estrategia orgánica. Consigue un seguimiento masivo y luego contacta con socios de contenidos para que te permitan publicar sus contenidos con licencia de forma gratuita a cambio de exponer su marca ante el público que acabas de obtener.

Netflix es un ejemplo perfecto de una empresa que ha empleado una estrategia similar. Empezó con un grupo de contenidos populares con licencia que a la gente ya le encantaba, con series de televisión como *El príncipe de Bel Air* y películas de Disney. Netflix llevó a los espectadores hacia un lugar en el que podían ver sus programas y películas favoritos, lo que hizo que resultara fácil generar público; y una vez que ese público fue lo suficientemente grande, Netflix creó y lanzó contenidos originales.

Cuando ese contenido original se lanzó… *¡pum!*, ya había un público preparado para él, lo que les proporcionó una ventaja para lanzar series de la importancia de *House of Cards* y *Orange is the new black*. ¿Habrían tenido tanto éxito sin el público del que Netflix ya disponía? Es difícil asegurarlo, pero sí que sabemos que Netflix estuvo haciendo crecer su base de clientes con contenidos con licencia durante quince años antes de lanzar esas series originales.

Jukin Media, que es como el Getty Images para los vídeos virales, ha generado un negocio muy lucrativo debido al aprovechamiento de contenidos. Jukin proporciona derechos a vídeos virales creados por usuarios de todo el mundo. Proporciona contenido de sus canales y de su enorme biblioteca a otras personas para que puedan aprovecharlo para hacer crecer sus marcas. La biblioteca de contenidos de Jukin incluye hilarantes vídeos de fracasos (p. ej., gente que se cae, bromas), vídeos de mascotas y vídeos de gente haciendo cosas alucinantes (p. ej., volteretas hacia atrás, escenas peligrosas destacables). Trabajan con algunos de los programas de televisión y de las empresas de medios de comunicación más importantes del mundo y para algunos de los mayores editores en los medios digitales y páginas web, entre los que se incluyen AOL, el *Huffington Post* y Yahoo! La idea subyacente a la empresa es que puedes volver a ver el mismo vídeo muchas veces y que el contenido puede reinventarse y readaptarse. Jukin ha dado con una forma de prolongar el valor relativo a la vida útil de un contenido, lo que ayuda a las marcas, ya que es realmente difícil crear contenido partiendo de cero debido a los elevados costes asociados con la realización cinematográfica. Entre YouTube y Facebook, Jukin tiene actualmente unos 80 millones de seguidores que se han conseguido aprovechando el poder del metraje que Jukin ha encontrado y de contenidos originales generados por otros creadores. Los miembros del equipo de Jukin se han convertido en expertos y han recopilado datos sobre qué tipo de contenidos se viralizarán de forma natural.

Tanto si diriges una empresa que está luchando por generar una implicación importante en las plataformas sociales como si eres alguien que está creando una marca personal partiendo de cero, puedes asociarte con otras personas o marcas, dar derechos de autor al contenido de otros o aprovecharlo, o unirte a grupos de comparticiones e implicación para obtener un enfoque de estrategia de contenidos más integral. Podrás seguir priorizando y favoreciendo tus contenidos originales, pero también podrás aprovechar el poder de las alianzas estratégicas para hacer aumentar tu público y su implicación de forma importante.

Consejos rápidos y resumen

- Las alianzas estratégicas pueden llevarte hacia donde ya existe un público, de modo que no tengas que empezar partiendo de cero.
- Las asociaciones ayudan a difundir los mensajes y la conciencia de marca de forma más amplia.
- Encuentra alianzas estratégicas que fomenten el crecimiento. Quieres calidad, y no cantidad.
- Encuentra a los superconectores a los que puedas acceder que te hagan contactar con otras personas.
- Ponte en el lugar de tus socios para pensar en qué podría resultarles valioso.
- Sé creativo al dirigirte a tus socios. Piensa en tu oferta singular y en cómo encaja con las necesidades de la gente a la que te estés dirigiendo.
- Trabaja en base a la «compartición por compartición».
- Al principio, busca socios que sean alcanzables: no tienen por qué tener un seguimiento mucho mayor que el tuyo para ayudarte.
- Crea grupos de implicación (o únete a ellos) en los que compartas y generes contenidos con otros. Un contenido se vuelve viral debido a que un gran número de personas comparte algo al mismo tiempo.
- Busca asociaciones que generen titulares.
- Dar derechos de autor al contenido de otros es una estrategia buena y rentable para ayudarte a crecer.
- Genera un seguimiento masivo y luego acércate a socios de contenidos para que te otorguen derechos de autor de sus contenidos de forma gratuita a cambio de exponer sus marcas al público que acabas de conseguir.

CAPÍTULO 8

HAZTE GLOBAL (UNA OPORTUNIDAD)

Volverse global puede resultar extremadamente valioso. En la actualidad viven aproximadamente 330 millones de personas en Estados Unidos, pero hay 7800 millones de personas en el mundo. Las mayores celebridades e *influencers* siempre disponen de un plan global para generar público en otros países: es una gran forma de crecer para convertirse en una verdadera megaestrella.

Mike Jurkovac, ganador de un premio Emmy, coincide con eso. Dice que los Black Eyed Peas se convirtieron en uno de los grupos musicales más importantes del mundo porque sabían cómo conectar con un público internacional. Cuando fueron a Brasil, will.i.am llevó puesta la camiseta de la selección brasileña de fútbol. Cuando estuvieron en México, Taboo llevaba una bandera mexicana. Son el único grupo musical del mundo que ha agotado las entradas en el Stade de France, con sus 80 000 asientos, tres veces. Incluso Jay-Z envidiaba su éxito diciendo: «Chicos, si yo fuera tan grande como vosotros fuera de los Estados Unidos, sería verdaderamente feliz». Si comprendes cómo aprovechar un público mundial, esto puede incrementar tus oportunidades de forma importante, tanto en todo el mundo como en tu propio país.

Me gustaría señalar, no obstante, que, aunque volverse global proporciona una oportunidad maravillosa, no es algo necesariamente adecuado para todo el mundo. Mediante las exhaustivas pruebas que he llevado a cabo durante la investigación para escribir este libro, me he encontrado con que los mercados emergentes son el próximo *boom* en los campos social y digital en términos de escala; pero si formas parte de una empresa de comercio electrónico que sólo vende en el mercado estadounidense, entonces volverte global no será una prioridad importante y no necesitarás conseguir un público y seguidores en mercados emergentes.

Sin embargo, incluso aunque no vendas productos en el extranjero, tener un público a nivel mundial puede seguir ayudándote a mejorar tus estadísticas de validación y credibilidad. Tener un gran seguimiento, independientemente de la procedencia de tus seguidores, hará que la gente te tome más en serio. Volverse global suele ser una gran oportunidad para crecer muy deprisa en poco tiempo, lo que también te permitirá ser único y destacar.

Las fronteras entre países no importan tanto si eres actor, director, músico o artista. Un músico puede vender música en cualquier lugar. Jasmine Trias, la finalista de *American Idol* (un programa de telerrealidad cuyos concursantes son cantantes), sólo vendió 14 000 copias de su álbum en los Estados Unidos, pero consiguió un disco de platino en Filipinas. Si no hubiera pensado globalmente, se habría perdido una gran oportunidad de continuar con su sueño de ser cantante profesional. Y si eres actor, recuerda que entre el 60 % y el 70 % de la recaudación se genera fuera de los EE. UU., lo que significa que las ventas internacionales son más importantes que las nacionales. Si puedes entrar en un estudio o en la oficina de un director de casting y decir: «¿Sabes?, la India es el tercer mercado del mundo en cuanto a recaudación, con 1900 millones anuales en ventas,[1] y tengo "X" seguidores allí», eso debería hacerte destacar y proporcionarte algo de influencia. Si tienes público en mercados internacionales valiosos como México, Brasil, la India, Indonesia, Polonia o Turquía, evidentemente esto puede ayudarte a destacar entre la multitud y, como mínimo, a hacerte parecer hábil y determinado. La industria cinematográfica está ganando mucho dinero en esos países, y algunas películas sólo sobreviven debido a sus cifras de ingresos en los mercados internacionales.

Ver las oportunidades en otras partes del mundo

Tal y como he mencionado anteriormente, hay aproximadamente 7800 millones de personas en el mundo. Demasiadas empresas centran su atención

---

1. «Theatrical market statistics 2016», Motion Picture Association of America, www. mpaa.org/wp-content/uploads/2017/03/MPAA-Theatrical-Market-Statistics-2016_Final.pdf

de forma demasiado estrecha y acaban ignorando a la gente de otros países. Yo siempre defiendo que hay que destacar y ser diferente al resto, lo que resulta más difícil de hacer en Estados Unidos o el Reino Unido porque mucha gente lucha por un público en estos mercados. Incluso aunque seas un genio creativo y tengas algo realmente destacable que ofrecer, es difícil conseguir atención sin ampliar tu foco.

La gente cree que tener una cuota de mercado en Estados Unidos, el Reino Unido y Canadá es más valioso que tenerla en otras partes del mundo. Es cierto que tu valoración aumenta enormemente si tienes público en estos países, pero no deberías despreciar las oportunidades en otras regiones. Te recomiendo que pongas a prueba tu contenido o tu marca en distintos mercados que no estén sobresaturados y que tengan menos competencia.

WhatsApp es un ejemplo perfecto de una empresa exitosa que hizo justo eso. Tuvieron un enorme éxito captando grandes cuotas de mercado en Malasia, Turquía, Arabia Saudí, la India y Brasil. La mayoría de la gente desacreditaría automáticamente a estos países o los consideraría irrelevantes. WhatsApp, en cambio, creció y consiguió a ese público. El equipo que hay tras WhatsApp desarrolló la empresa hasta que al final fue comprada por 17 000 millones de dólares, lo que supone una de las grandes adquisiciones de una empresa tecnológica de nuestro tiempo.

Una de las principales razones por las cuales Facebook compró WhatsApp fue su público internacional. Facebook ya tenía suficientes clientes en los mercados «de mayor valor» (Estados Unidos, Reino Unido y Canadá). Necesitaba una oportunidad para ampliar su alcance y crecer en otras partes del mundo.

Rentabilidad

En la plataforma publicitaria de Facebook, es actualmente mucho más rentable acceder a la gente de los mercados emergentes. Conseguir un seguidor o un «me gusta» en la India, Indonesia, Brasil o México es mucho más barato que marcarse como objetivo a gente en Estados Unidos. Esto se debe a que en esos países no hay mucha gente luchando por el público, lo que genera un exceso de inventario en la subasta. Menos gente hace pujas en esas regiones, así que el coste de conseguir seguidores o de que éstos se impliquen es muy bajo. Esto representa una oportunidad excelente para conseguir un público global enorme.

Conseguir un seguidor en la India o en algún otro de los mercados emergentes puede costar menos de un centavo, mientas que, si estás intentando conseguir un seguidor en EE. UU., puede costarte alrededor de entre siete y diez centavos. Una vez más, eso fluctúa basándose en la calidad de tu contenido, pero supone una gran oportunidad.

Los mercados emergentes primero

Una estrategia muy eficaz para hacer crecer el seguimiento o la implicación en una de tus publicaciones consiste en centrarse en enviarlas primero a los mercados emergentes. Los mercados emergentes son más baratos y tienen propensión a clicar en «me gusta» y compartir a una mayor velocidad. Luego, una vez que la publicación haya ganado tracción en estas regiones, puedes redirigir la publicación hacia tu público objetivo en tus mercados nacionales.

Esto funciona debido al valor y la credibilidad percibidos. Imagina que tienes dos piezas de contenido que entran en tu sección de noticias. Una tiene diez mil «me gusta» y la otra tiene cinco «me gusta». ¿Cuál te tomarás más en serio? Probablemente te sentirás más atraído por la que muestre una mayor implicación, incluso aunque se tratase de la misma publicación. Generalmente es más fácil hacer que la gente se implique con una pieza de contenido en la que diez mil personas hayan clicado «me gusta» porque el contenido le parecerá más valioso al espectador.

Tiendo a generar implicación en los mercados menos caros primero. He sido capaz de hacer que 100 000 personas clicaran «me gusta» a una foto en los mercados emergentes debido a los bajos costes y la alta implicación. Luego regreso y vuelvo a marcarme como objetivo a la gente de los mercados con unos costes más elevados. Esto también me permite obtener una mayor implicación a un precio mucho menor en los mercados competitivos, porque he visto que esto ayuda a reducir el coste en la subasta. Si una pieza de contenido genera una cantidad importante de implicación, el algoritmo de Facebook ve que el contenido es bueno y te permite pujar más barato en Estados Unidos, el Reino Unido y Canadá, independientemente de dónde proceda la implicación original. (Esto puede que cambie en el futuro si la gente de Facebook lee este libro, por lo que aprovéchalo mientras puedas).

Países baratos pero valiosos

En la plataforma publicitaria de Facebook, la India e Indonesia son los países más baratos que generan una implicación importante a los que apuntar. Muchos países africanos son también muy baratos, pero sin embargo no les dedico mucha atención porque generalmente no han proporcionado tanto rendimiento a mis clientes. Dicho esto, hay grandes marcas que están invirtiendo mucho en África debido a su enorme tamaño. Brasil y México también son rentables y ofrecen una gran implicación.

Encuentro que la India es un país que supone una oportunidad tremenda. Pese a que tiene un PIB bajo, su población es muy numerosa: más de 1300 millones de personas. Es el país con la segunda mayor población del mundo (las proyecciones apuntan a que será el país más poblado la próxima década). Viendo la misma oportunidad de crecimiento allí, IKEA va a invertir 2000 millones de dólares en los próximos quince a veinte años para abrir veinticinco nuevas tiendas por toda la India. Y la empresa de Rupert Murdoch simplemente pagó 2600 millones de dólares para ganar frente a la puja de 600 millones de dólares por parte de Facebook para conseguir los derechos exclusivos para retransmitir los partidos de cricket en la India. Facebook también anunció en 2017 que la India se ha convertido en su país número uno del mundo en cuanto a público, con 251 millones de usuarios.[2] Si Facebook puede conseguir a los otros 1 000 millones de personas de este país a lo largo de los siguientes cinco a diez años, eso representaría el 50 % de su base total de usuarios actual. Como puedes ver, algunas personas muy inteligentes tienen su foco pues-

2. KEMP, S.: «India overtakes the USA to become Facebook's #1 country», The Next Web (13 de julio de 2017), http://thenextweb.com/contributors/2017/07/13/india-overtakes-usa-become-facebooks-top-country

to en la India, ya que representa grandes oportunidades de crecimiento con un índice rentable.

Sin embargo, si quieres que la gente comparta tu contenido de verdad, te recomiendo que hagas pruebas en Brasil. Mientras trabajaba con surfistas profesionales, vi que Brasil tiene una gran cultura de compartir. En Internet, los brasileños parecen compartir contenido como ningún otro colectivo. Tim Greenberg, director ejecutivo de la comunidad de la Liga Mundial de Surf, está de acuerdo con esto. Cuando el surfista profesional brasileño Gabriel Medina ganó el título mundial, la Liga Mundial de Surf generó muchos seguidores y crecimiento debido a los fans brasileños de Medina.

La importancia de lo global para Shazam

Chris Barton, el fundador y presidente del consejo de administración de Shazam, explica que cuando hicieron su lanzamiento inicial, los Estados Unidos no estaban preparados para una «experiencia de tipo Shazam». Europa resultó estar más avanzada en cuanto a la tecnología móvil en esa época, y la empresa sigue siendo mucho más popular per cápita en Europa que en EE. UU. En la actualidad, los usuarios de Shazam proceden de todo el mundo. La empresa es popular en Latinoamérica, Canadá, Australia, Brasil, México, la India, Rusia y algunas partes de Asia. Barton cree que si quieres conseguir la máxima cantidad de usuarios, entonces, y por supuesto, deberás tener en cuenta a los mercados emergentes.

Sin embargo, nos advierte de que no siempre es fácil irrumpir en los mercados emergentes. Ha visto que los competidores locales frecuentemente superan a los extranjeros porque son mejores adaptando su empresa al entorno nacional. Por lo tanto, si quieres incluir a los mercados emergentes en tu negocio, estudia el mercado y sé inteligente al respecto.

El poder de los mercados internacionales para el crecimiento

Si tienes un producto que pueda expandirse hacia otros mercados, fíjate en las oportunidades para el crecimiento global: préstales atención, tenlas en cuenta y ponlas en tu hoja de ruta. Eamonn Carey, un inversor de capital de riesgo en las primeras etapas de las empresas, ha invertido en más de treinta y una empresas de todo el mundo. Ha trabajado con organizaciones tan grandes como AB InBev y Nike; ha hecho crecer a empresas en el Reino Unido, Oriente Medio y Asia; ha cofundado y ha vendido una versión paródica de *FarmVille* llamada *Farm-Villain* en Europa y Oriente Medio; y actualmente es el consejero delegado de la sucursal londinense de Techstars, una red mundial que ayuda a los emprendedores a tener éxito. Le encanta trabajar con las empresas que están empezando y que tienen grandes planes y ambiciones, y espera ayudarlas a llegar a algún lugar interesante. Con toda su experiencia, es un gran defensor de invertir en empresas y llevarlas a mercados emergentes.

Explica que, como inversor, frecuentemente es muchísimo más fácil, y siempre es muchísimo más barato, invertir en empresas en los mercados emergentes. Las empresas en las que ha invertido fuera de Nueva York, por ejemplo, necesitan un mínimo de un millón de dólares y generalmente una cifra más cercana a los tres millones de dólares para seguir funcionando durante unos dieciocho meses. No obstante, hace poco estuvo en Bangalore (India) y se reunió con un equipo de seis personas muy inteligentes que estaban trabajando con inteligencia artificial y que necesitaban sólo 150 000 dólares para seguir funcionando durante ese mismo período de tiempo. Desde un punto de vista del valor de la inversión, frecuentemente puedes hacer tratos mucho más baratos en estos mercados.

También señaló que los tiempos han cambiado. Hace diez años no era así, pero en la actualidad, las empresas en las que invierte, ya estén ubicadas en Estados Unidos o en la India, tienen un nivel similar de calidad. Atribuye esto a un mejor acceso a la educación. Casi todos en el mundo pueden emplear el curso introductorio a las ciencias de la computación de Harvard, o buscar en iTunes University, en Corsair o en U-2-Me. El mayor acceso a la educación ha incrementado la calidad de las empresas en todo el mundo.

EL segundo punto importante que Carey señala es la escala de los mercados emergentes. Una empresa de medios que fundó creó unas guías, en árabe, de ciudades de Oriente Medio. El árabe es la quinta lengua más hablada del mundo.[3] Sin embargo, menos del 0,5 % de los contenidos en Internet están en árabe. Esta discrepancia remarca una gran oportunidad.

---

3. SINGH, V. K.: «Most spoken languages in the world», ListsWorld (10 de noviembre de 2012), www.listsworld.com/top-10-languages-most-spoken-worldwide

Cientos de millones de personas de habla árabe de Oriente Medio y el norte de África no ven suficientes contenidos en su propio idioma.

Y esta escala de oportunidad no es exclusiva de estas regiones. Indonesia tiene 250 millones de habitantes, la India 1300 millones y Japón 127 millones. Tailandia y Malasia tienen decenas de millones de habitantes. Vietnam tiene casi 100 millones de habitantes. Muchos mercados emergentes son enormes. Si una empresa puede tomar las mejores prácticas comerciales de los Estados Unidos y Europa y combinarlas con el conocimiento local, existe una gran oportunidad para el éxito.

Tal y como se ha mencionado anteriormente, el coste por contacto puede ser muy elevado en EE. UU. y el Reino Unido, mientras que en Arabia Saudí, la India, Ucrania, Rusia o Latinoamérica, el coste por la adquisición de un seguidor es frecuentemente inferior a un centavo de dólar. Lo mismo se aplica en el caso del coste de otros ICR (es decir, el coste por referencias de clientes potenciales, el coste por compartición, el coste por clic en un enlace y el coste por conversión). Mucha gente señala que no obtendrás tantos ingresos por parte de los usuarios en otras partes del mundo como los que conseguirás de los usuarios de países más prósperos. Carey coincide en que, aunque puede que esto sea cierto, debes tener en cuenta tu RI. Si estás consiguiendo usuarios por una fracción del coste, puede que no resulte importante que estés generando una menor cantidad de ingresos: simplemente asegúrate de que las proporciones funcionen a tu favor.

Carey proporciona el ejemplo de una empresa llamada Wala, con la que trabajó. Se trataba de un banco nuevo que quería iniciar su actividad en Ghana. La empresa generó de forma eficaz una enorme comunidad en Facebook por poquísimo dinero. Sólo gastó un par de miles de dólares en anuncios y, como el coste por adquisición fue tan bajo, alcanzó el medio millón de personas muy rápidamente. Cuando miembros del equipo de Wala hablaron con los inversores y los socios, pudieron mostrarles su gran comunidad en Facebook. Estuvieron publicando contenido relevante sobre finanzas e inclusión financiera, que eran temas de interés para esta comunidad. Todo lo que Wala necesitaba era transformar un muy pequeño porcentaje de su seguimiento en cuentas bancarias reales, y serían uno de los diez principales bancos del país de un día para otro.

Historias como ésta te hacen darte cuenta de que puedes hacer cosas en los mercados emergentes que costarían millones de dólares de conseguir en los Estados Unidos. Cuando lo analizas de esta forma, los mercados emergentes empiezan, de repente, a volverse mucho más viables.

Invertir en el extranjero te hace destacar

Carey comenta que si estás montando una empresa estadounidense, del Reino Unido, canadiense o alemana en Indonesia, Tailandia o Vietnam, serás alguien tan inusual que conseguirás más reuniones de calidad con más directivos y tendrás una mejor oportunidad de cerrar acuerdos. En una ocasión, Carey invirtió en una empresa llamada Paranoid Fan, una empresa de mapeo de deportes y espectáculos que muestra dónde se encuentra la cola más corta para ir al lavabo, dónde se están produciendo fiestas en el estacionamiento de un estadio previas a un evento deportivo y otras cosas interesantes relacionadas con los eventos deportivos y los espectáculos. Esta empresa trabaja con la NFL, la NBA y los equipos de fútbol de la primera división de EE. UU. Más adelante, obtuvieron algo de interés por parte de México y Brasil, por lo que la empresa viajó hacia el sur e hizo un pequeño espectáculo ambulante por México, Brasil, Uruguay, Argentina y Chile, donde lanzó sus soluciones de negocio entre empresas y de mapeo a un surtido de distintos clubes deportivos. Regresaron de ese viaje con acuerdos con todos los principales equipos de fútbol de México, Brasil, Uruguay, Argentina y Chile, y también con un puñado de colaboraciones con los consejos de administración. Captaron a unos 30 millones de usuarios sin ni siquiera tener que gastarse ni un céntimo en marketing. Cuando Paranoid Fan se reunió con los ejecutivos en esos viajes, fue elogiada por estar allí en persona. La gente de otros países explicaba que las empresas estadounidenses habían intentado colaborar con ellos, pero sólo mediante el envío de e-mails solicitando conversaciones por Skype. Viajar hasta allí y reunirse con la gente en persona proporcionó a Paranoid Fan la oportunidad de firmar acuerdos rápidamente.

Más adelante, Paranoid Fan también fue a la Cumbre Mundial del Fútbol que se celebró en Madrid (España) e hizo tratos con la mayoría de los principales clubes de fútbol europeos. Si hubiera acudido con sólo 2 millones de usuarios, no habría resultado igual de deseable, pero el hecho de que tuviera 30 millones de usuarios le dio credibilidad, y el lugar de residencia de esos usuarios no importó.

Retención y atención

Si te diriges a la gente en Indonesia, la India o Brasil, la implicación es, frecuentemente, diez veces superior a la que verás en Estados Unidos o el Reino Unido. Lucharás contra menos fuentes de competencia y menos anunciantes de las empresas de esos países. Carey añade que en los mercados de Brasil, Arabia Saudí y Oriente Medio, la gente suele pasar cuatro veces más tiempo por día al teléfono que la gente de los mercados occidentales. La gente de los Estados Unidos o el Reino Unido puede que pase cuarenta minutos diarios en las redes sociales, mientras que la persona media en Brasil o Arabia Saudí puede pasar muchas horas. El apetito por contenidos frescos y nuevos y la propensión a compartir es mucho mayor que en los mercados occidentales. Esta menor barrera a la entrada hace que resulte más fácil catalizar una pieza de contenido para que se haga viral en los mercados emergentes.

La popularidad ayuda a alcanzar mercados más importantes

Al hablar con los fundadores de Skype, Carey descubrió que uno de los primeros mercados en el que hicieron su lanzamiento fue Taiwán. Aunque Taiwán es una isla pequeña, tiene un mercado de 20 millones de personas con fuertes vínculos con el mercado de China, formado por más de 1 000 millones de personas. La gente de allí empezó a poder tener noticias gratis de su familia con esta nueva forma de llamadas de voz y por vídeo. Esto hizo que Skype se viralizase de inmediato. Si puedes generar un público en un mercado emergente, podrás empezar a generar muy fácilmente un público en otros mercados.

Es similar al ejemplo de WhatsApp en cuanto a su adquisición de usuarios en mercados más económicos, acumulando una reputación increíble con ellos y luego usando esa popularidad para llegar a mercados más grandes.

Imagina, por ejemplo, que quieres conseguir a Coca-Cola como patrocinador o cliente en los Estados Unidos o el Reino Unido. Abordarla directamente suele ser imposible, pero si acumulas un gran público en Indonesia, la India o Brasil, será mucho más fácil llegar a acuerdos con el jefe de Coca-Cola en esos países, lo que puede conducir a que te presenten a los ejecutivos de los Estados Unidos o el Reino Unido. Además, si te está yendo bien en un mercado extranjero, dispondrás de pruebas de que tu marca o empresa puede alcanzar el éxito. Si eres estratégico y sabes cómo maximizar y aprovechar el potencial de la generación de un público en una parte concreta del mundo, esto puede ayudar a tu negocio de forma inmensa.

Muchas empresas emergentes creen que el éxito equivale a obtener 50 millones de dólares de una financiación de capital de riesgo en Silicon Valley, tener un puñado de ingenieros en una oficina en San Francisco y conquistar el mercado estadounidense poco a poco. En realidad, puedes hacerlo igualmente bien en mercados emergentes por mucho menos dinero y, con el tiempo, los resultados empezarán a igualarse.

Carey dice que si quieres solucionar un problema, debes pensar en el mejor resultado posible y luego trabajar hacia atrás a partir de ahí. Pregúntate qué pasos debes emprender para llegar hasta donde quieres. ¿Cuáles son todas las acciones potenciales que conducen hacia el punto al que quieres llegar? Empieza a planear cómo llegar a cada uno de ellos. Al final se generará un camino muy sencillo y directo; y emplear el enfoque de conseguir usuarios, clientes y consumidores en mercados emergentes puede ser una herramienta increíblemente potente para llegar hasta donde quieres llegar.

Marcas personales

Carey piensa que las oportunidades son incluso mayores para las marcas personales. Hay, por ejemplo, muy pocos eventos de música en vivo y muy pocos artistas que van a actuar a los mercados emergentes. Si eres músico, la oportunidad de actuar frente a un público de 500 o 1 000 personas por el mero hecho de querer aparecer es importante. Una vez más, la propensión de los mercados extranjeros a compartir y comentar será muy beneficiosa. Además, si la gente escucha tu música en Spotify en Tailandia, Vietnam, Malasia o Singapur, las probabilidades de aparecer en la lista de reproducción Discover Weekly por todo el mundo seguramente empezarán a aumentar. Harás aumentar tu reputación y tus estadísticas internas en estos canales. (Esto también puede aplicarse a muchos otros campos. Emplea tu inteligencia y haz que suceda).

Carey comparte esa ocasión en la que publicó un *selfie* con una empresa iraní en una conferencia en Estambul. Al cabo de veinticuatro horas se había retuiteado cientos de veces y había recibido miles de «me gusta». Tenía un puñado de solicitudes de amistad en Facebook, mensajes en LinkedIn e invitaciones para ir a dar conferencias en Irán. El triunvirato de más tiempo, más atención y más comparticiones significa que puedes tener éxito más fácilmente. Es un territorio inexplorado en el que puedes conseguir *feedback* y desarrollar una comunidad, y luego regresar a casa con una base de seguidores enormemente implicada. Esto hará que te resulte mucho más fácil conseguir un trato para un libro o un disco, o un papel en una película; y te sentirás una estrella del rock independientemente de lo que hagas.

En la actualidad hay muchos actores que son rechazados para la interpretación de papeles porque no tienen suficientes seguidores en las redes sociales. Carey recomienda ir a Indonesia o a otro mercado emergente, actuar en dos o tres películas y ser la persona más activa en las redes sociales implicándose con los seguidores de esa región. Genera un público en el extranjero y luego regresa y habla con los agentes de casting de Hollywood o de Londres, mostrando que tienes un millón de seguidores. En la mayoría de los casos, la gente no sabe realmente ni pregunta de dónde salen tus seguidores: el mero hecho de que tengas seguidores te hace, automáticamente, destacar entre el resto de la multitud. Además, tu valor también crece cuando tienes acceso a un público que muy pocas otras personas tienen.

Jon Jashni, productor cinematográfico de Hollywood, ejecutivo de medios e inversor, añade que cuando los productores invierten a escala, tienen en cuenta el atractivo a nivel mundial: cuando más estrecho sea el objetivo, menores serán los ingresos.

Muchos directores cinematográficos temen que hablar una lengua común diluya al resto de lenguas, o tienen miedo de que hacer algo para las masas les arrebate su identidad cultural, pero esto no es así en absoluto. «El objetivo es destacar las facetas de la joya de tal forma que el mercado o el territorio comprenda que el relato es para ellos», dice Jashni. Si has hecho tu trabajo como creador, la universalidad del tema, el personaje, la identificación y la emoción trascenderán las fronteras.

El buen contenido se propaga bien

Phil Ranta, antiguo jefe de operaciones de Studio71, una de las mayores empresas de entretenimiento digital impulsadas por los *influencers*, revela que YouTube está creciendo en regiones en las que antes no era popular. Las plataformas digitales son verdaderamente globales: la gente está empezando a descubrir más contenidos de distintas culturas. El hecho de que se pueda acceder al contenido desde cualquier lugar del mundo significa que crear con un público mundial en mente conduce al éxito.

Recomienda intentar generar contenido que no sea específico de una lengua. Intenta hacer que el chiste o la premisa resulten comprensibles sin que sea necesario conocer el idioma. Otra opción consiste en incluir traducciones. YouTube dispone de herramientas incorporadas que ayudan a crear subtítulos, y si los generas en inglés, YouTube hará un buen trabajo traduciéndolos a otros idiomas.

Ranta cree que la gente que no piensa globalmente tendrá que luchar en cinco o diez años. Hay muchos lugares en los que la infraestructura de Internet está comenzando a mejorar: en esas regiones, la gente empieza ahora a comprar teléfonos móviles que pueden recibir contenido al que no podían acceder antes. Todos esos mercados empezarán a crecer y a desarrollar nuevos seguidores.

Jonathan Skogmo, director ejecutivo de Jukin Media, coincide. Su empresa tiene un enorme público a nivel mundial, y un 75 % de sus 3 000 millones de visualizaciones anuales proceden de fuera de los Estados Unidos. Dice: «El buen contenido viaja realmente bien. Un "¡Ay!" es un "¡Ay!" en cualquier idioma». Tal y como se ha mencionado anteriormente, Jukin Media otorga licencias y distribuye muchos vídeos cómicos de fiascos, ya que una persona cayéndose es una persona cayéndose en cualquier lugar del mundo. Su equipo se fija en el aspecto global del contenido, ya que ve un crecimiento y un valor real resultante del hecho de centrarse en distintas partes del mundo a las que los demás, sencillamente, no están prestando atención.

Consejos rápidos y resumen

- Obtener un seguidor o un «me gusta» en la India, Indonesia, Brasil o México es bastante más barato que en los Estados Unidos porque no hay mucha gente luchando por estos países, lo que genera un exceso de inventario en la subasta.
- Los seguidores de los mercados emergentes pueden costar menos de un centavo de dólar, frente a los ocho o nueve centavos en los EE. UU.
- En los mercados emergentes suele haber menos competencia y los usuarios pasan más tiempo en los dispositivos móviles.
- La India es un país importante. Es donde algunas de las personas más inteligentes del mundo están invirtiendo, así que mantenlo vigilado.
- A los brasileños les gusta compartir más que a la mayoría de la gente de otros países. Prueba tu contenido con este público para hacer que se viralice.
- Una buena estrategia consiste en acumular primero implicación con una pieza de contenido en los mercados emergentes debido a su menor coste. Después, una vez que tengas una implicación importante, comparte esa publicación con tu público objetivo principal en los mercados nacionales. Obtendrás una mayor implicación por un menor coste.
- Si eres una empresa emergente (*startup*), acumula un seguimiento enorme en mercados emergentes y conviértete entonces en un objetivo atractivo para ser adquirida por una empresa de los Estados Unidos o el Reino Unido que esté buscando expandir su público o por una empresa emergente que esté intentando asociarse con marcas globales.
- La gente de otros mercados agradece que vayas a visitarles. Puede ayudarte a crecer.
- El buen contenido viaja bien. Crea contenido que no sea específico para un idioma. Crea con la globalidad en mente.

CAPÍTULO 9

GENERADORES DE CRECIMIENTO EN YOUTUBE

YouTube es una de las plataformas en las que es más difícil crecer rápidamente y viralizarse. De forma similar a Instagram, no está diseñada como una plataforma inherentemente compartible. De forma similar a la optimización en buscadores (o *search engine optimization*, o SEO), el objetivo consiste en estar lo suficientemente bien clasificado en los algoritmos de YouTube para hacer que tu contenido se filtre y alcance los primeros puestos en los resultados de búsqueda y que se incluya entre las visualizaciones recomendadas.

Jackie Koppell, el principal talento frente a la cámara y creadora en NewsyNews, que fue recientemente escogida por YouTube para el episodio inaugural del programa *Women in Comedy*, es también la antigua jefa de talentos de AwesomenessTV, una empresa de medios multiplataforma. Koppell explica que 20 000 suscriptores es la cantidad mínima que necesitarás para que los algoritmos te presten atención, 50 000 suscriptores para empezar a ganar dinero y 100 000 seguidores para hacer que las marcas te presten atención.

El tiempo de visualización es el que manda

Con los algoritmos de YouTube, el tiempo de visualización es el que manda, por lo que el porcentaje del tiempo que la gente ve tus vídeos es más importante que cuánta gente los ve. El éxito depende de la creación de contenido excelente y de alta calidad que la gente quiera ver durante bastante tiempo y de la utilización de colaboraciones estratégicas que te ayuden a crecer.

Al contrario que en cualquiera de las otras plataformas, al contenido más largo le va realmente bien en YouTube. Joivan Wade, fundador de «The Wall of Comedy!», explica que, de hecho, la gente acude a la plataforma a ver piezas de contenido largas. Un vídeo de ocho minutos parece una duración óptima y será muy bien recibido (si es bueno).

Erick Brownstein, de Shareability, dice que su equipo piensa que YouTube es especialmente valioso a largo plazo porque el contenido permanece ahí para siempre y es fácil de buscar. Si tu contenido es bueno, podrá pasar también a otras plataformas y podrás empezar a crecer de forma natural.

El descubrimiento de contenido y el crecimiento

Brownstein explica que la gente suele descubrir el contenido de tres formas: (1) Todos empiezan a compartir tu contenido y éste se viraliza: es la mejor forma, pero es extremadamente difícil conseguir que suceda en YouTube, ya que no es una plataforma en la que sea inherentemente fácil compartir. (2) Mediante la búsqueda: si atinas con los metadatos y las tendencias que la gente ya esté buscando, eso supondrá una forma excelente de que te descubran. (3) Mediante el contenido de otras personas, lo que supone una gran razón por la cual las colaboraciones son de utilidad.

Naveen Gowda, estratega de contenidos digitales, explica que también pueden descubrirte mediante el algoritmo, que probablemente sea la forma más normal en la que los creadores se abren camino exitosa y constantemente, porque la compartición de viralidad es extremadamente baja, ya que los mecanismos de compartición rara vez se usan en YouTube. La optimización de la búsqueda se basa en la suerte y la elección del momento adecuado, y no permite unos resultados fácilmente repetibles y expandibles. Las colaboraciones requieren que el contenido estimule el crecimiento, y no son fácilmente sostenibles.

Sin embargo, prosigue Gowda, el algoritmo reconocerá el contenido que tenga una buena proporción de *clics* y de estadísticas de retención, y emparejarán ese contenido con contenidos relacionados en el servicio de noticias de recomendaciones, y lo difundirán a nuevos espectadores en las noticias que aparecen en su página de inicio. Para muchos de los grandes canales de la plataforma, el algoritmo puede asegurar la atribución de más del 90 % de todos las visualizaciones, venciendo por mucho incluso a las notificaciones de las suscripciones y las visitas a la página.

Una vez que el algoritmo confíe en ti y perciba que los espectadores tienen sed de ver tus contenidos, te situará constantemente en la parte superior de las noticias que aparecen en la página de inicio y recomendará secciones de otros vídeos de una forma que puede disparar el rendimiento (sólo después de que tu contenido deje de rendir con las estadísticas mencionadas anteriormente). YouTube está lleno de creadores (como muestran las pruebas) que cabalgan esta ola desde el principio (con sus primeros vídeos obteniendo cientos de miles de visualizaciones) o después de hacer un cambio en su estrategia de contenidos que dé lugar a una mejor implicación y les ponga en el mapa.

Jonathan Skogmo, director ejecutivo de Jukin Media y creador del canal de YouTube FailArmy, con más de 13 millones de suscriptores, ha tenido un gran éxito. De hecho, cuando «Gangnam Style» fue el vídeo más visto en el mundo, la empresa de Skogmo tenía el segundo vídeo más visto: «The ultimate girls fail compilation 2012» («La recopilación definitiva de fiascos de chicas 2012»).[1] «Gangnam Style» consiguió 400 millones de visualizaciones en noviembre de 2012, y «The ultimate girls fail compilation 2012» consiguió 290 millones. Skogmo comparte que su empresa ha visto cómo YouTube ha llevado a cabo todo tipo de cambios en sus algoritmos basados en los comportamientos y las reacciones de sus usuarios. Si eres creador de contenidos, debes ser lo suficientemente ágil para hacer cambios y giros rápidos a medida que YouTube cambie. Estudia la plataforma y presta atención continuamente a lo que funciona bien. Esto nos hace regresar a la idea de la prueba y el aprendizaje, aunque ser fácil de buscar y encontrar siempre va a ser una de las claves para el crecimiento.

---

1. «The ultimate girls fail compilation 2012», vídeo de YouTube video, 10:14, publicado por FailArmy (22 de noviembre de 2012), www.youtube.com/watch?v=j2S Mn2 Zoiy8

Chris Williams, fundador y director ejecutivo de pocket.watch y antiguo director de asuntos relacionados con el público de Maker Studios, donde supervisaba más de 60 000 mil canales, dice que la mejor forma de crecer en YouTube consiste en una combinación de medios o redes en los que los anunciantes pagan por la publicación de sus anuncios, colaboraciones, optimizaciones y aparecer en listas de reproducciones. Es un gran creyente del uso de los medios o redes en los que los anunciantes pagan por la publicación de sus anuncios para que conduzcan hacia un crecimiento natural. Añade que las visualizaciones producto del seguimiento (la cantidad de contenido que la gente ve después del vídeo inicial hacia el que es dirigida) son la mejor indicación de crecimiento natural procedente de los gastos en los medios o redes en los que los anunciantes pagan por la publicación de sus anuncios. Él emplea AdSense para monitorizar los vídeos que ven sus seguidores. Su equipo determina la eficacia de una pieza de contenido de acuerdo con cuánto contenido más hace que consuma la gente. Este indicador dicta su estrategia e influye en cómo su equipo usa los medios o redes en los que los anunciantes pagan por la publicación de sus anuncios para alimentar el crecimiento. Les proporciona conocimientos tanto del contenido como de la estrategia de marketing.

Jackie Koppell añade que ha visto a gente crecer rápidamente con regalos. Cuando trabajaba en AwesomenessTV, vio cómo algunos regalaban cámaras caras o iPads. Si puedes hacer eso de forma constante (es consciente de que la mayoría de la gente no puede), tus cifras empezarán a dispararse.

Las colaboraciones dan lugar a un crecimiento natural rápido

Una de las mejores formas de generar una comunidad en YouTube es mediante las colaboraciones con otros YouTubers. Compartir públicos no supone un concepto nuevo (es algo de lo que la gente lleva hablando los últimos diez años), pero sí que funciona de verdad. Los mayores fans de tus colaboradores se suscribirán a cualquiera que se encuentre en el grupo de colaboración.

Phil Ranta, antiguo jefe de operaciones de Studio71, una de las principales empresas de entretenimiento digital impulsadas por los *influen-*

cers, ha empleado alianzas estratégicas para hacer crecer su seguimiento procedente de *influencers* en YouTube. Su equipo ha trabajado mucho con Rhett & Link (que tiene 4,4 millones de suscriptores), quien colabora con el presentador de televisión Jimmy Fallon.

Rhett & Link creó «Good Mythical Morning», un programa de entrevistas en YouTube. Rhett & Link y los programas de Fallon tienen unos estilos similares, pero llegan a un público diferente. Fallon tiene una base de seguidores mayores y más tradicional, y Rhett & Link tiene una base de fans más joven y variada. Para colaborar y compartir su público, empezaron a aparecer el uno en el programa del otro. Fallon participa en episodios de «Good Mythical Morning», y Rhett & Link aparecen en *The Tonight Show*. Esto ha resultado ser realmente ventajoso para ambas partes. Trabajar con Fallon ha hecho que Rhett & Link entrara en la corriente principal, al tiempo que ha ayudado a Fallon a irrumpir en el mundo digital.

Las colaboraciones también funcionan en el caso de la gente que está empezando. Ranta ha visto a gente empezar una y otra vez con sólo 10 suscriptores y luego generar más de 200 000 seguidores nuevos por semana mediante colaboraciones. El crecimiento procedente de colaboraciones óptimas puede darse ágilmente en YouTube. Ranta, por ejemplo, estaba llevando asociaciones de canales en Fullscreen cuando la personalidad de YouTube Shane Dawson se encontraba en la red. Durante esa época, se fijó en que Dawson era un colaborador experto que podía hacer despegar carreras profesionales. Vio que Dawson se hacía cargo de creadores de menor importancia y que colaboraba con ellos en muchos vídeos. Frecuentemente se convertían en enormes estrellas incluso antes de empezar a publicar sus propios vídeos de forma agresiva. Las colaboraciones de Dawson han ayudado a personalidades de Internet como Shanna Malcolm y Alexis G. Zall a incrementar su número de seguidores.

Recuerda lo que hemos aprendido sobre la colaboración en el capítulo dedicado a Instagram: al empezar, no tienes por qué colaborar con alguien de la talla de Shane Dawson. Incluso aunque la persona con la que colabores sólo tenga 10 000 suscriptores, existe la posibilidad de que 300 de sus seguidores empiecen a seguir tu canal. Y si tienes entre cero y cien suscriptores, empieza a colaborar con alguien que tenga mil. Ve ascendiendo paso a paso.

Chris Williams coincide en que las asociaciones estratégicas y las colaboraciones son vitales para escalar y crecer. Su equipo cree que son un medio extraordinariamente eficaz de generar una «conferencia de genialidad». En esencia, permiten que el público te encuentre y te clique «me gusta» porque estás asociado con algo hacia lo que ya gravitan. Las colaboraciones consiguen un público directo de forma bastante eficaz.

Además, Ranta se ha dado cuenta de que muchos YouTubers se mudan a los mismos complejos de apartamentos en Los Ángeles para hacer que sea más fácil colaborar. Aparentemente, muchos de los *influencers* sociales más importantes han vivido en el edificio Hollywood & Vine en algún momento (mala suerte para los vecinos que no son YouTubers).

No obstante, Koppell señala que no querrás mudarte prematuramente a Los Ángeles sólo por esta razón. Agota primero los contactos que puedas conseguir desde tu lugar de residencia. Si tienes por lo menos 10 000 suscriptores, un día al mes puedes filmar de forma gratuita en las oficinas de YouTube de las principales ciudades de todo el mundo, incluidas Los Ángeles, Nueva York, París y Londres,[2] lo que es una forma genial de hacer contactos y empezar a conocer a gente. Haz tantos contactos como puedas antes de mudarte, de modo que, si decides mudarte, la transición sea más fácil cuando lo hagas.

Concentra tus esfuerzos y su frecuencia

Ranta cree que para generar un público sólido en YouTube deberías concentrar la mayor parte de tus esfuerzos en la creación de contenido para ese canal. No te está sugiriendo que ignores otras plataformas mientras generas un público en YouTube, pero dice que te irá mejor haciendo cinco vídeos para YouTube que dos vídeos para YouTube, dos publicaciones en Facebook y un *podcast*. Explica que el tamaño engendra crecimiento, por lo que una estrategia óptima consiste en generar la mayor parte del contenido en YouTube y luego emplear las otras plataformas para implicarte con tus seguidores y promocionar las visualizaciones de tus vídeos de YouTube. Cuando la gente dedica sus mayores esfuerzos a YouTube, ve

---

2. YouTube Space, www.youtube.com/yt/space

que obtiene más suscriptores totales que cuando intenta desarrollarlo todo al mismo tiempo.

Además, si creas un buen contenido para YouTube a diario, eso será maravilloso para tu crecimiento. Ranta dice que la forma más rápida de crecer consiste en hacer más intentos, y la forma de hacer más intentos consiste en hacer más vídeos. La frecuencia es realmente importante para hacer crecer tu público, en especial cuando estés empezando. Por supuesto, no deberías subir contenido que no te guste, pero si eres un videobloguero y sólo publicas cosas una vez por semana, será realmente difícil estar a la altura de la gente que hace publicaciones cada día. Los seguidores están ahí todos los días, por lo que, si publicas en tu videoblog cuatro veces seguidas y luego no apareces durante algunos días, la gente empezará a olvidarse de ti.

Ten un punto de vista firme y céntrate en una temática

Ranta cree que lo primero que tienen en común todos los creadores exitosos en YouTube es un punto de vista firme alrededor del cual crean contenido constantemente. Los puntos de vista de estos creadores podrían estar relacionados con su sentido cómico del humor, el estilo de maquillaje o ideas para estar en forma, pero deben tener algo que los haga únicos.

Sin embargo, es importante que no te ciñas a un punto de vista o tema hasta que hayas identificado que estás experimentando un gran rendimiento. No querrás encerrarte en una temática hasta que sepas que funciona: de otro modo estarías avanzando a trompicones y nunca alcanzarías el éxito.

Una vez que reconozcas lo que te hace destacar, subraya ese atributo o temática en tu canal. Si te mantienes firme, generalmente alcanzarás el éxito. Esto es más importante que tener un buen aspecto frente a la cámara o tener mucha experiencia como videobloguero. Ranta ha visto que incluso aquéllos con una gran habilidad no suelen alcanzar el éxito si no se ciñen a un tema. Cambiar de temática con demasiada frecuencia se vuelve demasiado confuso para la gente. Enfoca tu contenido desde un único punto de vista y tendrás más probabilidades de encontrar tu público.

Cuando revises los comentarios en YouTube, verás que los vídeos y los canales que más gustan a la gente son los que les hacen sentir como si estuvieran contactando con sus mejores amigos. Es realmente difícil sentir que alguien es tu mejor amigo si no puedes explicar en qué consisten sus vídeos. Hazlo sencillo y empieza con un enfoque restringido.

Conversaciones bidireccionales

YouTube ofrece a la gente una comunidad y un lugar en el que hablar con otras personas. Una de las mayores diferencias entre el éxito de las estrellas de las redes sociales y las estrellas tradicionales de las películas o la televisión es que el creador de contenido social es percibido como alguien a quien se le habla como se haría con los amigos, mientras que las estrellas del cine o la televisión son más distantes. Una estrella social es inspiradora, mientras que una estrella del cine es algo a lo que se aspira.

Ranta explica que cuando eres un videobloguero o una personalidad, hay unas expectativas preexistentes de que el público va a ver a alguien que podría, en potencia, ser su amigo o interactuar con él. Al público le encanta la idea de poder ser mencionado en un comentario. Algunos creadores razonablemente grandes tienen conversaciones unilaterales (como los canales consistentes en guías prácticas o los que retransmiten en vivo). No obstante, estos canales funcionan porque se disfrutan más como si fuera la televisión, en la que los comentarios son menos importantes. Sin embargo, si tu objetivo es ser una personalidad o un presentador en YouTube, entonces la conversación bidireccional es vital. Deberías hablarle a tu público, haciendo que se sienta incluido, como si se tratara de tus amigos.

Pasión y conocimiento

Ranta comparte que estarás haciendo lo incorrecto si no te encanta aquello de lo que hables. La gente que tiene éxito en esta plataforma siente una extremada pasión por los temas que trata en sus vídeos, y como hay un mercado tan abierto, existe público para prácticamente cualquier cosa siempre que estés creando un buen contenido.

Hay algunas culturas profundas en Internet. Si, por ejemplo, te gustan los superhéroes o los cómics, hay muchos fanáticos ahí fuera. Debes saber realmente de qué estás hablando para hacer que un canal de este tipo funcione.

Ranta explica que si eres alguien que vuelve a casa y piensa: «Lo relacionado con Marvel es popular. Seré comentarista de asuntos relacionados con Marvel», pero en realidad no eres un experto, la gente captará tu falta de autenticidad de inmediato y el contenido se desplomará.

Asegúrate de tener conocimientos y sentir pasión por el tema del que hables en tu canal. Esta pasión auténtica es a lo que la gente responde de forma positiva. Además, disfrutarás aprendiéndolo todo sobre algo que te encanta. Te ayudará a permanecer motivado y te proporcionará combustible para dedicar el esfuerzo necesario para crear un canal que prospere.

Sé lo mismo pero distinto

Para empezar a generar público en YouTube, debes seguir los patrones de contenidos y tendencias básicas. Generalmente, no puedes surgir de la nada con contenido que sea completamente desconocido. Lo más importante que Ranta siempre le dice a la gente es que *sea lo mismo pero distinto*. Tu estilo debe ser reconocible y la gente debe comprender qué está sucediendo, pero debe ser lo suficientemente distinto como para que alguien te siga antes que a otro videobloguero.

Koppell señala que a los tutoriales de maquillaje y los canales de videojuegos les va realmente bien, y los contenidos familiares/para niños son los reyes en YouTube. También explica que una tendencia popular actual para hacer que la gente vea tus vídeos durante más tiempo consiste en usar entradas que animen a la gente a quedarse. Puedes decir cosas como: «No puedo esperar a contároslo, chicos; voy a revelar mi sorpresa secreta al final del vídeo»; o si estás haciendo un tutorial de belleza, puedes decir: «Chicas, quedaos hasta el final del vídeo, porque voy a enseñaros el *look* completo».

Aunque deberías seguir los consejos mencionados anteriormente, también deberías desarrollar tu propia forma particular de hacer las cosas. Encuentra tu voz y tu fórmula auténticas. Asegúrate de sacar tu personalidad característica y muestra a la gente quién eres de verdad. No hay nadie como tú, y si muestras todo tu ser frente a la cámara, esto te ayudará a brillar y a tener más seguidores.

Máquinas virales

Sudio71, la empresa de Ranta, trabaja con Roman Atwood, uno de los principales *influencers* sociales del mundo, con más de 14 millones de suscriptores, que ha creado vídeos virales que han obtenido más de 4500 millones de visualizaciones. Atwood ascendió a la fama haciendo vídeos virales de bromas y luego empleó ese éxito para crear un videoblog diario que era más apto para toda la familia.

Atwood es una máquina viral. No ha tenido vídeos virales de vez en cuando, sino que los ha tenido constantemente. Buena parte de ello se debe a que comprende el ritmo y qué es lo que hace que algo sea *cliqueable* o entretenido. No tuvo que ir a clases de actuación ni a una escuela para ser presentador. Una vez que Atwood empezó a gastar bromas online, simplemente resultó que se desenvolvía bien frente a la cámara, además de ser atractivo, joven y estar lleno de energía.

Ranta explica que leyó un artículo interesante sobre el deportista olímpico Michael Phelps y por qué es un nadador tan exitoso. Parece ser que Phelps nació con un corazón más grande de lo normal y tenía unos dedos visiblemente palmeados: era como si hubiera nacido para ser nadador. Ranta cree que muchas estrellas de YouTube son famosas por las mismas razones: es como si hubieran sido diseñadas en un laboratorio para ser YouTubers perfectos. Ranta dice que la gente a la que le va bien escucha y aprende. Absorben información cuando se trata de la optimización y la estrategia de programación, y observan el comportamiento de sus fans para satisfacerles.

Chris Williams coincide en que la personalidad es un gran indicador de lo exitoso que será alguien en YouTube, pero para hacer un análisis más profundo, su equipo estudió a Ryan ToysReview, el mayor canal del mundo de un creador en YouTube y también socio de la empresa de Chris, para intentar determinar algunas de las características que condujeron al fenomenal crecimiento del canal. Según *Forbes*, sólo este año, el presentador de 6 años, Ryan, ha obtenido 11 millones de dólares en ingresos de su cuenta de YouTube. El canal quedo empatado en el octavo lugar en la lista anual de *Forbes* de las cuentas de YouTube con mayores ingresos.[3] (Un chico muy afortunado, ya que logra vivir los sueños de muchos niños de que les paguen por jugar y hacer reseñas de juguetes en el canal).

Williams cree que buena parte del éxito de Ryan se debe a que parece multicultural. Esta idea le fue transmitida mientras veía una entrevista con Dwayne «la Roca» Johnson en la que le preguntaban sobre su popularidad. La Roca explicaba que cree que mucha gente le acoge bien porque piensan que comparte su nacionalidad y etnia. Creen que la Roca «está en su onda» porque se le relaciona con muchas comunidades étnicas distintas. Williams dice que Ryan tiene un encanto parecido. Ve que el hecho de que le perciban como multicultural es un atributo gratificante en YouTube. También cree que la risa contagiosa de la madre de Ryan (ya que ella es la que sujeta la cámara) ha contribuido al éxito del canal; y, por supuesto, la selección del contenido y los juguetes que Ryan comenta contribuyen a su éxito.

Koppell añade que los mayores *influencers* trabajan duro. Con lo fácil que es que la gente desprecie lo que hacen los YouTubers, lo cierto es que son buenos en lo que hacen: hay algo acerca de ellos que la gente quiere ver. Suben contenido constantemente y se muestran, adaptándose a los tiempos. Koppel considera que esto es respetable y valioso.

El valor de las redes multicanal

Las redes multicanal (RMC) colaboran con plataformas de vídeo como YouTube para ofrecer ayuda a los propietarios de canales en campos como la gestión de los derechos digitales, la programación, los patrocinios, la gestión de las asociaciones, el desarrollo de las audiencias, el producto, la promoción cruzada, la monetización o las ventas a cambio de parte de los ingresos del canal por publicidad.

---

3. LYNCH, J.: «A 6-year-old boy Is making $11 million a year on YouTube reviewing toys», *Business Insider* (8 de diciembre de 2017), http://flipboard.com/@flipboard/-a-6-year-old-boy-is-making-11-million-a/f-3ff3f0cd46%2Fbusinessinsider.com

La decisión de unirse a una red en YouTube dependerá de en el punto en el que te encuentres en tu trayectoria y de a dónde quieras llegar. Las RMC pueden ser extremadamente útiles, pero son como firmar con cualquier agente o gestor: no querrás estar en la parte inferior de la lista de alguien. No querrás encontrarte en una situación de «café para todos» que no se adapte a las necesidades de tu marca.

Ranta explica que, por ejemplo, si una RMC te ofrece acceso a una plataforma tecnológica en la que obtengas *deep data* y estadísticas, podrás tomar mejores decisiones, pero si no estás muy interesado en descifrar datos y estadísticas, probablemente no se trate de la mejor RMC para ti. Sin embargo, si estás preparado para ofrecer paquetes y vender tu propio espectáculo de televisión, y se trata de una RMC que ha tenido un historial de éxito en ese campo, puede que seguirla resulte muy valioso.

Llegar a los niños y analizar las estadísticas

Chris Williams explica que si el grupo demográfico de tu público son los niños y las familias, YouTube es perfecto porque es «el lugar en el que viven los niños». Más del 70 % del consumo de contenidos en vídeo de los niños se realiza en plataformas de *streaming*; y YouTube domina en términos de tiempo de visualización en el caso de los niños. Ha sido la principal plataforma para el crecimiento de su empresa, ya que se ocupa de este grupo demográfico.

Al trabajar con niños, tus estadísticas no estarán totalmente relacionadas con el número de suscriptores que obtengas, ya que los niños son demasiado jóvenes para suscribirse. En lugar de ello, su equipo se centra en la estrategia de la optimización para los algoritmos que les aporten un posicionamiento privilegiado en los vídeos sugeridos y relacionados. Suelen prestar atención a las estadísticas como el tiempo de visualización y las visualizaciones de seguimiento para valorar la eficacia de sus tácticas.

El estratega digital Naveen Gowda añade que los niños suelen darse atracones del contenido que les gusta y son increíblemente leales y exclusivos con respecto a las cosas a las que se aferran. Además, suelen acceder a la plataforma con un acceso restringido, por lo que el contenido sólo compite con otros contenidos seguros para los niños. Ésa es la razón por la cual los contenidos para niños tienen más probabilidades de conseguir un número de visualizaciones increíblemente altos.

Viralizarse

El cineasta y productor ejecutivo/director creativo de Comp-A Productions, Pedro D. Flores, que tiene, personalmente, más de 239 000 suscriptores, y cuyo éxito viral «Tacos» tiene más de 100 millones de visualizaciones, explica que viralizarse es siempre una cuestión de suerte. Puedes incluir todas las recetas correctas para el vídeo viral perfecto, pero, sinceramente, nunca sabrás si va a tener éxito.

Nunca pensó que el vídeo paródico «Tacos», que explica el hecho de que es un mejicano que no tiene aspecto de mejicano, se volvería viral. Ese éxito modificó toda su perspectiva sobre el tipo de contenido que quería crear. Antes de ese vídeo, nunca había hecho *ningún* vídeo relativo a su origen étnico, pero tras ver lo bien que había respondido el público, ahora se ocupa de ese sector especializado. No empezarás sabiendo lo que funciona en tu caso. Descubrirás los gustos de tus espectadores creando contenido, probando y aprendiendo: ¿te suena familiar?

Flores dice que tienes que cambiar constantemente, y él sabe algo al respecto. Flores ha estado en la plataforma de YouTube desde sus inicios. Creó los antiguos éxitos virales «Kings of Myspace» («Reyes de Myspace») y «Kings of YouTube» («Reyes de YouTube») (de hecho, me encontrarás en este vídeo si te esfuerzas lo suficiente). Además fue director y colaborador frecuente de muchas estrellas de YouTube, como Timothy DeLa-Ghetto (3,6 millones de suscriptores) y Eric Ochoa, de SUPEReeeGo (2,8 millones de suscriptores). También ha modificado exitosamente su canal, de modo que ya no tiene contenido sólo en inglés, y ha pasado a ser un canal cuyo contenido es todo en español. Luego pasó de un canal en español con gente de carne y hueso a uno que empleaba, fundamentalmente, dibujos animados. Debes estar dispuesto a cambiar con el tiempo y a seguir las tendencias. Dice que si no estás a la altura, te irás quedando atrás.

Consejos rápidos y resumen

- En YouTube debes tener por lo menos 20 000 suscriptores para que los algoritmos respondan, 50 000 suscriptores para empezar a ganar dinero y 100 000 suscriptores para hacer que las marcas te presten atención.
- En la actualidad, los algoritmos de YouTube favorecen el contenido con un elevado porcentaje de tiempo de visualización. A los contenidos de mayor duración les va bien en YouTube.
- YouTube es una de las plataformas más difíciles en las que conseguir un crecimiento rápido.
- El crecimiento se da, fundamentalmente, mediante los algoritmos, la búsqueda y las colaboraciones, y las colaboraciones son clave para el crecimiento rápido en YouTube.
- Sé constante y sube contenido cada día.
- Múdate a Hollywood & Vine para encontrar colaboradores en YouTube. Es broma (más o menos).
- Si tienes 10 000 suscriptores, podrás filmar gratis en las oficinas de YouTube un día al mes.
- Determina la eficacia de una pieza de contenido en función de cuánto más contenido hace que consuma la gente.
- Usa AdSense para controlar qué vídeos ve la gente.
- Analiza tus estadísticas mediante tus suscriptores, el tiempo de visualización y el seguimiento, dependiendo de tus necesidades.
- Ten un punto de vista firme en tus contenidos y tu canal.
- Cíñete a un tema o punto de vista en tu canal.
- Si tu objetivo es ser una personalidad o un presentador, entonces la conversación bidireccional con tus seguidores será importante.
- Ten pasión y conocimientos sobre tu temática.
- Sé el mismo pero distinto en cuanto a tu enfoque de los temas y el estilo de creación de contenidos.
- Los tutoriales sobre maquillaje, los canales de videojuegos y los programas para toda la familia son los reyes en YouTube.
- Emplea entradas para animar a la gente a quedarse y ver tu contenido.
- Haz que tus seguidores aparezcan en tus videoblogs para captar interés.
- Trabaja duro, sé flexible y adáptate a medida que la plataforma vaya cambiando.

CAPÍTULO 10

CRECIMIENTO EMPRESARIAL IMPORTANTE CON LINKEDIN

LinkedIn es una plataforma potente que puede ayudarte a dirigirte y contactar con personas concretas que pueden conducirte a un crecimiento importante para tu empresa. A primera vista, algunas personas simplemente la consideran como una plataforma para buscar trabajo y ocupar un puesto, pero si se aprovecha adecuadamente, puede ser genial para hacer publicidad para vender productos, conseguir grandes tratos y forjar contactos que pueden cambiar tu trayectoria profesional. Si tienes un producto, por ejemplo, eso resultará beneficioso para los directores ejecutivos de marketing de aquellas empresas con por lo menos mil empleados. LinkedIn es, con mucho, la *mejor* y quizás la *única* herramienta que te permite encontrar a esa gente a gran escala.

A. J. Wilcox, un consultor publicitario de LinkedIn, fundó B2Linked. com en 2014, que ha gestionado más de un centenar de cuentas publicitarias en LinkedIn. Ha gastado un total de más de 100 millones de dólares en la plataforma (más que cualquier otra persona o empresa en el mundo) y ha gestionado a tres de los cinco principales clientes de LinkedIn. Cree que LinkedIn es el lugar más fácil en el que lograr contactar con la gente que tiene los cargos, las habilidades o las características de su perfil relativas a los negocios que estás buscando para desarrollar y hacer crecer a tu marca o empresa.

El desarrollo de negocios y la forja de asociaciones fuertes

Wilcox dice que LinkedIn es genial para buscar empleos porque puedes contactar con quien quieras. Tu nivel de acceso a la gente sólo se ve limitado por tu capacidad de localizarla. Puedes usar las características de búsqueda para encontrar al jefe de marketing de la empresa para la que desearías trabajar. Si dispones de un gran servicio que ofrecerles, nada evitará que les escribas una petición personalizada para conectar que diga: «Hola. Le he seguido durante años y me encanta su trabajo de verdad. Me gustaría conectar con usted». Una vez que hayas conectado con alguien en LinkedIn, tendrás acceso a su dirección de e-mail o a cualquier otra información que esa persona muestre en su perfil. Puedes enviar e-mails de acá para allá gratuitamente y de forma ilimitada.

Si conoces a alguien con quien te gustaría conectar (tu cliente o socio ideal), puedes potenciar una línea de comunicación. La clave consiste en ser inteligente con respecto a cómo te pones en contacto. No querrás enviar una petición que diga: «Hola, quiero conseguir hablar con usted por teléfono e intentar venderle algo». Se trata de dar con formas de proporcionar valor. Empieza con un halago inicial o con algo que desarrolle primero una relación sin intentar vender nada.

Wilcox señala que todo el mundo odia que le vendan algo, pero a todos les encanta comprar. Por lo tanto, al contactar por primera vez, no te presentes como si estuvieras ahí para vender algo, o será la última vez que oigas a esa persona. Te clasificarán en la categoría de *spam*. Personalmente, he logrado un gran éxito con el enfoque de ponerme en contacto con la intención de proporcionar verdadero valor para ayudar a alguien a hacer crecer un negocio o tener más éxito en el trabajo, lo que puede incrementar de forma significativa la probabilidad de obtener una respuesta y puede, finalmente, dar lugar a una venta. No les *vendas* tu servicio o producto: en lugar de ello, ofréceles un valor único *mediante* tu producto o servicio. Sé que esto puede sonar un tanto confuso, así que permíteme ponerte un ejemplo.

Cuando asesoraba a una empresa que vendía optimización de los pagos en las redes sociales (es decir, la gestión y optimización de las campañas pagadas en las redes sociales) para las empresas de los índices bursátiles Fortune 100 y 500, no me puse en contacto con la gente y le dije: «Hola, me gustaría hablarle sobre la gestión de sus campañas pagadas en las redes sociales. ¿Está usted disponible para una llamada rápida esta semana?». Eso es demasiado agresivo y nunca obtendría una respuesta. En lugar de ello, enviaría algo parecido a lo siguiente:

Hola, [nombre de la persona]:

En primer lugar, quiero felicitarle por todos sus éxitos en {nombre de la empresa}. Lo que consiguió con {cita un proyecto, producto o campaña concreto} es verdaderamente destacable.

Como es usted un experto en el campo digital, quería darle a conocer una nueva plataforma que hemos lanzado que proporciona datos precisos sobre cómo todos sus competidores están gastando su dinero en las redes sociales, junto con información de sus resultados pasados. También proporciona *deep data* sobre qué vídeos ven los visitantes antes y después de ver el vídeo de un competidor, además de en qué plataformas sociales vieron el vídeo.

La parte interesante de la plataforma es que todos estos datos pueden explotarse y usarse para incrementar la valoración de calidad de sus propios vídeos, lo que a su vez reduce el coste por visualización de sus propias campañas e incrementa la viralidad natural del vídeo. La mejor parte de la plataforma consiste en que es 100 % transparente y puede ahorrarle hasta {inserta aquí una estadística impresionante} en sus campañas en los medios o redes en los que los anunciantes pagan por la publicación de sus anuncios, aumentando, al mismo tiempo, su rendimiento en un {inserta aquí una estadística impresionante}.

Actualmente estamos trabajando con {lista nombres de clientes} con esta nueva tecnología. Como está usted siempre a la última en el campo de lo digital, quería hacerle llegar esta información, ya que he pensado que podría encontrarla útil. Me gustaría preparar una introducción para su empresa si está interesado en saber más.

Saludos cordiales:

BRENDAN KANE

Este mensaje está posicionado desde el punto de vista de proporcionar valor a la persona para incrementar el éxito de sus esfuerzos en las redes sociales, y no de querer vender algo, y pese a ello dio como resultado unos ingresos de millones de dólares. En esencia, aplicas las mismas normas que funcionan para los contactos en persona. Nunca te acercarías a la gente en un evento para establecer redes de contactos, pondrías en su mano tu tarjeta de visita y dirías: «Hola. Usted es de esa empresa. Deberíamos hacer negocios juntos». Eso no hará sino llevar a mucha gente a evitarte en el camino hacia la mesa de los aperitivos. Empieza siempre con una presentación suave y averigua cómo puedes proporcionar valor a la otra persona lo más rápidamente posible.

Contenido que genera referencias de clientes potenciales

Wilcox ha tenido mucha suerte en la generación de negocios para su agencia compartiendo contenidos para estar en primera fila de la mente de la gente. En la actualidad tiene 3 000 contactos. Puede que esa cifra no parezca alta, pero son 3 000 contactos laborales que conocen su valor como especialista en LinkedIn que puede ayudarles a ellos o a gente que conocen. Si su público le ve una vez al mes en su sección de noticias, o si cada vez que acceden ven algo diferente procedente de él, será mucho más probable que contacten. Esto se debe a que hacer que la gente piense en ti mediante la compartición de contenidos te permite estar en una mejor posición en la lista de llamadas que otros vendedores. Te puedo decir, de primera mano, que esto funciona, ya que he remitido a varios clientes potenciales a Wilcox.

Wilcox encuentra más valioso hacer simples actualizaciones, como compartir contenido, pensamientos y experiencias una vez por semana, que usar la herramienta de artículos de LinkedIn. Esto se debe a que, independientemente de lo que suceda, siempre eres responsable de conducir tu propio tráfico hacia tu contenido. LinkedIn no hace mucho por ayudarte en ese cometido; pero si dispones de tiempo y quieres escribir una actualización acerca de algo, por supuesto que podrá seguir siendo útil. La principal idea es que los liderazgos proceden de proporcionar información libre a la gente, tanto si has redactado tú el material original como si no. Mientras la idea sea valiosa, estarás recordando a la gente tu experiencia y autoridad.

Incluso puedes compartir cosas que no sean sólo puramente profesionales. Es totalmente válido incluir cosas personales. Wilcox, por ejemplo, ha visto a un reclutador de un departamento de recursos humanos escribir un artículo sobre un candidato que llegó quince minutos tarde a una entrevista sin una disculpa. El reclutador preguntó a la comunidad de LinkedIn si alguien le recomendaría contratar a un trabajador así. Vio a montones de personas hacer comentarios y decir cosas como: «No, olvídate de él», o «Sí, dale una oportunidad; puede que simplemente sea un ingeniero sin habilidades sociales». Surgió una larga conversación como producto de esa publicación.

Y esto es realmente valioso porque una de las grandes diferencias entre LinkedIn y otras redes sociales es que cualquier interacción social (como un comentario o una compartición) hace que tu contenido sea visto por una parte de la red de esa persona. Si escribes algo que sea lo suficientemente interesante para hacer que otras personas interactúen con ese contenido, dispondrás de la oportunidad de viralizarte con facilidad. Tu contenido puede llegar a la red de contactos de tu red de contactos, y luego a la red de contactos de esa red de contactos, y así sucesivamente.

Las grandes cifras de contactos no tienen, necesariamente, un impacto enorme

Wilcox es realmente selectivo con sus contactos en LinkedIn. Sólo contacta con alguien a quien haya conocido en persona o con quien vea la capacidad de trabajar. No conecta con alguien sólo porque pertenezca al mismo sector. Debido a ello, ha mantenido sus cifras de contactos relativamente bajas.

Con frecuencia conoce a gente que tiene 15 000, 20 000 o incluso 30 000 contactos (30 000 es el número máximo de contactos que LinkedIn permite, excepto en el caso de la gente perteneciente al programa extremadamente exclusivo para *influencers*).[1] Sin embargo, las cifras altas no suelen ser beneficiosas en LinkedIn debido al hecho de que al compartir contenidos, resulta más ventajoso tener una conexión personal con la mayor parte de tu red de contactos. Cuando Wilcox comparte algo, tiene amigos y colegas que de verdad le apoyan y animan: clican «me gusta» y comentan casi cualquier cosa que publica porque son leales y les preocupa

---

1. RAITERI, T.: «Did you know that there are connection limits on LinkedIn?», *Townsville Social Media Marketing* (31 de agosto de 2012), http://townsvillesocialmediamarketing.com/did-you-know-that-there-are-connection-limits-on-linkedin

su éxito. Si tienes un gran público y nadie clica «me gusta» ni comenta tu contenido, LinkedIn considerará eso como menos potente y no mostrará el contenido a tanta gente.

Publicidad para personas centradas en su trayectoria laboral

LinkedIn es el mejor lugar para implicarse con personas centradas en su trayectoria laboral. Cuando la gente se encuentra en el ecosistema de LinkedIn, está más centrada en los negocios y la trayectoria profesional. Está intentando implicarse con una empresa, servicio o producto, por lo que cuando publicas anuncios en esta plataforma, es más probable que captes la atención de ese tipo de persona.

Facebook es una forma fantástica de publicitarse de modo económico, pero muy poca gente rellena los apartados de información profesional pasada y actual en su perfil. Por lo tanto, cuando intentes dirigirte a la gente según su cargo, no conseguirás la misma escala de éxito que obtendrías en LinkedIn. Wilcox apunta que en LinkedIn, cuando ofreces a alguien algo relacionado con el trabajo o las trayectorias profesionales, obtienes unos índices de conversión extremadamente altos, mientras que en Facebook estás compitiendo con más contenidos (incluyendo fotografías de los nietos y las mascotas de la gente, que todos sabemos que resultan más atractivas).

Wilcox recomienda pensar en los anuncios en LinkedIn como en los objetivos de un francotirador; y en los anuncios en Facebook, como en un enfoque más parecido al de una escopeta. Puedes ser mucho más preciso a la hora de contactar con el segmento del ámbito de los negocios de tu población con más eficacia en LinkedIn.

Gastos

La atención, el nivel de acceso y la especificidad de la segmentación que consigues en LinkedIn tiene un coste elevado, no obstante. Wilcox explica que LinkedIn tiene una de las plataformas de anuncios más caras que existen. De media, ve clics en LinkedIn que cuestan entre seis y nueve dólares. Como estás pagando una mayor cantidad por adelantado, debes disponer de un gran trato en la recámara para compensar los costes.

Antes de sumergirnos con mayor profundidad en la plataforma publicitaria, quiero decir que puedes cerrar muchos negocios sin emplearla. Los anuncios no son el único camino. Personalmente, por ejemplo, he cerrado tratos con Disney, Xbox y la Fox que generaron más de 15 millones de dólares en ventas simplemente enviando mensajes a la gente adecuada con el texto adecuado (no me costó nada). Y un buen amigo cerró tratos por más de 90 millones de dólares en ventas usando la misma técnica. De hecho, intercambiamos secretos sobre qué mensajes estaban funcionando mejor.

¿Quieres conocer nuestro secreto? Es sencillo; simplemente intentamos ponernos en el lugar de la otra persona y pensar: «¿Qué hará que la vida de esta persona sea más fácil?», o «¿Qué va a hacer que este tipo le parezca una estrella a su jefe?».

Sin embargo, si quieres usar la plataforma de anuncios, asegúrate de prestar atención a la lista que aparece a continuación, ya que Wilcox te proporciona las mejores estrategias sobre cómo usar el sistema en tu propio beneficio.

¿Quién debería usar la plataforma de anuncios de LinkedIn?

Hay algunas cualificaciones para el tipo de personas que más se beneficiarán del uso de la plataforma de anuncios de LinkedIn:

1. Aquellos que tengan un gran acuerdo entre manos, lo que significa que puedan ganar 15 000 dólares o más con un trato, un cliente o a lo largo de la vida de un cliente.
2. Aquellos que conozcan el tipo exacto de gente que comprará su producto. Si crees que tu comprador podría ser cualquier persona, LinkedIn no será la mejor plataforma de anuncios para ti. Sólo tiene sentido cuando el público al que te estás dirigiendo es concreto y está claro, es decir, cuando éste sea el único lugar en el que puedes contactar con tus clientes a gran escala.

3. Reclutadores administrativos de prácticamente cualquier tipo. Si tu empresa está intentando contratar a un director de ventas, puedes mostrar anuncios a la gente de tu región cuyo cargo actual sea el de «director de ventas», y así, todos los currículums que recibas procederán de personas cualificadas.

4. Instituciones educativas superiores. Si eres una escuela de MBA que está intentando reclutar a gente con una licenciatura, pero sin títulos de posgrado, y que haya estudiado periodismo o filología inglesa, puedes enfocar enormemente estas cualificaciones para encontrar a gente que satisfaga estos criterios. LinkedIn es el único lugar en el que puedes hacer una búsqueda de ese nivel de precisión en relación con las cualificaciones educativas, lo que lo convierte en una plataforma genial para las universidades o facultades que estén intentando contactar con nuevos candidatos. Esto se debe a que LinkedIn es una de las únicas plataformas en las redes sociales en la que de verdad la gente enumera la información relativa a sus estudios. Además, las escuelas superiores cumplen con la norma de los grandes tratos, porque si una escuela consigue aunque sólo sea un candidato gracias a un anuncio, esa persona gastará mucho dinero en su escuela.

Estrategia de contenidos para los anuncios en LinkedIn

Piensa en tus anuncios en LinkedIn como en una fuente de generación de contactos iniciales con clientes potenciales. Además, al igual que al contactar con la gente mediante mensajes, deberías emplear tus anuncios para proporcionar valor a tu cliente antes de pedirle algo. No envíes mensajes que le pidan directamente a la gente que te llame o que compre tu servicio. Debes empezar proporcionando valor para alimentar un contacto y generar lealtad con la gente para demostrar que de verdad sabes de qué estás hablando. Proporciona a los clientes potenciales información que resuelva un problema o que les aporte conocimientos sobre cómo solucionar problemas concretos. Con esa estrategia, ganarás credibilidad y confianza, lo que te ayudará a avanzar hacia los siguientes pasos.

Una vez más, los anuncios en LinkedIn son caros, por lo que querrás coincidir con las necesidades de los compradores desde el primer momento, lo que resulta difícil, porque frecuentemente la gente no sabe mucho sobre tu empresa (se suele hacer referencia a la gente así como «tráfico frío», para aquellos de vosotros que empleéis el lenguaje propio del marketing). El equipo de Wilcox enfoca esto presentando al tráfico frío ofertas valiosas que puedan hacer que su trabajo sea más fácil. Es un tipo de publicidad programática en la que ofreces a tu cliente algo de valor extremo a cambio de su dirección de e-mail u otra información pertinente. Proporcionándoles información valiosa al principio, desarrollarás credibilidad y confianza.

Además, al igual que en la plataforma de Facebook, quieres crear anuncios en los que la gente clique, porque eso ayuda a reducir tus costes en la subasta. Cuando dispongas de una gran pieza de contenido que consiga un índice realmente alto de visitas, tendrás una mayor valoración de calidad o relevancia. Wilcox dice que con una alta puntuación de relevancia en LinkedIn, tu coste por clic puede reducirse 20 y 30 centavos de dólar, por lo que la calidad de tu contenido es extremadamente importante.

Debes proporcionar a tu público algo que sea lo suficientemente interesante como para que lo cliquen. LinkedIn valora de verdad a su comunidad y no favorecerá el contenido pobre. Si la gente no acoge bien aquello que publiques, eliminarán tu anuncio o recortarán la cantidad de gente a la que se le expondrá. Por otro lado, si tienes una gran pieza de contenido con la que la gente sí se implique, LinkedIn seguirá publicándolo.

Los títulos publicitarios son importantes

Wilcox explica que el título de tu contenido (o lo que llamábamos «titular» en el capítulo cuatro) es extremadamente importante. La razón de que la gente interactúe con el contenido o que proporcione su dirección de e-mail a cambio de descargarse algo es porque cree que será de valor. Si tu título es lo suficientemente bueno para hacer que la gente quiera saber más sobre tu producto, o despierta su interés de la forma que sea, entonces, incluso aunque no se lean el resto del artículo, seguirás obteniendo un índice de conversión elevado.

Haz una prueba A/B e hipersegmenta a tu público

Al igual que con todas las plataformas de las redes sociales de las que hemos hablado, hacer pruebas es una parte crucial de la ecuación para el aprendizaje, la experimentación y averiguar la mejor forma de implicarte con tu público objetivo y maximizar tu presupuesto de marketing. El componente más importante que someter a prueba es cómo responden los distintos segmentos de tu público objetivo. Esto te ayudará a comprender cómo tu mensaje u oferta es acogido por distintas personas de una organización.

Wilcox dice que el mejor enfoque consiste en probar con cargos concretos, de forma que puedas medir y aprender acerca de los tipos de mensajes más eficaces para los distintos cargos. Cada cargo en una empresa tiene unas motivaciones y responsabilidades propias del puesto concretas, lo que altera cuál es la forma más eficaz de comunicarte. Si, por ejemplo, un cliente acude a él y dice: «Podemos vender nuestros productos a cualquiera en el sector del marketing», él convertirá eso en campañas distintas. Segmentará a los directores de marketing, los vicepresidentes de marketing y los directores ejecutivos de marketing. Lanzará el mismo contenido, en campañas distintas, a cada público objetivo, de modo que pueda aprender cómo interaccionan los directores ejecutivos de marketing con el contenido frente a cómo lo hacen los gerentes.

Wilcox añade que los cargos pueden afectar a la forma en que la gente actúa con respecto a sus conductas a la hora de clicar y de la conversión. Los equipos de marketing más sofisticados del campo interempresarial saben esto y rastrean cada paso de las referencias de clientes potenciales. Estudian las conductas de los contactos cualificados y averiguan qué hace que un trato se pierda o se cierre. Si rastreas las conductas durante todo el recorrido del proceso, pueden salir a la luz conocimientos fascinantes.

Puede que descubras que los directores ejecutivos de marketing tienen unos índices de conversión altos, pero que luego es difícil hacer que se pongan al teléfono; o que es más fácil contactar con los gerentes, pero que su índice de conversión es menor. (Recuerda que éstos no son más que ejemplos: tendrás que probar para saber qué se aplica en el caso de tu público y tus clientes potenciales. No hay atajos para este proceso).

Y después de analizar tus datos, tal vez descubras que, aunque preferirías que el director ejecutivo de marketing usara tu producto, quizás sea más realista captar a los gerentes para conseguir un mejor retorno de tu inversión. Pero esto no lo sabrás a no ser que segmentes a tu público y hagas pruebas. En esencia, quizás tengas una conjetura general al respecto, pero deberías poner a prueba esa suposición antes de poner todos tus huevos en una sola cesta.

Después de que Wilcox haya averiguado qué público es mejor captar, empieza a fijarse en el tamaño de la imagen, la longitud en palabras de la introducción y los caracteres en el titular. Cada uno de estos aspectos tiene un nivel de importancia distinto. La imagen del anuncio es realmente importante, porque si la gente ve la misma imagen dos o tres veces en su sección de noticias, la ignorará permanentemente. Wilcox explica que es crucial cambiar la imagen para hacer que un anuncio parezca fresco, de modo que las ratios de clics (RC) no se reduzcan con el tiempo. También sabe que es muy importante probar las introducciones, porque es lo que la gente lee para ver si vale la pena clicar en tu anuncio.

Reorientando anuncios en otras plataformas

Como entre seis y nueve dólares por clic de tráfico es un precio realmente caro, debes sacar el máximo provecho a tus anuncios. Reorientar puede ayudarte a recuperar el tráfico inicial a un precio más económico. El equipo de Wilcox frecuentemente reorienta anuncios en otras plataformas. LinkedIn dispone de su propia forma de reorientación, pero Wilcox cuenta que los resultados son bastante pobres porque la gente no pasa tanto tiempo en LinkedIn como en otras plataformas. Generalmente la gente sólo regresa una vez por semana para echar una ojeada. La reorientación requiere estar frente a tu público y permanecer atento al radar, y LinkedIn simplemente no dispone de esa opción. Con los anuncios en Facebook, en cambio, te encuentras frente a la gente siempre que esté conectada a las redes sociales, ya sea a Facebook o a Instagram. Y con Google AdWords, te encuentras frente a ellos siempre que se hallen en Internet con la Google Display Network. Por lo tanto, si quieres reorientar el tráfico, tu apuesta adecuada serán los anuncios en Facebook y Google AdWords.

Puedes captar una referencia de clientes potenciales en LinkedIn y luego tomar esa información de generación de referencias de clientes potenciales, como por ejemplo su dirección de e-mail, y subirla a la plataforma de anuncios de Facebook o a la plataforma AdWords para volver a marcarte a esas personas como objetivo. Esto mejorará tus probabilidades de una conversión final o una venta y te permitirá hacer el uso más eficiente del tráfico por el que hayas pagado.

Consejos rápidos y resumen

- LinkedIn es una gran plataforma para la selección de objetivos de negocio entre empresas, buscar empleos y contactar con gente con mentalidad empresarial.
- Tu nivel de acceso a la gente en LinkedIn, incluyendo a aquella que puede comprar tu producto o darte empleos, sólo se ve limitado por tu capacidad de contactar.
- Cuando contactes con otras personas en LinkedIn, da con una forma de proporcionar valor. Empieza, en primer lugar, con un halago o algo que haga que se desarrolle una relación. No les vendas tu servicio o producto; en lugar de ello, ofréceles un valor singular mediante tu producto o servicio.
- Comparte contenido en tu sección de noticias que proporcione valor e inicie una conversación. Incluso las simples actualizaciones, pensamientos y experiencias te ayudarán a estar en primer lugar en la mente de la gente.
- Es más fácil volverse viral en LinkedIn que en muchas de las otras plataformas de negocios, porque cualquier interacción social (un «me gusta», un comentario o una compartición) permiten que tu contenido sea visto por tu red de contactos y por la red de contactos de tu red de contactos.
- Debido al nivel de especificidad, especialmente en el espacio interempresarial, la plataforma de LinkedIn es una de las más caras en las redes sociales. De media, los clics cuestan entre seis y nueve dólares.
- El tipo de gente que realmente se beneficia de la plataforma de anuncios de LinkedIn incluye a personas con tratos, productos o servicios

interempresariales que generan grandes ingresos (es decir, de más de 10 000 dólares), a aquellos que conocen los aspectos específicos de la segmentación de sus compradores en el seno de organizaciones, al reclutamiento de personal administrativo y a la contratación de gente con estudios superiores.

- Usa tus anuncios para desarrollar credibilidad y confianza. Ofrece a tus clientes potenciales algo de extremo valor.
- Haz pruebas A/B e hipersegmenta a tu público para conocer más detalles sobre él y sobre la eficacia de tu contenido.
- Es vital cambiar las imágenes que emplees en los anuncios para hacer que conserven un aspecto fresco.
- Es importante probar con los títulos y las introducciones de los anuncios, porque son lo que la gente lee para ver si vale la pena clicar en tu anuncio.
- Reorienta tus anuncios en otras plataformas como Facebook, Instagram o Google AdWords para optimizar tu gasto.

CAPÍTULO 11

PERDURABILIDAD

¡**F**elicidades por haber llegado hasta aquí! Ahora dispones de abundante información y de herramientas para ayudarte a incrementar tu público y vender tu contenido al mundo. Pero el viaje no acaba aquí. Imagino que muchos de vosotros estáis leyendo esto porque tenéis grandes sueños y metas que estáis intentando convertir en realidad. No consiste en ascender, explotar y desaparecer como un cohete, sino que se trata de convertirte en una estrella guía: una entidad que la gente busque una y otra vez.

Debes convertirte en una marca, en un nombre que la gente conozca y en el que confíe. Joivan Wade coincide en que la forma más esencial de hacer que una marca persista consiste en ser digno de confianza. La confianza se encuentra en el centro de todo. La gente necesita saber qué defiendes, cuáles son tus valores, qué es lo que te motiva: la mentalidad subyacente a cómo generas productos y servicios. Por lo tanto, echemos un vistazo a cómo puedes generar perdurabilidad, relevancia y credibilidad para construir una marca duradera y potente.

Es posible

En primer lugar, debes saber que convertirte en un nombre relevante en los hogares es posible. ¡Sueña a lo grande! Prince Ea explica que un piloto toma frecuentemente una ruta que está más al norte que su destino, ya que si vuela en línea recta, acabará volando más bajo de lo que correspondería a su destino.

Prince Ea explica que esto es una buena analogía para el trabajo y la vida. Si somos demasiado realistas, acabaremos mostrándonos pesimistas, pero si apuntamos alto, acabaremos entre las cumbres (que es exactamente donde queremos llegar). Wayne Gretzky, el famoso jugador de hockey sobre hielo, siempre decía: «Nunca patino hacia donde se encuentra el disco, sino que patino hacia donde va a estar el disco». Ve más allá de donde creas que es posible. Visualiza algo mejor que lo que crees que puedes conseguir.

Prince Ea dice que quiere revolucionar el mundo. No tienes por qué saber cómo hacerlo, pero sí que debes saber que es posible. Demasiada gente queda atrapada porque no confía en sus capacidades.

También añade que el crecimiento personal debe darse antes de que puedas alcanzar el éxito profesional. Cuando comprendas quién eres, te encontrarás en una buena posición para darle tu regalo al mundo, y no puedes dar algo que no tienes, razón por la cual la autosuperación y la autocomprensión son tan importantes.

Concéntrate en quién eres

Todos tienen un regalo que ofrecer al mundo. Para encontrarlo, quédate quieto, escucha a tu intuición y entiende que eres completo tal y como eres. Sigue mirando en tu interior y pregúntate qué te hace único, por qué estás aquí y qué tienes que ofrecer.

Prince Ea sugiere que te hagas las siguientes preguntas para que descubras más cosas sobre ti, lo que puede aplicarse a la creación de tu marca:

1. ¿Por qué estoy en el mundo?
2. ¿Qué puedo aportar a los demás?
3. ¿Qué me hace feliz?
4. Si me quedaran cinco años de vida, ¿qué haría?
5. Si me quedara un año de vida y supiera que hiciese lo que hiciese tendría la garantía de que sería un éxito, ¿qué haría?

Responder a estas preguntas puede ayudarte, de verdad, a comprender cuál es tu cometido en el mundo, a hacerte creer que es posible y a tener más perseverancia en tu trabajo y para desarrollar tu marca.

Nate Morley, fundador de Works Collective y uno de los mejores estrategas de marca de los Estados Unidos, ha trabajado como director creativo de grupo en algunas de las mejores agencias del mundo, incluyendo a 72andSunny y Deutsch Los Angeles. También ha trabajado en el marketing global de marcas como Nike y como director ejecutivo de marketing en Skullcandy y DC Shoes.

En DC Shoes, Morley ayudó a liderar un nuevo tipo de generación de contenido vinculado a una marca: la icónica serie de cortometrajes Gymkhana, que se han visto más de 500 millones de veces. Gymkhana Three se ha visto, él sólo, 65 millones de veces, y sin un apoyo remunerado.

Morley dice que, al desarrollar una marca, hay una diferencia entre quién eres y qué haces. «La mayoría de la gente piensa en Nike como en una marca de calzado, pero no lo es», decía. «Nike es una empresa de rendimiento que fabrica calzado como forma de inspirar y permitir el desempeño humano. La expresión del rendimiento (el calzado) ha cambiado enormemente en los últimos cuarenta años, pero quiénes son como marca no ha cambiado. Nike empezó siendo una empresa de rendimiento, y eso es lo que es en la actualidad y lo que será en el futuro».

Crear una marca es duro. Hay muchas empresas de calzado, pero Nike sólo hay una.

Morley dice que una vez que sepas de verdad quién eres, podrás hacer muchas cosas diferentes y atraer a mucha gente distinta. Aplica este enfoque a su trabajo con las empresas en todas las fases. «La mayoría de las empresas emergentes están hiperconcentradas en desarrollar un producto y llegar al mercado, y eso es algo bueno», proseguía diciendo. «Pero llega un momento en el que una empresa necesita explicar la historia de quiénes son en lugar de qué hacen o producen. Lo que hagas o produzcas es una expresión de quién eres como marca».

Chatbooks es una empresa emergente que imprime álbumes de fotos desde tu cámara y tus cuentas en las redes sociales. Como miembro de la junta asesora, Morley ayudó a Chatbooks a darse cuenta de que no son una empresa que imprime álbumes de fotos: son una empresa de «aferrarse a lo que importa» que existe para inspirar y permitir a la gente que se aferre a los momentos y a la gente que más le importa y los conserve. La forma en que lo hacen es imprimiendo álbumes de fotos, pero eso no es lo que son en su esencia. Morley explica: «Este enfoque permitirá a Chatbooks hacer evolucionar su producto y su servicio, si decide hacerlo, sin cambiar quiénes son como marca». Convertirse en una marca también ayuda a perdurar en un mundo cambiante.

Si, por ejemplo, eres una empresa de procesamiento que fabrica el mejor procesador del mundo, pero eso es todo lo que haces, entonces, en el preciso momento en el que otro fabrique un procesador mejor, tu empresa dejará de importar.

Ésa es la razón por la cual las mejores empresas del mundo emplean la publicidad para vender productos como expresión de quiénes son como marca. Las mejores marcas saben lo importante que es emplear recursos exclusivamente para el desarrollo de la marca.

Morley desarrolló varias campañas para Target en las que no aparecían productos en absoluto. El objetivo de las campañas era, simplemente, ayudar a que la gente sintiera que Target (una cadena de grandes almacenes) es moderna, genial, accesible y divertida.

La mayoría de los artículos que vende Target pueden comprarse en cualquier lugar, pero la gente quiere comprárselos a la marca que le gusta.

Representa algo más grande

Katie Couric cree que la gente que aprenda a combinar el poder de la tecnología con la narración de historias será la más exitosa a largo plazo. Las posibilidades son infinitas, pero la competencia para conseguir atención es más intensa que nunca. El reto consiste en conseguir atención mientras permaneces fiel a tus principios. Además, debes disponer de una estrategia, ya que, de otro modo, simplemente tendrás un gran contenido que nadie verá.

Los *influencers* deben preocuparse del mundo que les rodea, y no sólo de promocionar nuevos productos o servicios. La gente debe convertirse en una marca en sí misma que represente algo más grande. Couric cree que esto es lo que hace aumentar de verdad la amplificación de los mensajes.

Desarrolla una marca a tu alrededor

Phil Ranta, de Studio71, dice que una de las áreas en las que su empresa se concentra es en el desarrollo de marcas alrededor de sus creadores, de modo que dispongan de una red de seguridad para una trayectoria larga. En el mundo del entretenimiento/espectáculo es muy raro que una celebridad disfrute de longevidad si sólo hace una cosa, en especial en el sector de Ranta, en el que trabaja principalmente con un público joven. Generalmente, la gente más joven quiere interactuar con otras personas de su mismo grupo de edad, por lo que Ranta intenta asegurarse de que una vez que sus clientes superen ese grupo de edad, sigan conservando un público.

Para seguir siendo relevante, es importante que desarrolles una marca a tu alrededor: de esa forma transmitirás más que simplemente el contenido que generas justo ahora. Rhett & Link (de quienes hemos hablado en el capítulo dedicado a YouTube) son un gran ejemplo de gente que ha hecho esto. Después de crear el muy popular «Good mythical morning» (un canal de YouTube), empezaron con «Good mythical crew», que se centra en la gente que trabaja en su programa matinal. Rhett & Link no sólo son personalidades por sí mismos, sino que también están presentando a sus seguidores a todo un puñado de otras personas, de forma que puedan seguir creciendo. Ahora tienen a quince personalidades trabajando para su marca que encantan a todo el mundo. Siempre es buena idea evolucionar más allá de ser el creador único.

Emplea múltiples canales

Chris Williams, de pocket.watch, explica que tener difusión no es lo mismo que tener una marca. Conseguir un millón de seguidores en Instagram o Facebook u obtener 50 000 visualizaciones de un vídeo en YouTube no significa que tengas una marca. Incluso 800 millones de visualizaciones al mes no te garantizan el reconocimiento de tu nombre.

Para convertir un gran número de seguidores en una marca, Williams recomienda llegar a la gente en múltiples lugares. Piensa que la estrella de YouTube Jake Paul ha trascendido a su marca digital porque apareció en el programa del Canal Disney *Bizaarvark*. No lo hizo por el dinero: lo hizo porque sabía que haría crecer su marca por aparecer en más plataformas. Cuando la gente empieza a verte en múltiples lugares, empiezas a desarrollar tu marca. Si, en cambio, te relacionan con una única plataforma, eso generalmente no será suficiente.

Ray Chan, de 9GAG, coincide y dice que tu objetivo consiste en desarrollar una marca sólida mientras ganas nuevos usuarios. Edúcales y ponles al tanto sobre en qué consiste la marca. Hazles saber que estás en otros canales, de modo que puedan implicarse contigo de múltiples formas.

Genera tus oportunidades

Wade decidió crear su propio espectáculo de comedia porque, aunque quería entrar en Comedy Central y en la BBC para llegar a un acuerdo después de graduarse en la escuela de teatro, sabía que esto no era realista. En lugar de ello, tomó el control creativo por los cuernos e hizo un programa que distribuyó online por su cuenta. Al hacerlo, generó una prueba de la viabilidad de la idea: disponía de una prueba social en forma de grandes cantidades de personas al hacer que el contenido se viera online. Como su contenido funcionó extremadamente bien, esto le proporcionó validación y credibilidad para pasar, más adelante, a grandes cadenas y conseguir unos grandes acuerdos. Explica que debes demostrar a los grandes canales que tu idea funcionará. «Genera expectación y la gente te seguirá», dice Wade. Cuando creas algo por ti mismo, todos los demás empiezan a aparecer: hay una afluencia y una oleada de gente que te respaldará a ti y a tus ideas.

Wade obtuvo millones de visualizaciones de sus gags y espectáculos antes de ir a la BBC, y les mostró que lo que había creado estaba funcionando. Acabaron dándole un programa. Piensa que cualquiera que esté creando su propia marca debería tomar la iniciativa.

Nadie te debe nada, así que trabaja duro para generar tú mismo tus propias oportunidades.

Genera un sentimiento fuerte de conexión

David Oh, de FabFitFun, explica que debes estar comprometido y valorar tu relación con tus clientes o seguidores. La perdurabilidad se consigue mediante el mantenimiento de una relación fuerte con tu público. Generar un millón de seguidores no significa nada si no mantienes una relación y una conexión con ellos.

Puedes potenciar una mejor conexión respondiendo e implicándote con la gente que comente tus publicaciones: eso genera una conexión, que la gente percibe que es auténtica, con tu empresa. FabFitFun tiene un foro en el que los clientes pueden preguntar lo que quieran y al que el propio Oh acude para hablar con ellos. Esto ha generado mucho valor para su empresa. Oh explica que muchas marcas parecen temerosas de hacerlo, pero sabe que los mejores emprendedores, entre los que se incluyen Steve Jobs y Bill Gates, han aparecido online y se han implicado.

También añade que las mejores críticas proceden de tus amigos. Si tratas a tus seguidores como si fuesen tus amigos, probablemente te aportarán algunas ideas y consejos. Puede que te digan qué es lo que más les gusta sobre tu empresa o página y que te ayuden a mejorar a lo largo del tiempo.

No existe ningún secreto para el éxito

Ray Chan explica que no puedes forzar el éxito con los llamados trucos o triquiñuelas, como fijarte en qué momento del día publicas contenidos o aprovecharte de *hashtags* populares. La mayoría de los usuarios son inteligentes, y si van a un *hashtag* y ven contenido que es irrelevante, no seguirán tu cuenta. Los trucos pueden ayudarte un poco al principio, pero la receta secreta del éxito es muy sencilla: crea la mejor experiencia para los usuarios en tu plataforma.

Chan explica que aprendió mucho sobre este proceso viendo las películas que le gustaban. Se dio cuenta de que los cómics de Marvel tienen montones de películas de superhéroes que son muy populares. Debido a esto, DC Comics intentó replicar el modelo de Marvel; pero cuando nos fijamos en los ingresos de taquilla, a las películas de DC Comics no les va tan bien como a las de Marvel. Vio que esto se debe a que el elemento clave no es el superhéroe en sí mismo. Cuando te fijas con mayor detalle, los cómics de Marvel combinan partes extremadamente divertidas mezcladas con momentos sentidos que tienen que ver con asuntos familiares y relaciones personales. Las películas de DC suelen carecer de esos aspectos. DC intentó usar un truco (la popularidad de los superhéroes), cuando el secreto era, de hecho y sencillamente, un gran contenido que conecte con las emociones de la gente.

Adáptate a las plataformas cambiantes mediante las pruebas y el aprendizaje

Chan cree que ser bueno en las redes sociales es difícil porque debes sobresalir y seguir siendo relevante incluso aunque el panorama y las plataformas están cambiando constantemente. Cada pocos días surgen nuevas plataformas, y eso te hace seguir trabajando duro para adaptarte.

Wade coincide en que existe una volatilidad constante y en que necesitas una forma de abrirte camino a través de estos cambios, que es exactamente lo que te ayuda a hacer el hecho de desarrollar una marca. El desarrollo de una marca es una de las formas en las que puedes lidiar con los altibajos a corto plazo de las variaciones en el comportamiento de los consumidores o con los cambios culturales y las presiones sociales.

Chan piensa que un gran factor que ha contribuido a su éxito continuo es que su equipo está aprendiendo y haciendo pruebas constantemente para dar con nuevas formas de mejorar. Los principios principales sobre la narración de historias, el entretenimiento e implicar a la gente a través del contenido han seguido siendo los mismos, pero el aprendizaje, las pruebas y la iteración constantes pesan sobre cómo envuelves ese contenido en un formato específico para cada plataforma.

Facebook, por ejemplo, acaba de anunciar que va a llegar un cambio importante a su sección de noticias: se centrará en mostrar más contenidos de familiares y amigos en lugar de contenidos de marcas y empresas de medios.[1] Esto hace que mi estrategia de aprovechar la plataforma pu-

---

1. WAGNER, K.: «Facebook is making a major change to the news feed that will show you more content from friends and family and less from publishers», Recode (11 de

blicitaria sea todavía más importante para seguir siendo relevante en este canal. Muchas empresas lo pasarán mal si no ven el valor de usar los medios o redes en los que los anunciantes pagan por la publicación de sus anuncios para ser vistos. El marketing orgánico para las marcas y las empresas de medios en Facebook será ahora más difícil que antes.

Una (pero no la única) forma de adaptarse a este cambio consiste en aprovechar las estrategias publicitarias que hemos proporcionado en este libro y teniendo integridad y creatividad en el contenido ofrecido. Si tu contenido no es muy compartible, entonces no será visto en absoluto. Este cambio es sólo un ejemplo de cómo las redes sociales te exigen trabajar duro y mantener tus estrategias siempre actualizadas.

¡Ve a por ello!

A todos se nos proporciona un objetivo y un talento que nos ayuda a conseguir esa meta. Puedes fundar una empresa y aprovechar cualquier habilidad. Simplemente averigua cómo puedes proporcionar valor a los demás. Obedece a tu instinto. Si tienes un sueño, algo sin lo que sabes que no puedes vivir, entonces ¿por qué dejarías de perseguirlo? La única forma de perder es abandonando.

Wade te insta a vivir tu mejor y más auténtica vida. No hay razón alguna por la cual no puedas experimentar una dicha completa. Si hay una voz en tu interior que te dice: «Me encanta hacer esto y quiero hacerlo durante el resto de mi vida», entonces no permitas que nada te detenga. Incluso aunque nunca «lo logres», la persecución de un sueño es más interesante que vivir una vida autocomplaciente haciendo algo que te desagrada.

Wade nos recuerda que sólo se vive una vez. Toma tu única vida y haz algo que te haga feliz. Haz todo lo que esté en tu mano para hacer que tu sueño se convierta en realidad. Si no forjas tu sueño, otro contratará tus servicios para que forjes el suyo.

Jonathan Skogmo, de Jukin Media, recuerda a los emprendedores que el éxito no es una carrera de velocidad, sino un maratón. El mero hecho

enero de 2018), www.recode.net/2018/1/11/16881160/facebook-mark-zuckerberg-news-feed-algorithm-content-video-friends-family-media-publishers de que no viajes en un cohete no significa que no estés creciendo, y el hecho de que te encontrases en un cohete en algún momento no significa que eso vaya a durar para siempre, ya que a todos se nos acaba el combustible. Te insta a tomarte tu tiempo, a no hacer las cosas precipitadamente y a someter a prueba todos los componentes de tu negocio hasta que des con la combinación ganadora.

Saca algo al mercado, somételo a prueba y aprende de ello, y repite lo que haya tenido éxito. Estás en esto a largo plazo. No juegues a corto, sino a largo plazo. Wade nos recuerda que la paciencia es fundamental, algo que cree que la mayoría de la gente no valora. Para tener una importancia duradera, debes empezar hoy pero esperar pequeños triunfos a lo largo del tiempo. Cuando haces algo pequeño pero de forma constante, esto tiene un efecto masivo.

Empieza con un vídeo o una pieza de contenido cada dos días, y luego con un vídeo cada día. Con pasión y tiempo, desarrollarás algo con valor. Dentro de un año te encontrarás en un lugar que nunca hubieras podido imaginar. Empieza hoy y vive tus sueños.

Consejos rápidos y resumen

- Apunta alto.
- Comprende quién eres para poder aportar tu don al mundo.
- Desarrollar una marca te proporciona una red de seguridad para una trayectoria profesional más larga.
- Participa en múltiples plataformas para hacer crecer tu marca.
- Existe una diferencia entre quién eres y lo que haces. Céntrate en quién eres para tener un éxito duradero.
- Sé digno de confianza. La confianza es el meollo de todo.
- Desarrolla unas relaciones fuertes con tus clientes. Trata a tus seguidores como a amigos.
- Crea, en tu plataforma, la mejor experiencia para los usuarios.
- Adáptate a las plataformas cambiantes llevando a cabo pruebas y aprendiendo.
- Genera tus propias oportunidades. Si generas expectación, la gente te seguirá.

- La única forma de fracasar es abandonando.
- Haz todo lo que esté en tu mano para hacer que tu sueño se convierta en realidad.
- Tómate tu tiempo. No te precipites. Recuerda hacer pruebas.
- Ten paciencia.
- Empieza hoy y vive tus sueños.

AGRADECIMIENTOS

En primer lugar, me gustaría dar las gracias a mi agente literario, Bill Gladstone, sin quien este libro no hubiera sido posible. Bill, es realmente importante que alguien de tu talla, que ha representado más de 5 000 millones de dólares en ventas de libros, se haya tomado el tiempo de dirigir este proyecto y mi carrera como escritor. Gracias por el apoyo continuo. Espero con ilusión volver a trabajar contigo en futuros libros.

Latham Arneson, gracias por ser tan buen amigo. Siempre me encantó trabajar contigo en Paramount Pictures, especialmente cuando teníamos nuestras profundas e importantes conversaciones sobre cómo conseguir los máximos resultados para todas las películas en las que trabajamos. Estoy deseando proseguir estas conversaciones contigo. Gracias, una vez más, por formar parte de este libro.

Erick Brownstein, agradezco de verdad todos los conocimientos y la orientación que me has proporcionado a lo largo de los años. Ha sido genial ver todo lo que has conseguido incluso en el poco tiempo que hace que nos conocemos. Lo que tu equipo hace en Shareability es verdaderamente extraordinario: has sido lo enormemente amable como para ofrecer valiosos conocimientos a los lectores de este libro sobre cómo generar contenidos más trascendentales y potentes.

Eamonn Carey, gracias por todas las conversaciones inspiradoras que hemos mantenido a lo largo de los años, especialmente al hablar del panorama general de lo digital y los negocios. A lo largo de los últimos diez años, he aprendido mucho gracias a la información que has compartido conmigo.

Gracias, Ray Chan, de 9GAG. Agradezco de verdad el tiempo que te tomaste para compartir tus conocimientos para este libro. No tengo duda alguna de por qué 9GAG ha tenido tanto éxito. Las muchas lecciones importantes que has proporcionado en este libro pueden ayudar a respaldar la trayectoria de crecimiento y la estrategia en las redes sociales de cualquiera.

Ken Cheng, gracias por ser tan buen amigo y colaborador a lo largo de los años. Siempre me ha resultado emocionante hablar de distintas ideas, estrategias y modelos de negocio contigo.

Katie Couric, muchísimas gracias. Trabajar contigo durante estos tres últimos años ha sido maravilloso: un verdadero honor y placer. Siempre es divertido colaborar en la creación de entrevistas absorbentes, y espero con ilusión continuar con nuestro trabajo juntos. Además, estoy deseando ver el contenido transformador que generarás en los próximos años.

Gracias, Julius Dien, por tomarte el tiempo necesario para la entrevista en el Web Summit. El nivel de crecimiento que has generado es verdaderamente destacable. La premisa de este libro empezó con la consecución de un millón de seguidores en treinta días, pero tú la llevaste al siguiente nivel generando quince millones de seguidores en quince días. El crecimiento continuo y la viralidad de tu contenido es, para mí, inigualable.

Pedro D. Flores, ha sido increíble conocerte a lo largo de los años y resulta difícil creer que hace diez años que creamos una de las primeras campañas de *influencers* en YouTube (en torno a la película *Crank*, con Jason Statham). Siempre es divertido ver la creatividad y el contenido que produces: eres uno de los verdaderos creadores originales de YouTube.

Tim Greenberg, gracias por tomarte tiempo para formar parte de este libro. Siempre he aprendido muchas cosas de tu enfoque increíblemente innovador para fomentar una comunidad global alrededor de la Liga Mundial de Surf.

Gracias, Phil Ranta. Nuestras reuniones siempre han sido motivadoras, incluso hace mucho tiempo, cuando trabajabas en Fullscreen. Lo que has conseguido hasta ahora en este sector es fantástico. Aprendo continuamente de ti y quiero que sepas que aprecio de verdad todo lo que compartes.

Gracias, Jon Jashni, por tu elocuencia. Eres una de las personas más inteligentes que he conocido en la industria del espectáculo, y cada palabra que pronuncias es como poesía. También me gustaría darte las gracias por tu continua orientación y las profundas conversaciones que mantenemos, no sólo sobre la industria digital y la del espectáculo, sino también sobre la vida en general.

Gracias, Mike Jurkovac. Ha sido increíble trabajar a tu lado durante los últimos ocho años, empezando con nuestras colaboraciones en Fashion Trust y pasando por Adriana Lima y VAST. Agradezco de verdad nuestras colaboraciones y estoy deseando que desarrollemos más proyectos innovadores juntos.

Gracias, Jeff King. Tus enseñanzas sobre el Modelo del Proceso de la Comunicación (MPC) han resultado transformadoras en mi vida. Estoy agradecido por todo el apoyo y la orientación. Me entusiasman nuestras conversaciones sobre la comunicación y sobre cómo no sólo influye en los negocios, los contenidos y el ámbito de las redes sociales, sino también en nuestra vida cotidiana. El MPC y tu presencia en mi vida y mi trayectoria profesional han sido muy importantes.

Gracias, Rob Moran, por tu amistad y tu continua orientación. Ha sido maravilloso trabajar contigo a lo largo de los últimos años, y espero con ganas que colaboremos y trabajemos juntos en el futuro cercano.

Nate Morley, tu inteligencia y tu experiencia en el desarrollo de una marca (*branding*) no tienen igual para mí. Considero que el *branding* es uno de los factores más importantes y cruciales para un crecimiento duradero. Tanto si trabajas con Nike, Skull Candy o DC Shoes, siempre encuentras las formas más innovadoras de generar un contenido atractivo que implica al público objetivo y tiene un impacto sobre él. Gracias por los conocimientos que aportas en cada conversación que mantenemos.

Gracias por tu aportación, David Oh. Le explico a la gente que eres el especialista en marketing en Internet más inteligente que he conocido. Tu nivel de experiencia, pericia y conocimientos son realmente inigualables. Aprendo muchísimo cada vez que hablamos, y siempre me sorprende el crecimiento que consigues en todas las empresas que has fundado a lo largo de los años. El impresionante crecimiento que ha conseguido FabFitFun no puede atribuirse a la suerte, sino más bien a tus conocimientos y tu experiencia. Estoy deseando colaborar contigo en proyectos futuros.

Kario Salem, tu amistad significa mucho para mí. Siempre disfruto con nuestras conversaciones y espero con ilusión ver tu continuo crecimiento, no sólo como guionista, sino también como músico. Trabajar y colaborar en tus campañas en las redes sociales para tu música es divertido y emocionante.

Gracias, Jonathan Skogmo. Es increíble que nos mudáramos juntos a Los Ángeles desde Chicago y que fundaras Jukin Media en el apartamento en el que vivíamos en esa época. Ver tu crecimiento personal y el de tu empresa es sorprendente. Cuando me doy un paseo por tu oficina, me siento inspirado y orgulloso de los logros de tu empresa. Hemos llegado muy lejos juntos.

Gracias, Joivan Wade. Nuestras conversaciones son realmente maravillosas. Conocer a alguien de la otra punta del mundo con mi misma mentalidad y objetivos es realmente emocionante. Siempre me gustan tus ideas inspiradoras y estoy deseando colaborar contigo en el futuro.

Gracias, A. J. Wilcox. Lo que has conseguido en LinkedIn es extraordinario. Gestionar más de cien millones de dólares de gastos en la plataforma de LinkedIn es todo un testimonio de tu nivel de experiencia y conocimientos. Siempre he disfrutado de nuestras conversaciones y espero, con muchas ganas, futuras colaboraciones.

Chris Williams, eres una persona verdaderamente sensacional. Recuerdo la primera vez que nos conocimos, cuando todavía eras director ejecutivo de la comunidad de Maker Studios: supe entonces que eras una de las personas más inteligentes en el mundo digital. Tus conocimientos tienen un valor incalculable para este libro y para mis propios conocimientos y mi crecimiento. El crecimiento y la escala que has alcanzado en un período de tiempo tan breve con tu nueva empresa (pocket.watch) es verdaderamente inspirador.

Me gustaría mostrar mi agradecimiento a Prince Ea. Gracias por tomarte tu tiempo para compartir tus conocimientos en nuestra entrevista para este libro y por influirme con tu enfoque inspirador y motivador para la producción de contenidos digitales. Lo que has logrado en un período de tiempo tan corto es realmente extraordinario. Con la creación de algunos de los vídeos más virales del mundo, nos has enseñado a todos cómo crear contenidos geniales en las redes sociales y cómo llevar una vida positiva y con impacto.

Coseché conocimientos e ideas de todas las personas entrevistadas que dedicaron tiempo a este proyecto, muchas de las cuales ya han sido mencionadas.

Estoy verdaderamente agradecido por todo vuestro tiempo y vuestra participación. Un agradecimiento muy especial para todos los que han participado, incluyendo a Christy Ahni, Anthony Arron, Chris Barton y Chris Carmichael.

Al equipo de BenBella: gracias por vuestra dedicación al pulir el contenido de este libro y por prepararlo para salir al mercado. Un agradecimiento sincero a todo el equipo, y especialmente a Glenn Yeffeth, Vy Tran, Sarah Avinger, Adrienne Lang, Jennifer Canzoneri y Jill Kramer.

Gracias a los brillantes miembros de mi equipo en OPTin.tv y onemillionfollowers.com. Nuestro propio crecimiento no sería posible sin vuestro trabajo duro y dedicación continuos. Un saludo especial para Shant Yegparian, Dave Siedler, Strahil Hadzhiev y Javier Vital.

Muchísimas gracias, Tara Rose Gladstone, por todo tu apoyo en la creación de este libro. Indudablemente, no habría sido posible sin ti. Trabajar contigo ha sido un proceso extraordinario: ha habido altibajos, pero en definitiva creo que el producto final ha sido realmente sobresaliente debido a tu esfuerzo, tu dedicación y el tiempo que le has dedicado. Te lo agradezco sinceramente y espero con ilusión colaborar contigo en proyectos futuros.

Por último, pero ciertamente no por ello menos importante, me gustaría dar las gracias a Geyer Kosinski, Gary Lucchesi, Antony Randall, Pete Wilson, Brian McNelis y Richard Wright por vuestro apoyo a lo largo de los años. Agradezco de verdad vuestra orientación y respaldo.

ACERCA DEL AUTOR

© Michael John Seager

BRENDAN KANE es un estratega digital y de negocio para corporaciones del índice bursátil Fortune 500, marcas y celebridades. Prospera ayudando a sus clientes a encontrar e implicarse sistemáticamente con público nuevo que recompense el contenido, los productos y los servicios relevantes con su atención y su gasto. La mayor fortaleza de Brendan es la de desbloquear el valor. Transforma la complejidad en simplicidad con herramientas y métodos que amplifican el crecimiento y permiten la ejecución.

Kane, que inició su trayectoria profesional en Lakeshore Entertainment, supervisaba todos los aspectos de su estrategia en las redes interactivas. Trabajó en dieciséis películas que generaron unos ingresos brutos mundiales de 685 millones de dólares y lideró la primera campaña con *influencers* para promocionar eficazmente las películas de Lakeshore.

Brendan pasó a crear aplicaciones y plataformas para clientes famosos como Taylor Swift, Rihanna, Xzibit, Charles Barkley, Michael Strahan, la supermodelo Adriana Lima y el *skater* profesional Ryan Sheckler. También fue vicepresidente del departamento digital de Paramount Pictures y ayudó a hacer crecer a una de las mayores empresas de optimización social del mundo, que trabaja con marcas como Disney, la Fox, la NBC, Netflix, Xbox, LinkedIn y muchas empresas importantes pertenecientes al índice bursátil Fortune 100.

Puedes ponerte en contacto con Brendan en bkane@brendanjkane.com

ÍNDICE ANALÍTICO

ÍNDICE